Fundamentos Doutrinários de Umbanda

Este livro foi compilado a partir de aulas dadas no "Curso de Doutrina, Teologia e Sacerdócio Umbandista".

Rubens Saraceni

Fundamentos Doutrinários de Umbanda

Este livro foi compilado a partir de aulas dadas no "Curso de Doutrina, Teologia e Sacerdócio Umbandista".

© 2023, Madras Editora Ltda.

Editor:

Wagner Veneziani Costa (*in memoriam*)

Produção e Capa:
Equipe Técnica Madras

Revisão:
Arlete Genari
Renata Brabo

Dados Internacionais de Catalogação na Publicação (CIP)
(Câmara Brasileira do Livro, SP, Brasil)

Saraceni, Rubens
Fundamentos Doutrinários de Umbanda / Rubens Saraceni.
São Paulo: Madras, 2023.

5ª Ed.
ISBN: 978-85-370-0793-8

1. Umbanda (Culto) 2. Umbanda (Culto) - Filosofia I. Título.
12-08866 CDD-299.60981

Índices para catálogo sistemático:
1. Umbanda : Religiões afro-brasileiras
299.60981

É proibida a reprodução total ou parcial desta obra, de qualquer forma ou por qualquer meio eletrônico, mecânico, inclusive por meio de processos xerográficos, incluindo ainda o uso da internet, sem a permissão expressa da Madras Editora, na pessoa de seu editor (Lei nº 9.610, de 19/2/1998).

Todos os direitos desta edição reservados pela

MADRAS EDITORA LTDA.
Rua Paulo Gonçalves, 88 — Santana
CEP: 02403-020 — São Paulo/SP
Tel.: (11) 2281-5555 – (11) 98128-7754
www.madras.com.br

Índice

Prefácio 8
Apresentação 13
Introdução 15
A Fundação da Umbanda 17
Como Surgem as Religiões 19
O Início das Religiões 22
Fundamentação da Palavra Umbanda 28
A Umbanda é Monoteísta 30
Um Pouco Mais sobre a Umbanda 35
A Umbanda Ainda Está em Desenvolvimento 39
    Essa é a Verdade não Revelada 40
Cosmogênese Umbandista – Parte I 49
Cosmogênese Umbandista – Parte II 53
Cosmogênese Umbandista – Parte III 61
    O Estado do Vazio 61
    A Divindade Guardiã do Vazio 69
    As Funções do Guardião do Vazio na Criação 70
O Individual Dentro do Coletivo 74
Formação Sacerdotal Umbandista: Verdades e Mentiras ... 77
A Formação Sacerdotal: Preparação e Vocação 89
Preparação Pessoal do Sacerdote Umbandista 92
A Missão do Sacerdote na Umbanda 95
A Onisciência e a Onipresença 100
Organização Doutrinária 104
A Comunicação Espiritual Umbandista 105
    Mistérios, o que São e Como Atuam em Nossa Vida. 111
    O Mistério Caboclo 112

Como Surgiram as Linhas de Trabalho do Ritual de
Umbanda Sagrada 112
Os Fundamentos Divinos da Umbanda 113
    Deus na Umbanda 113
As Qualidades dos Orixás na Umbanda 117
Ação Mágica ou Ação Religiosa 121
A Escrita Mágica 125
As Hierarquias Espirituais 133
Guias Espirituais de Umbanda 137
Trabalho com Espíritos Sofredores na Umbanda 142
    Mecanismos ou Funções do Magnetismo Mediúnico 142
Firmezas de Forças Espirituais na Umbanda 145
    Assentamento de Orixás 147
Otá – O Início dos Assentamentos 153
O Uso de Ervas na Umbanda 160
O Amaci 163
Energias do Alto e do Embaixo 166
    O Polo Negativo e o Positivo 168
Espaços Religiosos 169
Mediunidade 171
As Sete Linhas de Umbanda 175
    Linhas de Santos ou de Orixás? 175
    Fundamentação desse Mistério na Umbanda 177
Os Fundamentos Divinos das Linhas de Umbanda Sagrada 179
As Diferenças entre Umbanda e Candomblé 184
As Sete Irradiações Divinas 189
As Dificuldades do Início das Sete Linhas 195
As Sete Linhas e Suas Irradiações 197
Identificação dos Guias Espirituais 199
Os Orixás 201
    O que é um Orixá? 201
    Telas Refletoras 205
    A Associação dos Orixás com a Natureza 206
    As Algas – Texto para confirmar a importância
    dos Orixás para a Vida 209
O Magnetismo dos Orixás 211
Um Pouco Mais Sobre os Orixás 215
Orixás: Saudação, Assentamento e Símbolo 217

Oxalá e Logunan 218
Oxum e Oxumaré 220
Oxóssi e Obá 221
Xangô e Oroiná 222
Ogum e Iansã 224
Obaluaiê e Nanã Buruquê 226
Iemanjá e Omolu 227
Hereditariedade Divina dos Seres Humanos 228
Os Fundamentos das Oferendas 231
Oferendas 243
O que são as Oferendas? 243
Oferendas Básicas Umbandistas 247
Oferendas aos Orixás e Guias Espirituais: por que Fazê-las? 252
Firmeza de Forças da Natureza 257
O Mistério das Fitas 263
Ação Divina e Ação Espiritual 266
Olorum, os Orixás e Nós, os Espíritos 269
Os Orixás e as Formas de Cultuá-los 271
Orixá Ancestral, de Frente e Adjunto 273
Os Triângulos de Forças dos Orixás 276
Trabalho com as Irradiações Divinas dos Orixás e com as
Correntes Espirituais Regidas por Eles 279
Hierarquias Divinas dos Orixás 283
Orixás Regentes 286
Assentamento dos Orixás 289
Informações Básicas sobre o Orixá Exu 294
Assentamento do Exu Guardião 297
Uma Nova Consciência sobre o Orixá Exu 300
Assentamento de Exu Guardião 303
Firmeza de Exu para Sustentação de Trabalho no Terreiro
com Pontos Riscados 306
As Linhagens de Exu 310
Exus de Trabalhos Espirituais 313
Glossário 315

Prefácio

Por Alexandre Cumino

Quais são, afinal, os fundamentos da Umbanda?
O fundamento de uma religião é sua base, seu alicerce, a razão fundamental de sua doutrina e seu ritual.
Na Umbanda, ouvimos falar muito nesta palavra "fundamento", em contextos como: "tal coisa tem ou não fundamento", "isto é um fundamento da religião". A palavra é usada e manipulada à revelia e, neste contexto, perde-se o significado de fundamento e confunde-se o **fundamento do todo** (coletivo) com **fundamentos das partes** (individuais).

Para definir quais são os fundamentos da religião de Umbanda é preciso antes definir o que é Umbanda e, neste ponto, já encontramos uma dificuldade enorme para a maioria das pessoas que se apega mais à forma do que à essência. A maioria tenta definir o TODO pelas partes, o geral pelo específico. É preciso, antes, definir quais são as linhas mestras da Umbanda, o simples e básico, para depois, então, identificar seus **FUNDAMENTOS BÁSICOS**. Sabemos que a Umbanda possui unidade e diversidade. Na unidade está o básico que faz identificar, ou não, **Umbanda**; e na diversidade está a liberdade ritual e doutrinária de cada grupo, "umbandas".

Na unidade está o todo; e na diversidade estão as partes. O todo é algo comum a todas as partes. Logo, fundamentos básicos são aqueles que estão presentes em todas as suas partes, no todo. Quando falamos de **UMBANDA** (singular e uma), estamos falando do todo; quando falamos em umbandas (múltipla e plural), estamos falando das partes. As partes também têm fundamentos. Em relação ao todo, esses fundamentos são parciais, fundamentos desta ou daquela parte, desta ou daquela Umbanda. Aí surgem fundamentos da Umbanda "Branca", "Tradicional", "Esotérica", "Popular", "Mista", "Trançada",

"Africanista", "Omolocô", "Eclética", "Iniciática", etc. Fundamento da parte não é fundamento do todo; logo, fundamento de Umbanda é algo que deve ou pode ser aplicado ao Todo, em todas as partes e liturgias da religião. Só não podemos falar em "Verdadeira Umbanda", ou "Umbanda Pura".

Afirmar que algo é "o verdadeiro" é uma forma de desclassificar o restante e rotulá-lo de falso. Também não podemos falar em pureza dentro de uma religião que nasce com sincretismos. Aliás, não existe pureza em nenhuma religião. Todas nascem de cultos e ritos que lhes antecederam. Nada nasce do nada; nada se perde, tudo se transforma. Daí a confusão que alguns fazem entre um fundamento ancestral religioso humano e a religião em si, que é um conjunto de fundamentos dentro de um contexto no espaço e no tempo. Por exemplo, confunde-se a religião de Umbanda com um de seus fundamentos que é a incorporação de espíritos, mais especificamente de Caboclos ou Pretos-Velhos. Por essa confusão, passam a crer que Umbanda seja uma religião ancestral e milenar. Outros confundem a religião de Umbanda com a palavra Umbanda e passam a crer que a origem da religião se encontra na origem da palavra "Umbanda". Na língua quimbundo, essa palavra significa "arte da cura", que é a prática do xamã, o "kimbanda"; aqui no Brasil, "Umbanda" se insere em outro contexto; a palavra é ressignificada, é um neologismo para identificar uma religião que, embora tenha semelhanças com práticas xamânicas de todos os povos, difere na estrutura.

O básico do básico na Umbanda é reconhecer que se trata de uma religião brasileira fundada no dia 15 de novembro de 1908, por Zélio de Moraes e o Caboclo das Sete Encruzilhadas. Podemos identificar nas palavras do Caboclo das Sete Encruzilhadas os fundamentos mais básicos de Umbanda:

"Umbanda é a manifestação do espírito para a prática da caridade".

"Aprender com quem sabe mais e ensinar a quem sabe menos, e a ninguém virar as costas".

Parece pouco, mas já é muito. Atendimento caritativo é a base doutrinária da religião, sem nenhuma forma de preconceito com relação às entidades que se manifestam. Quem lançou a pedra fundamental da religião foi um espírito que teve muitas encarnações e, entre elas, foi o frei Gabriel de Malagrida, que fez a opção de se apresentar como "Caboclo". Seguido a essa manifestação, apresentou-se o Preto-Velho Pai Antônio, e ambos chamaram falanges de Caboclos e Pretos-Velhos para trabalhar na Umbanda. Logo, "Caboclo" e "Preto-Velho" são formas de se apresentar escolhidas pelos espíritos que militam na Umbanda.

Aqui está um fundamento básico da Umbanda: as entidades se organizam no astral em linhas e falanges identificadas pela forma de apresentação, as quais guardam relação com os santos, Orixás e forças da natureza.

A música é um fundamento de Umbanda. A nossa música sagrada é chamada de "pontos de Umbanda". Para executá-la, não é obrigatório o uso de atabaques, mas a cada dia vemos mais terreiros aderindo ao som dos atabaques que, quando bem tocados, auxiliam nos trabalhos espirituais. O som grave da percussão de couro, ou similar, trabalha o nosso chacra básico e a energia da terra, o que ajuda o médium a sintonizar com uma força primordial e desacelerar um pouco a cabeça. Voltando-se à terra, a mente para um pouco de pensar e atrapalhar o processo mediúnico.

O uso de símbolos riscados no chão é um fundamento mágico da religião de Umbanda, magística por excelência. São os "pontos riscados", por meio dos quais as entidades espirituais traçam "espaços mágicos", abrem vórtices de energia e campos de vibração para limpeza, descarga, cortes de energia, imantação, consagração e também para evocar as forças, poderes e mistérios dos Orixás. Essa "Magia de Pemba" é presente desde o nascimento da religião e constitui um vasto campo de estudos, polêmicas e realizações. Existem muitas formas de grafias e escritas mágicas. Os guias de Umbanda têm uma forma particular de escrever sua magia, por meio de um giz mineral chamado de "pemba".

O uso das velas também é um dos fundamentos de Umbanda; por mais simples que seja o trabalho espiritual, sempre existe no mínimo uma vela acesa. Acendemos velas para os Orixás e Guias de Umbanda. A vela potencializa e perpetua os pedidos e orações dos adeptos das religiões. Muitos têm medo de acender velas em suas residências, no entanto, o umbandista sabe que, quando uma vela tem "dono" espiritual, nada de mal pode ser desencadeado por meio dela, pois a força a que ela está ligada sempre se manifestará para proteger o fiel umbandista.

Entre o uso de velas está também um fundamento simples e muito presente na Umbanda, a **vela para o "anjo da guarda"**. Costuma-se acender uma vela de sete dias para o anjo da guarda como forma de proteção do praticante de Umbanda. Anjo da Guarda é um mistério de Deus voltado à nossa proteção. Ter sempre acesa uma vela traz segurança mediúnica e proteção espiritual, que se estende ao campo emocional do médium. Claro que, como todas, é uma proteção que depende do merecimento e da postura desse médium diante da vida e de seu círculo de relacionamentos.

A defumação é um fundamento de Umbanda e consiste em queimar ervas secas e resinas, devidamente escolhidas, em um recipiente, turíbulo, contendo carvão em brasa, com objetivo de promover uma limpeza astral por meio da fumaça aromática e sua ação mágica.

O fumo é um fundamento de Umbanda, que muitos confundem com o vício de fumar. As entidades de Umbanda manipulam o fumo, uma erva sagrada, nas formas mais variadas, como charuto e cachimbo, promovendo uma defumação direcionada pelo sopro associado a seu poder curativo e purificador.

As bebidas são fundamentos de Umbanda. Assim como o fumo, confunde-se a manipulação de bebidas com o vício de beber. As entidades de Umbanda não precisam beber, elas usam a bebida como recurso de limpeza e purificação. As bebidas são consagradas pelas entidades e também podem ajudar na criação de um ambiente e um contexto que sejam familiares ao consulente.

Banhos de ervas são um fundamento de Umbanda. Um dos recursos mais utilizados por guias e médiuns de Umbanda é promover uma limpeza espiritual e energética pessoal com banhos feitos à base de infusões de ervas com propriedades que vão desde atrair uma força até a neutralização de energias negativas.

Oferendas na Natureza são fundamentos de Umbanda. Muitos desses fundamentos são práticas milenares, como o caso das oferendas às divindades em seus pontos de força na natureza. Por meio das oferendas, o praticante reconhece a importância do contato com a natureza e a relação da mesma com os Orixás. As divindades não se alimentam das oferendas. Esse ato de ofertar traz efeitos emocionais aliados a ações mágicas que realizam verdadeiras transformações na vida daqueles que se colocam de frente para as divindades, com respeito, humildade, devoção e reverência.

As "sete linhas de Umbanda" são um fundamento muito polêmico e discutido desde os primórdios da religião, pois cada um cria ou inventa suas sete linhas de Umbanda particulares. No entanto, basta saber que o fundamento das sete linhas se refere às sete vibrações de Deus, que são sete energias básicas na criação. Existem muitos Orixás, muito mais do que sete. Cada grupo adapta as sete linhas para os Orixás que já conhece. Com um estudo mais aprofundado, é possível identificar todos os Orixás conhecidos nas mesmas sete vibrações, as sete linhas de Umbanda. Certa vez, um guia me falou: "Filho, quando lhe perguntarem o que são as sete linhas de Umbanda, diga que são as sete formas que Deus tem de nos Amar".

Sacrifício animal não é um fundamento de Umbanda, o que quer dizer que para se praticar Umbanda não é necessário fazer sacrifício animal, e que a grande maioria dos terreiros de Umbanda não pratica o sacrifício animal. As práticas de sacrifício surgem, em alguns seguimentos de Umbanda, por influência do Candomblé e de outros cultos de nação. Geralmente, os terreiros que adotam sacrifícios animais se denominam como tendas de "Umbanda Africanista", que podem ser chamadas também de "Umbanda Mista", "Umbanda Trançada", "Umbanda Omolocô", ou "Umbandomblé". Este último pode se aproximar dos terreiros de Candomblé que passaram a trabalhar com entidades de Umbanda (Caboclos, Pretos-Velhos, etc.), ou vice-versa. Nesse caso, é difícil definir se é Umbanda ou Candomblé, embora sejam duas religiões distintas e com diferentes fundamentos.

Quanto ao ritual, é bem simples e musicado, na maioria das vezes segue uma sequência que pode variar um pouco, mas que em geral fica nesta ordem: oração, saudação à esquerda, bater cabeça, abrir cortina (quando tiver), defumação, hino da Umbanda, abrir a gira, saudação às sete linhas, saudação aos Orixás e guias chefes da casa, chamada de Orixás ou guias que darão sustentação ao trabalho e chamada da linha de entidades que dará atendimento (passe e consulta); ao final dos atendimentos, ocorre a subida das entidades, podendo, ou não, ter descarrego dos médiuns com esta ou outra linha que venha para tal atividade.

A Umbanda não tem verdades inquestionáveis (dogmas) nem assuntos proibidos ou interditados (tabus). No entanto, para falar de fundamentos é essencial ter conhecimento de causa, conhecer profundamente o assunto e, no caso da Umbanda, conhecer sua história, doutrina, teologia, liturgia, ritualística... Caso contrário, como diria meu amigo, irmão e mestre, Rubens Saraceni: "Tudo permanece no campo de uma ciência chamada achologia, um campo de incertezas e divagações".

Desejo a todos uma boa leitura, agradeço ao amigo, irmão e mestre a oportunidade de prefaciar esta obra e, mais ainda, agradeço aos Mestres da Luz, que o inspiram por mais esclarecimento e desmistificação acerca dos **Fundamentos de Umbanda**.

Alexandre Cumino é bacharel em Ciências da Religião, médium, dirigente, sacerdote de Umbanda preparado por Rubens Saraceni e ministrante dos cursos livres de Doutrina, Teologia e Sacerdócio de Umbanda Sagrada.

Apresentação

Fundamentar algo é explicar seus fundamentos basilares, sua origem, suas razões e seu porquê. Fundamentar uma religião é demonstrar de forma lógica seus alicerces divinos; no que ela se baseia; do que ela se originou; o que justificou sua criação e por que precisou ser criada em meio a tantas outras religiões então existentes.

Isso é possível de ser feito? É, desde que quem se propõe a fazê-lo dissipe-se de preconceitos e dogmas religiosos alheios, e tenha um conhecimento profundo, tanto do seu lado visível ou exotérico quanto do seu lado invisível ou esotérico.

O lado visível e exotérico é o lado aberto a todos os seguidores, e mostra o que todos veem.

Já o lado invisível e esotérico é o lado fechado ou oculto e só é visível, perceptível e compreensível para uma minoria conhecedora dos mistérios divinos que fluem de "dentro para fora" da religião, dando sustentação aos seus ritos e impondo-lhe uma dinâmica própria que a diferencia de todas as outras religiões existentes.

Portanto, comentar os fundamentos de uma religião não é uma tarefa fácil, e quem se propõe a tanto deve estar bem assistido no lado invisível da Criação, onde estão assentados os poderes divinos que fluem como mistérios do nosso divino Criador, e deve ter um profundo conhecimento dos dois lados da religião, senão não alcançará os objetivos a que se propõe.

Já venho sendo instigado há vários anos pelo tema "Fundamentação", e em alguns livros já foi mostrado alguns dos fundamentos da Umbanda, mas sempre de forma velada.

Há vários anos, os meus mentores vêm me cobrando um livro dessa natureza e sempre me esquivei alegando que ainda não estava preparado para tanto e, apesar de eles dizerem que me assistiriam do começo ao fim de um livro de fundamentos, eu sempre deixava o assunto para outra ocasião.

Mas, agora, com tantos anos de estudos e práticas umbandistas, com 56 livros publicados, com 16 anos de ensino doutrinário, teológico e sacerdotal umbandista, já com 13 anos de ensino da "Magia Divina" e conhecedor dos 21 graus dela e dos seus fundamentos divinos, creio estar embasado para iniciá-lo e levar a bom termo esta obra essencial à compreensão e ao conhecimento profundo do que fundamentou a Umbanda e lhe dá sustentação em todas as suas práticas, ritos e liturgia.

Tenho certeza de que serei bem assistido e levarei a bom termo mais este compromisso com os espíritos mentores de Umbanda.

Que o Divino Criador Olorum nos abençoe!

Rubens Saraceni

Introdução

Observem o glossário nas páginas finais desta obra, porque é fundamental que tenham bem vivos os significados das palavras escolhidas por nós e que serão usadas nos comentários sobre os fundamentos da Umbanda.

Sabemos que alguns dos fundamentos que comentaremos já foram explicados ou comentados por outros autores, mas não recorreremos às interpretações deles, e sim desenvolveremos as nossas, assim como abordaremos outros fundamentos ainda não descritos ou comentados por autores umbandistas, trazendo certo ineditismo nesta nossa obra, que vem somar com todas as outras à disposição dos leitores umbandistas.

Esperamos que este livro não venha a melindrar ninguém e que todos o recebam como mais uma obra a preencher as lacunas ainda existentes na literatura religiosa umbandista.

Também esperamos que ninguém faça com ele o que alguns incautos ou néscios fizeram com o nosso livro *Código de Umbanda*, confundindo-o com a "Codificação da Umbanda", tema esse já desenvolvido por vários autores, mas com todos negando ao verdadeiro codificador da Umbanda o seu mérito e sua primazia na religião, que é o saudoso Pai Zélio Fernandino de Moraes, médium do espírito fundador da Umbanda, conhecido de todos os umbandistas como Caboclo das Sete Encruzilhadas.

Pai Zélio de Moraes é o verdadeiro codificador da Umbanda, pois foi por intermédio dele que ela foi iniciada como religião e foi ele e seus Guias espirituais quem estabeleceram todos os ritos e a liturgia umbandistas básicos, restando aos que vieram "depois", inclusive nós, apenas o desenvolvimento e a adaptação de tudo o que ele fez, praticou e ensinou por mais de 60 anos.

Vários autores umbandistas escreveram livros com o título *Codificação da Umbanda*, mas em nenhum vimos referências àquele que trouxe o que comentavam em seus livros, com alguns até tentando negar-lhe a fundação da Umbanda, torcendo e distorcendo os fatos para atribuírem a outros, não se sabe a quem ao certo, a fundação da religião Umbanda.

Exercício inútil, cremos nós, pois o tempo se encarrega de repor as verdades nos seus devidos lugares, assim como enterra todas as inverdades ou mentiras.

É certo que, até agora, mais de um século depois da fundação da Umbanda, só um ou outro autor abordou em profundidade o tema "fundamentos umbandistas ou da Umbanda", e esperamos que os incomodados de plantão não se melindrem com mais este nosso livro e confunda seu título com o de *Fundamentação da Umbanda*, pois esta também foi feita por Pai Zélio Fernandino de Moraes e pelos seus guias espirituais.

Eles codificaram e fundamentaram a Umbanda, ainda que quase nada tenham deixado escrito, tal como aconteceu com o amado mestre Jesus, que tudo fez sem ter deixado nada escrito, mas os seus sermões e milagres foram compilados e comentados por seus discípulos e seus seguidores.

Para nós, foi Pai Zélio de Moraes quem fundou, codificou, fundamentou e estabeleceu a religião Umbanda.

Quanto a nós, todos os seus posteriores, somos gratos pelo seu legado e esperamos honrá-lo para sempre, comentando os fundamentos implantados por ele e que nos permitem fazer mais um livro sobre a Umbanda.

Obrigado, Pai Zélio Fernandino de Moraes!

Obrigado, senhores guias espirituais do nosso saudoso Pai Zélio.

Obrigado por darem vossa autorização e bênção para este "nosso" livro.

Obrigado a todos!

Rubens Saraceni

A Fundação da Umbanda

Fundação: 1. ação ou efeito de fundar; 2. alicerce.

O ato de fundação da Umbanda já foi comentado muitas vezes pelos mais diversos autores e comentaristas umbandistas, mas não custa reavivar a memória do leitor fazendo aqui um comentário livre, mas verdadeiro.

Pai Zélio Fernandino de Moraes, quando ainda jovem e com aproximadamente 18 anos, por estar passando por uma fase difícil por causa de sua mediunidade, foi levado a um Centro Espírita Kardecista, e durante os trabalhos espirituais foi possuído (incorporado) por um espírito altaneiro que a todos surpreendeu pela sua desenvoltura e gestos. E, quando instado a apresentar-se, revelou-se um Caboclo (mistura de índio e português) de nome Caboclo das Sete Encruzilhadas.

Educadamente, foi convidado a retirar-se, porque aquela era uma sessão espírita kardecista de estudo e prática do Espiritismo, dentro da qual ele não podia permanecer por ser um espírito de índio, com pouca evolução.

Lembre-se de que o Espiritismo do início do século XX era elitista, objeto da curiosidade de muitas pessoas e era zeloso sobre os espíritos que baixavam em suas sessões.

Espíritos de ex-médicos, autoridades, filósofos, professores, militares de alta patente, sacerdotes e mais algumas classes sociais eram bem-vindos. Mas, espíritos de ex-índios, ex-escravos, de mestiços sem referencial de nobreza, ex-prostitutas, ex-"bandidos" e mais algumas "subclasses" sociais, quando baixavam nas reuniões, eram convidados a se retirar, porque ali, nas sessões de estudos e de práticas, não era o lugar deles.

O Caboclo das Sete Encruzilhadas concordou em retirar-se, mas avisou os presentes que no dia seguinte (16 de novembro de 1908), às

20 horas em ponto, incorporaria em seu médium Zélio e, na sua casa, iniciaria uma nova religião.

Dito e feito! No dia 16 de novembro de 1908, já com um bom número de pessoas curiosas e com o ambiente doméstico "espiritualmente" preparado, eis que às 20 horas em ponto o Caboclo incorporou no jovem Zélio Fernandino de Morais, apresentou-se como Caboclo das Sete Encruzilhadas e disse aos presentes que tinha vindo para fundar uma nova religião, denominada Umbanda, e que nela todos os espíritos que quisessem evoluir teriam a oportunidade para tanto.

"Com os espíritos mais evoluídos aprenderemos. Aos mais atrasados ensinaremos. E a nenhum renegaremos". Foram essas as palavras do Caboclo, que também disse isto nessa manifestação histórica: "Me chamo Caboclo das Sete Encruzilhadas porque, para mim, todos os caminhos (que levam a Deus) estão abertos!".

Mais coisas foram ditas nessa primeira e genuína "sessão espírita de Umbanda". E muitas coisas foram feitas ali pelo Caboclo que, incorporado em seu médium Zélio Fernandino de Moraes, curou doentes e pessoas obsedadas; deu orientações aos desorientados, cortou demandas, etc., realizando nessa primeira reunião umbandista um pouco de tudo que até hoje é feito na Umbanda pelos guias e médiuns que vieram depois, confirmando as palavras proféticas do Caboclo das Sete Encruzilhadas.

Depois incorporou o espírito de um ex-escravo, um velho benzedor ou curandeiro que se apresentou como Pai Antonio. E, posteriormente, outros espíritos foram se apresentando, com todos eles afirmando ser "Guias Espirituais de Umbanda".

Bom, pelo relato acima, livre, mas verdadeiro, porque foi assistido e posteriormente confirmado por todos os que assistiram à fundação da Umbanda, já é possível ter-se uma ideia da grandeza da nova religião, fundada justamente para acolher em seu seio todos os espíritos e as pessoas excluídas, as minorias, os segregados, os rejeitados, os menos favorecidos e também os mais abnegados trabalhadores dos dois lados da vida, uma vez que a Umbanda acolhe, com amor e respeito, tanto os espíritos quanto as pessoas que querem uma oportunidade para poder evoluir por meio da mediunidade.

Como Surgem as Religiões

Hoje, milhares de anos depois, poucos observam como surgiram as religiões já com milhares de anos de existência, tais como: Judaísmo, Hinduísmo, Xamanismo, Lamaísmo, Budismo, Cristianismo, Islamismo, o culto dos Orixás, etc.

E isso sem contarmos as religiões já parcialmente extintas ou recolhidas, tais como: egípcia, persa, greco-romana, nórdica, maia, asteca, inca; as indígenas, americanas, polinésias, africanas, indianas, asiáticas, etc.

Enfim, existem milhares de religiões em funcionamento, milhares já recolhidas ou extintas da face da Terra; há milhares em franco encolhimento e milhares em expansão ou dando seus primeiros passos.

Todo dia surge uma nova religião em algum lugar da Terra, e algumas prosperam rapidamente, alcançando destaque; outras encruam, fechando-se num limitado número de seguidores; outras nascem, crescem, "vivem" e morrem em um curto espaço de tempo, desaparecendo completamente.

Na maioria dos casos, o surgimento de uma nova religião deve-se à iniciativa de dissidentes de uma já existente, mas que não estava satisfazendo-os.

Isso que afirmamos é História, e basta estudarem o surgimento de cada uma que também constatarão essa verdade.

O Cristianismo surgiu de uma dissidência do Judaísmo, cujos dissidentes encontraram em Jesus o canalizador de suas insatisfações, o seu Messias!

O Islamismo surgiu da não aceitação da idolatria então reinante na Arábia, e os dissidentes encontraram em Maomé o canalizador de suas insatisfações.

O Protestantismo surgiu da dissidência da Igreja Romana, e os dissidentes encontraram em Calvino o canalizador de suas insatisfações.

Na Índia, o Budismo surgiu da dissidência do Hinduísmo, e os dissidentes encontraram em Sidarta Gautama o canalizador de suas insatisfações.

O Espiritismo surgiu na França, com dissidentes que não aceitavam a intolerância e a proibição da Igreja Católica do contato com os espíritos, e os dissidentes encontraram em Allan Kardec o canalizador de suas insatisfações.

A Umbanda surgiu no Brasil, com os espíritos e os médiuns insatisfeitos com os cultos afros de então e com o elitismo existente no Espiritismo kardecista, que não aceitava a manifestação de espíritos de índios, escravos e mestiços, tidos como iletrados, ignorantes e pouco evoluídos, porque desconheciam ou não seguiam a doutrina cristã, e encontraram no Caboclo das Sete Encruzilhadas e no seu médium Zélio Fernandino de Moraes os canalizadores de suas insatisfações.

E depois, na Umbanda, surgiu uma porção de "umbandas", com algumas delas negando que foi Pai Zélio quem a havia iniciado no plano terreno.

Isso com apenas um século de existência, certo?

Tudo o que escrevemos é História, e vocês poderão confirmar estudando a história de cada religião aqui citada ou não.

Portanto, quem funda novas religiões são pessoas e espíritos, todos insatisfeitos com alguma religião já existente.

E todos os seus fundadores se servem de uma base ou de fundamentos divinos preexistentes, que vêm dando sustentação a todas as que já foram e às que ainda serão fundadas.

É claro e indiscutível que todos os fundadores foram "inspirados" e sentiram-se amparados em suas iniciativas, assim como também é indiscutível que canalizaram o descontentamento e a insatisfação de muitas pessoas e de muitos espíritos, e, se uns levaram com sabedoria as novas religiões, outros foram infelizes e viram suas luminosas iniciativas minguarem e desaparecerem num curto espaço de tempo.

Isso é História, a história das religiões!

Deus não fundou nenhuma religião na face da Terra, mas concedeu o livre-arbítrio aos espíritos e aos homens para que estes, se estiverem insatisfeitos e descontentes com as que seguem, fundem novas religiões que os satisfaçam e tornem suas religiosidades em contentamento e alegria, por meio da comunhão com Ele e seus Princípios Divinos.

A base religiosa, os fundamentos e os princípios divinos, naturais e espirituais, estão à disposição de todos, e todas as religiões baseadas e fundamentadas neles, com certeza, prosperam e prosperarão na face da Terra e auxiliarão muitos no reencontro com Ele, o nosso Divino Criador e senhor Deus.
   Se alguém discordar do que aqui escrevemos, recomendamos que estudem com isenção a história das religiões, e verão que ela se repetiu em todas, não com umas se apropriando das bases e dos fundamentos das outras, e sim com todas se servindo da mesma base e dos mesmos fundamentos e princípios divinos, naturais e espirituais, comuns a toda a Criação, a todos os seres, a todas as criaturas e a todas as espécies.
   Ou não é verdade que céu e inferno são comuns a todas as religiões?

O Início das Religiões

Muitos dão pouca atenção às condições que levam pessoas a fundarem uma nova religião. Isso se deve ao fato de que a maioria dos seguidores de uma religião não a estuda em profundidade, pois suas expectativas estão voltadas para o dia a dia e suas necessidades imediatas de auxílio e amparo em suas ações diárias.

Mas nós, que temos como responsabilidade sacerdotal conduzirmos muitas pessoas em suas religiosidades, precisamos estar bem preparados e informados sobre os fundamentos da nossa religião, senão estaremos faltando com nossos irmãos que confiam em nós, no nosso preparo íntimo e na nossa formação religiosa e sacerdotal para conduzi-los nos aspectos da fé.

Por isso, temos de refletir sobre as causas que levaram à fundação da Umbanda, pois não basta sabermos que foi o senhor Caboclo das Sete Encruzilhadas e o saudoso Pai Zélio de Moraes que a fundaram. Precisamos refletir sobre o que levou à sua fundação e sua aceitação por tantas pessoas em apenas um século de existência.

É preciso fundamentar o nascimento e o desenvolvimento da Umbanda como religião. Essa fundamentação é importantíssima e justifica de tal forma a nossa religião, que a torna indispensável a uma grande parcela dos brasileiros e dos habitantes de outros países, onde ela já conseguiu chegar graças ao árduo trabalho de médiuns "missionários" que a estão levando a tão distantes lugares ao mesmo tempo.

Deus não está só em uma ou outra religião, e sim está presente no íntimo de todas elas e no de todos os seres o tempo todo e, quando um grande número de pessoas está insatisfeito com as religiões existentes ou com as formas de cultuá-Lo, colocadas à disposição delas, eis que Ele, atuando de dentro para fora de algumas pessoas, cria as condições para que surja uma nova religião e uma nova forma de cultuá-Lo, fato esse que lhes devolve a fé, a esperança, a alegria e a religiosidade, e as recolocam na senda evolutiva. Se não, vejamos:

Allan Kardec acreditava na existência e na comunicação com os espíritos, certo? É claro que acreditava e, quando delineou uma forma de confirmar a existência dos espíritos e uma forma segura, racional e aceitável de comunicação com eles, fundou o Espiritismo e sua estrutura teológica, religiosa e doutrinária ou doutrinadora de outras pessoas que também acreditavam na existência dos espíritos e almejavam um meio seguro e racional de se comunicarem com eles e deles receberem auxílio e orientações.

A crença "difusa" já existia, assim como já havia diversos tipos de "comunicações" com os espíritos, mas por não serem formas seguras e racionais, e sim perigosas e sobrenaturais ou "fantasmagóricas", escapavam ao controle dos espíritos comunicadores ou médiuns, e muitas experiências mostravam-se dolorosas, incontroláveis, obsessivas, etc., assustando a todos.

Mas, bastou Allan Kardec estabelecer uma forma segura e racional de comunicação com o "mundo" espiritual, para que todos os que já acreditavam na existência dos espíritos e na possibilidade de se comunicar com eles, para fazer surgir uma nova doutrina religiosa, toda ela fundamentada na existência e na imortalidade dos espíritos e nas faculdades mediúnicas, passíveis de serem desenvolvidas, aperfeiçoadas e colocadas sob o controle racional, com os espíritos atuando em nosso benefício e auxiliando-nos na compreensão do lado espiritual da criação.

Com a Umbanda aconteceu um desdobramento e uma abertura de tudo o que já havia sido desenvolvido pelo Espiritismo kardecista, pois esse só estava fundamentado na existência de Deus e de Jesus Cristo, e sua doutrina era toda cristã, com os instrutores e seguidores do Espiritismo de então (1908) negando a existência de outros seres divinos (os Orixás), condenando ou não aceitando a comunicação com espíritos que, quando encarnados, já os adoravam, os "incorporavam" e deles recebiam auxílio e amparo divinos.

Esses espíritos refutados já praticavam outra forma de "intercâmbio mediúnico" muito antes de o Espiritismo ser codificado por Allan Kardec, e possuíam suas cerimônias religiosas que mantinham sob controle as manifestações dos Orixás e dos seres espirituais.

Porém, até para os esclarecidos espíritas de então (1908), essas outras divindades eram "pagãs", como se fosse possível ou necessário "batizar" perante Jesus Cristo seres divinos (os Orixás) já cultuados no coração da África muito antes do nascimento dele na Palestina.

Os Orixás já possuíam seus cultos há séculos, seus ritos e suas liturgias, assim como já possuíam seus médiuns, que já haviam estabelecido formas seguras e controladas de incorporá-los e afirmá-los, assim como já haviam desenvolvido uma forma segura de se comunicarem com eles por meio de processos divinatórios e oraculares.

Então, bastou reunir uma pessoa que acreditava na existência dos espíritos e de um espírito mensageiro dos Orixás, para criarem o nascente "espiritismo de Umbanda", que reuniu os "pedaços" das religiões indígenas brasileiras (os Caboclos índios) e de "nação africana" (os Pretos-Velhos), que assumiu uma forma própria de manifestação e comunicação com os espíritos, controlada e racional, também aguardada por muitos descendentes de índios e de africanos que já conheciam algo sobre o assunto graças à existência dos cultos de pajelança, de "macumba", de "cabula", etc., que o substrato religioso necessário se mostrou aos fundadores da nova religião e agradou um grande número de pessoas já conhecedoras dos Orixás, mas que não tinham à disposição um culto controlado e racional que lhes permitisse cultuá-los e deles receberem o auxílio e o amparo religioso já em acordo com sua "cultura e psicologia", influenciadas pelo Cristianismo então vigente e predominante.

Bastou aos fundadores da Umbanda adotarem o sincretismo já existente dos Orixás com os santos católicos, que tudo assumiu sentido e tornou-se racional para que, aí sim, os novos fiéis ou seguidores da Umbanda a aceitassem como uma religião organizada e que respondia aos seus anseios, já que a maioria deles eram médiuns e já incorporavam ou eram possuídos à força por espíritos de "índios e de negros", provavelmente já expulsos de outras "sessões espíritas" ou dos "cultos de nação" afros então existentes.

E, quanto ao próprio Cristianismo? Tudo se repete, e na antiga Judeia sob domínio romano havia tantos seguidores do Judaísmo oprimidos que ansiavam pela vinda do "Messias", que os salvaria do jugo do opressor romano e da tirania do rei deles, que bastou um homem dotado de poderes miraculosos apresentar-se (ou ser apresentado) como o Messias, para criar uma nova religião, pois o substrato ideal já existia e era muito fértil.

E mais uma vez tudo se repetiu, como antes já havia acontecido em outros lugares do mundo com outros fundadores e seguidores de outras religiões.

Nos três casos de surgimento de novas religiões que aqui citamos, existiam os dois quesitos indispensáveis para elas surgirem: culturais e psicológicos.

O quesito cultural insere-se na crença de que algo já existe, pois a cultura popular europeia acreditava na existência de espíritos (ou seres sobrenaturais). A cultura popular brasileira acreditava na existência de outros seres divinos além de Cristo e na de espíritos que baixavam nas macumbas do Rio de Janeiro. A cultura popular judaica acreditava na vinda do Messias e ansiava por ela.

O quesito psicológico é mais difícil de ser identificado e comentado, porque ele se fundamenta em decepções com os sistemas religiosos existentes; em medos e angústias não solucionados por meio dos ritos já existentes; em anseios latentes, à flor da pele mesmo; em esperança por uma vida melhor aqui no lado material e na salvação após a morte, etc.

Mas, se estudarem com atenção, encontrarão nos seguidores iniciais do Cristianismo, do Espiritismo e da Umbanda, tantos aspectos psicológicos que os convencerão do que aqui afirmamos.

Medo, insegurança, exclusão, racismo, intolerância religiosa, opressão, pobreza, doenças, falta de esperança ou inexistência de expectativa por causa de um sistema político-religioso excludente, em que a elite possui tudo e os outros mal sobrevivem em meio à exploração, à pobreza, à ignorância, à miséria, à prostituição, ao alcoolismo, ao desemprego, etc.

O arcabouço psicológico é sempre o mesmo e todos anseiam pela redenção e pela volta da esperança de ser salvo e ajudado por Deus, por Suas divindades e pela Espiritualidade.

Ou não foi tudo isso que permitiu ao príncipe Sidarta Gautama renunciar à opulência e à riqueza, para (iluminado) devolver a fé e a esperança a milhões de pessoas excluídas pelo sistema de castas então existentes na Índia?

Uma religião tem de trazer toda uma renovação da religiosidade, da fé e de expectativas para as pessoas, criando no íntimo delas e de "dentro para fora" de cada uma, uma base sólida de crença que a fortaleça e a ajude a suportar as dificuldades do dia a dia, assim como a reúne com quem religiosamente lhe é afim e que, reunidas sob uma nova doutrina, se fortalecem grupalmente e se auxiliam, superando muitos dos obstáculos, reais ou imaginários, que as enfraqueciam e as segregavam ou as isolavam.

No Brasil de 1908, herdeiro da "cultura e da psicologia" indigenista e africana que haviam se miscigenado mediante à opressão, o auxílio dos espíritos era um bálsamo e um estímulo para suportarem as dificuldades do dia a dia deles e recorriam a eles com frequência para se curarem de doenças, ou aos "benzedores", aos pajés, aos curadores, etc.

Já havia toda uma cultura, não escrita e pouco comentada entre os membros das elites de então sobre esse caldo cultural religioso existente entre as classes menos favorecidas ou excluídas das benesses da nascente sociedade industrial e econômica brasileira, classes essas formadas por ex-escravos, mestiços, estrangeiros que para cá vieram em busca de uma vida melhor, mas que encontraram tantas dificuldades que também perderam boa parte da esperança que os trouxe até aqui.

É muito importante ressaltar este aspecto: havia muitas pessoas possuidoras de mediunidade que não tinham como dar vazão a ela, porque os espíritos que nelas incorporavam se apresentavam como ex--indígenas, mestiços ou ex-escravos, seguidores de algum dos cultos de nação que sobreviveram parcialmente e a duras penas por causa da persistência dos africanos trazidos para cá durante os vários séculos que durou a escravidão no Brasil.

Culturalmente, já existiam as condições ou um substrato próprio para uma grande religião mediúnica fundamentada não em Jesus Cristo, como era o Espiritismo kardecista, e sim em panteões africanos e indígenas, pois ambos os povos possuíam suas religiões oprimidas e quase extintas pela cultura cristã e europeia.

Psicologicamente, porque era crença comum e geral na origem "espiritual" de muitos distúrbios de personalidade e de doenças com fundo espiritual ou magístico.

Tanto isso é verdade, que até alguns (ou muitos) dos membros da elite procuravam às escondidas os "benzedores" de então e deles recebiam auxílio, sendo que em troca "toleravam" certos "centros de Macumba" estabelecidos nos arrabaldes ou em chácaras ou sítios mais afastados.

Como os médiuns que incorporavam esses espíritos "atrasados" não eram bem vistos nos centros kardecistas, e esses espíritos eram afastados dos trabalhos, eis que Deus, na Sua infinita misericórdia e bondade, criou as condições para que uma nova religião mediúnica surgisse por intermédio de Pai Zélio de Moraes, incorporando um Caboclo, um Preto-Velho, etc., abrindo um canal de manifestação e comunicação espiritual, no qual o que contava não era a "origem" dos espíritos, e sim a disposição deles em nos auxiliar.

De fato, basta observamos e estudarmos com atenção que encontraremos as razões e as causas que sustentaram, de fato, o surgimento da Umbanda... e de todas as outras religiões, com todas elas amparadas por Deus.

Esse nosso comentário a fundamenta, porque a Umbanda foi criada por Deus por meio de Pai Zélio de Moraes e seus mentores espirituais.

Fundamentação da Palavra Umbanda

Em 15 de novembro de 1908, em um centro de estudos kardecista, um jovem de nome Zélio Fernandino de Moraes, na época com sérios problemas mediúnicos, incorporou um espírito que se apresentou como índio brasileiro de nome Caboclo das Sete Encruzilhadas. Por causa de sua postura, seus movimentos e seu modo de falar, foi convidado a se retirar pelos orientadores da sessão espírita.

Antes de desincorporar do seu médium, ele avisou os presentes que no dia seguinte, às 20 horas em ponto, incorporaria em seu médium e daria início aos trabalhos espirituais na casa dele.

No dia 16 de novembro de 1908, como dissemos anteriormente, às 20 horas em ponto, com uma mesa coberta com uma toalha e com um jarro de água no seu centro, eis que o Caboclo índio brasileiro incorporou, cumprimentou os presentes (muitas pessoas curiosas) e falou a todos: "Sou o Caboclo das Sete Encruzilhadas e vim para fundar uma nova religião!".

Quando inquirido, respondeu que a nova religião se chamaria Umbanda. Muitas outras coisas importantes foram faladas pelo espírito mensageiro da boa nova, mas aqui nos ateremos à palavra "Umbanda", certo?

Com o passar dos anos e com o crescimento da nova religião, muitas pessoas pesquisaram para descobrir a origem e o significado da palavra Umbanda, e foi descoberto que provinha da língua falada pelos povos bantos, do tronco linguístico bantu.

Sua grafia era esta: Mbanda!

Seu significado é este: curador, feiticeiro, sacerdote, a arte de curar; chefe de culto, benzedor, etc., tudo ligado à religião primitiva ou tribal dos povos bantos, em que cada aldeia tinha seu chefe religioso responsável pela religiosidade e pelo bem-estar espiritual da sua comunidade, muito parecido com a figura dos pajés brasileiros.

Mbanda ou Embanda, eis a pronúncia dessa palavra bantu. Pesquisadores descobriram que aqui no Brasil, em alguns cultos de origem angolana, o chefe era chamado de Embanda ou "Mbanda".

Pois bem! Alguns estudiosos do passado atribuem o nome Umbanda a uma corruptela da palavra Embanda; outros, à palavra Mbanda precedida do prefixo U, que dá U-mbanda.

Na língua bantu, o idioma Kicongo-Kimbundo é rico em palavras iniciadas com **n** e **m**, que são pronunciadas como **in** ou como **em** na língua portuguesa.

Quem quiser comprovar isso, faça um curso de Kicongo-Kimbundo dado por vários estudiosos das línguas bantus e verá quantas palavras são iniciadas com **n** e **m**; aí sim, confirmará que Umbanda provém de Mbanda, que significa curador, benzedor, chefe de culto, etc.

Esperamos ter fundamentado o nome Umbanda com uma fonte verdadeira (a língua Kimbundo), usado desde o seu início, de ter demonstrado que uma verdade é mais forte que mil mentiras e que os portadores das verdades sempre foram, são e serão reconhecidos como mensageiros de boas novas.

Concluindo, a palavra Umbanda está fundamentada na língua Kimbundo, falada pelos povos bantos, em que os Orixás são chamados de Nkices ou "Inkices".

A Umbanda é Monoteísta

Monoteísmo: sistema que admite a existência de um único Deus.
Monoteísta: que adora um só Deus.

Já vem de alguns milhares de anos uma discussão sem fim, usada pelos seguidores do segmento religioso judaico-cristão-islamita para convencer a humanidade de que, religiosamente, são os únicos adoradores do "Deus único e verdadeiro", e que os seguidores das outras religiões são adoradores de deuses "pagãos", de "demônios", de "falsos deuses", de "ídolos de pedras", etc.

As palavras pejorativas são tantas, que não vamos perder tempo com elas, e sim comentaremos o monoteísmo umbandista.

O fato é que, em se tratando de religião, a "disputa" pela primazia é acirrada e a "concorrência" é desleal e antiética, porque cada uma se apresenta como a verdadeira religião e atribui às outras a condição de "falsas religiões", enganadoras da boa fé, etc.

Já demonstramos em outros comentários que as religiões não são fundadas por Deus, e sim por homens, certo? Portanto, todas são discutíveis ou questionáveis pelos seguidores de uma contra as outras.

Esse embate sempre existiu e tem servido para os mais diversos fins, entre eles, o de dominar a mente e a consciência do maior número de pessoas possível; de expansão do poder político, econômico, territorial, militar, etc. Esse fato tem levado pessoas tidas como religiosas ou "santas" a induzirem seus seguidores no sentido de cometerem terríveis atrocidades e genocídios. Isso é História com H maiúsculo mesmo! Essa realidade tem levado muitas pessoas observadoras desses acontecimentos a optarem pelo ateísmo ou pela abstinência religiosa.

Cientes de que os "interesses pessoais" muitas vezes se sobrepõem à religiosidade das pessoas, não devemos influenciar-nos pelo que os seguidores de outras religiões dizem sobre a nossa, e sim relegar suas críticas, calúnias e difamações à vala comum dos desequilibrados no sentido da fé, pois o mesmo Deus que nos criou também criou os vermes, os fungos e as bactérias decompositoras que devoram o corpo dos que desencarnam, sejam eles seguidores de uma ou outra religião ou ateus.

Deus está acima das picuinhas entre os seguidores das muitas religiões, e nós temos de discernir o "Deus verdadeiro" dos que Dele se apossam e passam a usá-Lo em benefício próprio, com o propósito de enfraquecer as outras religiões e as religiosidades alheias.

Esses procedimentos mesquinhos são típicos dos seres desequilibrados no sentido da fé, e não devemos dar-lhes ouvido e muito menos, atenção. Devemos, sim, demonstrar que estão errados, assim como, que pouco sabem sobre Deus e não estão aptos a discuti-lo ou questionar a fé e a religiosidade alheias.

Quem, em sã consciência, pode afirmar como é Deus?

Quem, racionalmente consciente, poderia afirmar que viu Deus?

Cremos que ninguém pode afirmar com convicção como Ele é, e que já O viu; ou mesmo que já tenha falado diretamente com Ele.

Mas, se isso é impossível porque Ele não tem forma, é invisível aos nossos olhos carnais e é inefável, é a nossa Fé que nos coloca em comunhão com Ele e Dele recebemos seus eflúvios divinos que nos alteram, que nos extasiam, que nos inspiram e nos impulsionam no nosso virtuosismo e evolução espiritual.

Deus, entre muitas formas de descrevê-Lo, também pode ser descrito como o princípio divino da vida e da criação, fato este que O torna presente em nós por meio da nossa "vida" e torna-se sensível por meio dos nossos mais elevados sentimentos de fé.

Pessoas bondosas espalhadas por todas as religiões conseguem isso porque O sentem presente em suas vidas e com Ele interagem por meio dos sentimentos virtuosos.

Deus tanto está em todos por meio do dom da vida, como com todos interage por meio dos sentimentos nobres e virtuosos e não é propriedade de nenhuma religião, e sim pertence a todos que Nele creem e agem de acordo com Suas leis reguladoras da vida e de seus princípios sustentadores do nosso caráter, da moral, das virtudes, dos verdadeiros sentidos da vida.

Cada um, independente da religião que segue, sente e entende Deus ao seu modo, segundo sua percepção e seu estado de consciência.

Na Umbanda, todos os seus seguidores creem na existência de Deus e não questionam Sua existência nem O inferiorizam, colocando-O ao mesmo nível das divindades Orixás, e sim O entendem e O situam como o Divino Criador Olorum, que tudo criou, inclusive aos Sagrados Orixás.

Nós O entendemos como a Origem de tudo e como o Sustentador de tudo o que criou, e que confiou a governabilidade aos Sagrados Orixás, os governadores dos muitos aspectos e estados da Criação.

Acreditamos na existência dos seres divinos e os entendemos como nossos superiores, mas em nenhum momento os situamos acima do Divino Criador Olorum, ou como iguais ou superiores a Ele. Na Umbanda, tudo é hierarquizado e muito bem definido, sendo que na origem e acima de tudo e de todos está Olorum, o Supremo regente da Criação, indescritível por meio de palavras e impossível de ser modelado em uma imagem, porque não é um ser, e sim o poder supremo que rege sobre tudo e todos, e, inclusive, os Orixás, também entendidos como inefáveis, porque são em si mistérios de Olorum, manifestados por Ele como suas qualidades divinas.

A hierarquização é total e só não a vê quem não estuda a Umbanda com uma visão abrangente. Senão, vejamos:

Olorum manifesta-se por meio das suas qualidades divinas. Em cada uma das suas qualidades Ele gera um Orixá, que por sua vez traz em si todas as qualidades de Olorum e gera-nas em suas hierarquias divinas, naturais e espirituais.

Ou não é verdade que, por exemplo, Ogum é uma qualidade de Deus? Ogum é uma qualidade ordenadora de Olorum, certo? Portanto, Olorum, que é o todo, individualizou-se na sua qualidade ordenadora e gerou Ogum, que, mesmo sendo em si a qualidade ordenadora Dele, traz em si suas outras qualidades divinas e, ao manifestá-las, gera uma infinidade de hierarquias divinas, naturais e espirituais, todas classificadas pelas qualidades divinas contidas na qualidade ordenadora de Ogum, que só em Ogum é uma qualidade original.

Já nos "Oguns" qualificados pelas outras qualidades de Olorum, neles a qualidade ordenadora é uma herança divina herdada de Ogum, fato esse que os qualifica como "Oguns".

A hierarquização é tão rígida que há Olorum, há Ogum e há os "Oguns" que, estes sim, são outras qualidades de Olorum herdadas por Ogum. E esses "Oguns" são identificados, classificados e hierarquirizados pelas outras qualidades de Olorum, fazendo surgir as hierarquias de Ogum, tais como:

• Ogum ordenador da Fé e da religiosidade dos seres;
• Ogum ordenador do Amor e da concepção das novas vidas;
• Ogum ordenador da Razão ou da Justiça Divina e regulador dos "limites" de cada coisa criada;
• Ogum ordenador da Lei e do Caráter de todas as coisas existentes;
• Ogum ordenador da Evolução e da estabilidade da Criação;
• Ogum ordenador da Geração das coisas e da criatividade dos seres;
• Ogum ordenador do Tempo e regulador dos ciclos e dos ritmos de cada coisa criada.

De tão hierarquizada que é a Criação, chegamos ao nível terra e encontramos a hierarquização em tudo e em todos, e temos as aves de Ogum, as ervas (raízes, folhas, flores, frutas, sementes e madeiras) de Ogum, etc.

Temos os animais, os répteis, os insetos, os peixes, etc., de Ogum.

Temos os filhos de Ogum.

Temos as cores de Ogum.

Temos as armas de Ogum.

Temos os procedimentos e as posturas de Ogum.

Temos o seu arquétipo divino.

Temos seus cantos e seus pontos riscados, etc.

E o mesmo se repete com todos os outros Orixás, em que cada um deles é original e é em si uma qualidade original de Olorum, mas com cada um trazendo em si nessa sua qualidade original que o classifica, que o nomeia e o hierarquiza, todas as outras qualidades do Divino Criador Olorum, que também se individualizou em cada um dos seus Orixás originais, sendo que estes também se hierarquizaram em cada uma das qualidades divinas que herdaram Dele, multiplicando-se ao infinito e fazendo surgir um novo Orixá para cada uma das qualidades herdadas.

Daí surgem as muitas "Oxuns", os muitos "Xangôs", as muitas "Iemanjás", etc., todos hierarquizados e responsáveis pela aplicação das qualidades divinas na vida dos seres espirituais, naturais, elementais, instintivos, elementares e de tudo o mais que existe e que é identificado e classificado pelas qualidades divinas do Orixá original que os regem e em cada um se individualizou, e o qualificou como uma das muitas qualidades do Divino Criador Olorum.

Assim, na Umbanda, se cultua e se adora um único Deus e o Deus único. Mas também se cultua e se adora os Orixás, porque eles são manifestações e individualizações divinas do Divino Criador Olorum, origem de tudo e de todos.

A idealização de Deus pela Umbanda guarda a essência da matriz religiosa nagô e a elaborou a partir da hierarquização existente na Criação, hierarquização essa só não visível aos desatentos ou desinformados, pois até nas linhas de trabalhos, formadas pelos espíritos humanos, ela está se mostrando o tempo todo por meio dos nomes simbólicos usados pelos guias espirituais.

Ou não é verdade que existem muitas linhas de Caboclos de Ogum; de Oxóssi; de Xangô; de Oxalá; de Oxum; de Iemanjá; de Iansã, etc.?

A Umbanda é monoteísta, mas, tal como acontece em todas as outras religiões, ela também crê na existência de um Universo divino, povoado por seres divinos que zelam pelo equilíbrio da Criação e pelo bem-estar dos seres espirituais criados por Deus, o Divino Criador Olorum. Ou não é verdade que no monoteístico segmento religioso judaico-cristão-islamita também se crê na existência de um único Deus e em uma corte de seres divinos denominados como anjos, arcanjos, querubins, serafins, etc.?

O modelo de organização e descrição de Deus e do universo divino é o mesmo utilizado pelo Hinduísmo, pelos gregos, romanos, persas, egípcios e outros povos antigos que também acreditavam na existência de um Ser Supremo e em uma corte divina a auxiliá-Lo na sustentação da Criação e na condução da evolução dos seres.

Em se tratando de Deus e das religiões, todos seguem o mesmo modelo de organização, pois não existem dois Deuses!

Religiões são como famílias, e para existir uma nova família é preciso um homem, uma mulher, uma casa e filhos. Não há outra forma de ter uma família organizada e autossustentável fora desse modelo. E o mesmo acontece com as religiões: um único modelo organizacional para todas.

Uma vez que Deus é um só e a forma de "tê-Lo" em nós e Dele nos aproximarmos é a mesma para todos, assim como é o destino dos corpos enterrados nos cemitérios, então, nesse caso, não há nada de novo ou diferente desde que o mundo começou a existir. Apenas existem diferenças nas formas de apresentação das religiões, pois umas são rústicas, práticas e simples; outras são elaboradíssimas, iniciáticas e complexas, como é a Umbanda, compreendida apenas por uma minoria.

Mas, no fundo da "alma" das religiões criadas pelos homens e dos seres criados por Ele, só há um Deus, que é o Divino Criador Olorum.

Esperamos ter fundamentado e justificado o monoteísmo existente na Umbanda. Quanto ao que possam dizer os seguidores de alguma outra religião, e que se sentem "proprietários" de Deus e atribuam-nos o politeísmo, olvide-os porque, como bem disse o mestre Jesus, não vale a pena "dar pérolas aos porcos".

Um Pouco Mais sobre a Umbanda

Como já dissemos, o Início da Umbanda foi em 1908 pelo espírito Caboclo das Sete Encruzilhadas dizendo: "Com os espíritos evoluídos aprenderemos, aos espíritos atrasados ajudaremos e a nenhum renegaremos". Ela surgiu em virtude da não aceitação de espíritos como os Caboclos, Pretos-Velhos e outros no Espiritismo kardecista da época (ali estavam os Mistérios de Deus, porque espírito é energia, pouco importa de que cor é ou se é Caboclo ou Preto-Velho ou um "Doutor", porque o que importa é o sentimento que vibra).

Conforme os guia espirituais, a Umbanda é uma religião brasileira com heranças de várias outras religiões, tais como: africana, indígena e principalmente a cristã. É uma religião Espiritualista e Mágica. Espiritualista porque é voltada para o plano ou mundo espiritual, e Mágica porque os guias recorrem não só às orações e energias, mas também a diversos elementos mágicos: o uso de guias e colares, de charutos como desagregador de energias negativas que vêm com os consulentes, de velas, de espadas, a queima de pólvora, etc. Ela tem um princípio fundamental: crer em um Deus criador único e onipotente, mas também crê na existência dos sagrados Orixás.

Como dissemos, a Umbanda tem várias origens, tais como cristã, espírita, indígena e africana. A herança indígena e a cristã são uniformes; já a africana não, porque recebeu a contribuição de várias nações, os povos que foram trazidos para o Brasil.

Eles trouxeram a manifestação dos espíritos e vieram de regiões da África onde a incorporação era comum e era parte da religiosidade daqueles nossos irmãos. Não adianta uma ou outra querer se sobrepor, pois o que importa é que recebemos heranças que devem ser guardadas, preservadas e ressaltadas em certos momentos, mas não devem ser levadas ao extremo, como às vezes acontece em certos debates públicos sobre as religiões afro-brasileiras.

Somos seguidores e praticantes dessas religiões do passado, e hoje estamos no mesmo campo religioso africano, praticando a mesma religião na atualidade, mas adaptada à evolução planetária, que é permanente.

Povos que não acompanham a evolução planetária ficam atrasados. Países onde a religião impõe dogmas que restringem a liberdade de escolha aos seus habitantes são nações culturalmente atrasadas!

Temos a felicidade de morar em um país onde a prática religiosa é livre, com todos tendo a liberdade de escolha. Aqui o fanatismo não prospera, pela própria natureza de nosso povo, que é avessa ao fanatismo, e muitos já tentaram espalhá-lo pelo Brasil, sem sucesso.

Na Umbanda também temos líderes, mas líderes de federações, que cuidam mais de uma ordenação de terreiros, não sendo aqueles que procuram dominar todo o rebanho, pois esses não prosperam na Umbanda e não prosperarão nunca, porque é da natureza da religião os centros se constituírem em células individuais, em que seus dirigentes e seus corpos mediúnicos os sustentam. Mas só até onde são coesos, pois quando começa a surgir discórdia, sempre desmorona o centro como um todo.

Isso é um limitador para que não apareçam dentro da Umbanda líderes carismáticos extremados para arrebanhar seguidores fanáticos. As pessoas devem procurar ser sempre abertas a vários caminhos, para que sempre se atualizem e não se apoiem em dogmas.

A Umbanda não tem dogmas. Ela tem procedimentos religiosos que são mais ou menos uniformes em todos os terreiros, com cada um se revestindo das particularidades de seu sacerdote, como, por exemplo: o filho de Iemanjá tem a característica de trabalho da Mãe Iemanjá; o filho de Ogum tem a característica de trabalho de Ogum, e assim por diante, com cada um usando a característica do Orixá que predomina no dirigente do centro, mas com todos trabalhando com todas as linhas de trabalhos espirituais.

Ninguém pode ir para o plano espiritual sem ter uma religião e crer realmente nela. Toda crença é fundamental e, se temos a nossa, temos de segui-la, mas não por seguir, e sim por acreditar realmente que Deus está se manifestando nela e em tudo que nos é dado.

Podemos ter toda a sabedoria que o mundo nos oferece, mas o ato de Fé vale muito mais, vale por toda uma vida. O ato de fé é o ser identificando seu criador e extraindo desse mesmo criador a força que precisa para suportar as maiores adversidades que surgirão, para superar os obstáculos, para se resignar diante do insuperável e para lutar tanto por si quanto por aqueles que o cercam.

A fé em Deus nos torna mais confiantes.

As correntes espirituais que são trabalhadas hoje na Umbanda existem há séculos ou milhares de anos e já atuam em outras religiões, tais como: Hinduísmo, Judaísmo, Budismo, Cristianismo, etc., pois elas não dependem de uma religião para existirem. Elas existem no plano espiritual e apenas se voltam para as religiões visando ajudar as pessoas, aqueles que vivem clamando a Deus.

As correntes espirituais servem a Deus sem olhar a quem, independentemente da crença da pessoa. E tanto isso é verdade que, na Umbanda, os Guias espirituais não se incomodam com a crença religiosa das pessoas que atendem; não falam sobre outras religiões, mesmo o com contrário acontecendo em público, onde eles são citados ou chamados de espíritos do baixo astral, demônios e outros nomes.

Eles não se incomodam com isso, porque esses mesmos que atiram pedras hoje, amanhã serão espíritos e terão uma surpresa desagradável ao descobrirem que aqueles que apedrejaram poderiam acolhê-los.

Enfim, nós temos na Umbanda qualidades muito positivas para o ser humano, porque é uma religião espiritualista; ela atrai as pessoas pelo espírito e não pelo comportamento humano.

O Sincretismo Religioso

O sincretismo foi introduzido no Brasil pelos escravos, que eram obrigados a se batizar na Igreja Católica, pois eles eram proibidos de cultuar seus Orixás plenamente. Então eles cultuavam os santos católicos como se fossem seus Orixás.

Ex: São Jorge = Ogum; São Jerônimo = Xangô.

Antigamente, na África, o conhecimento secreto era conhecido somente pelos sacerdotes (Babalorixás e Ialorixás) e hoje continua assim no Candomblé.

Mas, na Umbanda, quanto mais informações forem passadas para seus seguidores, melhor, e já são dados muitos cursos, palestras, etc., pois, para se informar melhor, o umbandista busca várias informações e vai formando seu próprio universo religioso.

A maior preocupação é desenvolver um filho e pôr este para trabalhar. Mas esse pensamento tem de ser mudado. Devemos desenvolver o filho e despertar nele a religiosidade necessária para que um dia ele esteja preparado para abrir seu próprio terreiro, e não ter o egoísmo como muito pai de santo, que desenvolve seu filho para trabalhar na sua própria casa e não para multiplicar a religião, abrindo novos terreiros.

Em outras religiões, quando há o chamamento de um filho iniciado, todos o auxiliam para a abertura de uma nova igreja ou templo. Já na Umbanda é diferente, a maioria não dá a força necessária para que se abram novos terreiros, pois imaginam que serão concorrentes em si. Essa visão tem de ser mudada!

Ao contrário de uma visão voltada para o terreiro, temos de ter uma visão de religião, como um católico, por exemplo, que não menospreza uma igreja ou outra, pois ele tem a consciência de religião e não de igreja, e para ele todas são suas igrejas, são de sua religião!

A Umbanda Ainda Está em Desenvolvimento

Umbanda é uma religião com fundamentos como todas as outras, pois ela é uma religião e não uma seita. E, ainda que tenha apenas um século de existência, o que é quase nada em termos de tempo, ela ainda está se formatando como religião e ainda está se expandindo e criando sua própria importância e fluidez na vida das pessoas.

Nós vemos, às vezes, diferenças entre centros. Por que essas diferenças? Por causa das heranças religiosas oriundas dos cultos de nações. Algumas nações têm nomes de divindades próprios daqueles povos, com línguas diferentes. Em outras, as divindades têm outros nomes e isso cria certa confusão, dando até impressão de bagunça, mas não é.

Só o tempo vai depurar essa profusão de nomes e de determinadas formas de conduzir um templo, com trabalhos que parecem diferentes, mas não são. Dentro de um trabalho espiritual, os que se manifestam dentro de um centro, manifestam-se em todos, e são os Guias espirituais trabalhando em linhas de Caboclos, de Pretos-Velhos, de Crianças, de Marinheiros, de Boiadeiros, etc. Isso é comum em todos os centros de Umbanda; então esse já e um dos fundamentos da Umbanda, com a manifestação espiritual ordenada. E isso acontece de norte a sul, de leste a oeste do país, guardando às vezes nas manifestações algumas posturas desenvolvidas por pessoas que, sem um referencial, criaram uma postura própria deles.

Essas diferenças de manifestações acontecem por falta de referências no momento em que começam a acontecer, e ali os espíritos desenvolvem formas próprias. Mas, na essência, esse é um dos fundamentos da Umbanda.

Os trabalhos acontecem sob a irradiação dos Orixás, que regem os Caboclos, Pretos-Velhos, Crianças, Exus, Pombagiras, etc. Enfim, são linhas de trabalhos estabelecidas, não a partir da terra para o astral, mas sim do astral para a terra. A força delas está no lado espiritual da Umbanda, que tem em si todos os fundamentos. E nós vamos encontrando-os nos detalhes dos elementos de magia usados pelos próprios guias espirituais durante suas manifestações, em que, se ficarmos atentos, veremos esses fundamentos serem usados por eles por meio de uma linguagem própria.

Eles recorrem a esses fundamentos, que a Umbanda absorveu por ser resultado de um sincretismo religioso, em que muitas culturas se fundiram, mesmo porque não adianta dizer que a Umbanda é apenas cristã. Ela é a fusão do Cristianismo com a pajelança brasileira, com os cultos de nações africanas, e muitos dos primeiros terreiros de Umbanda abertos e espalhados pelo Brasil tinham como dirigentes Babalorixás e Ialorixás do Candomblé, da antiga Macumba, já bem estabelecida no Estado do Rio de Janeiro e em outros estados adjacentes, cujos centros sempre se localizavam afastados das cidades e eram chamados de "baixo espiritismo".

Essa é a Verdade não Revelada

O Candomblé naquele tempo era o Culto Angola, o Culto Nagô, o Culto Gêge-Mina, etc., uma gama de nações e cultos em que os Caboclos, os Pretos-Velhos, etc., começaram a se manifestar e os médiuns tinham de desenvolver e fazer esse trabalho de atendimento com eles, e isso foi o que resultou nos fundamentos, hoje disseminados e englobados pelos Orixás.

Nos Orixás encontramos os divinos fundamentos da Umbanda.

Ela é monoteísta a partir do culto a um só Deus denominado Olodumaré. E ela se mostra politeísta a partir do momento que no seu panteão há toda uma classe de divindades, cada uma com uma atribuição específica dentro da Criação Divina. Cada uma manifestando os mistérios de Deus. Cada uma delas regendo uma parte dos umbandistas.

Nós temos dentro da Umbanda milhares de filhos de Iemanjá, de filhos de Ogum, etc., ou seja, percebemos dentro dessas filiações a regência das divindades. Essas regências se aplicam a nós, umbandistas ou não.

Como elas se manifestam ativas naquele que é médium e passivas naquele que não é médium, isso também é um fundamento que a Umbanda herdou dos Cultos de Nações.

Quem é que não procura saber, logo que começa a ter os primeiros contatos com a mediunidade, quem é seu Orixá? Talvez seja esta a questão mais problemática: saber quem é meu Pai ou minha Mãe de cabeça, e tudo isso são fundamentos que herdamos dos cultos de nação.

Isso não existe no Cristianismo e não existia nas religiões indígenas. ISSO SÓ EXISTIA NOS CULTOS DE NAÇÃO ORIUNDOS DA ÁFRICA, porque em todos eles havia essa identificação das filiações dos seguidores deles, ainda que o nome "Orixá", hoje bem disseminado, não se aplicasse às divindades cultuadas em vários deles.

Tudo isso é transitório para nós. Dentro da Umbanda, as correntes espirituais estão se harmonizando e o nome Orixá está começando a prevalecer dentro de todas elas, em todas as regiões do Brasil, uniformizando o seu panteão.

Com o tempo, vamos ver uma uniformização das fontes de fundamentos da Umbanda... e do próprio Candomblé. Temos de buscar nossos fundamentos, em que estão nossas divindades, pois cultuamos os Orixás. Nós os evocamos nas aberturas dos trabalhos, cantamos para eles. Nós os oferendamos nos seus pontos de forças, confiamos a eles nossos pedidos, muitas vezes muito mais a eles do que ao nosso próprio Deus Criador Olorum.

Nós saudamos Olorum e pedimos licença para solicitar ajuda aos Orixás. Esse é um hábito nosso. Quanto aos fundamentos religiosos que herdamos dos Cultos de Nação, vamos depurando-os no decorrer do tempo até que eles assumam uma consciência coletiva e se uniformizem, mas isso só o tempo vai proporcionar.

No momento, depende de nós a uniformização desses fundamentos para que um terreiro não cultue uma divindade associada ao termo Orixá e outro cultue a mesma divindade associada a outros termos (Inkice, Vodum, etc.), porque às vezes fica difícil, para quem chega, entender os nomes das divindades e o significado delas dentro do espaço religioso.

Nós temos visto a uniformização se espalhar, ainda que haja resistência de muitas correntes dos Cultos de Nações. Mas quando observamos a incorporação dos Guias espirituais, os Caboclos, os Pretos-Velhos, etc., todos louvam os Orixás, com a maioria deixando de se referir a eles por outros nomes.

O que é isso? É a vontade do plano espiritual prevalecendo sobre a vontade dos homens, porque estes queriam manter os fundamentos dos seus cultos ancestrais e, no entanto, percebemos que a Espiritualidade segue outra orientação: a que vem das próprias divindades, que são os Orixás.

Mas a Umbanda buscou seus fundamentos também no Cristianismo, e nós temos na imagem do Cristo, que encima a maioria dos altares de Umbanda, um desses fundamentos, o fundamento religioso cristão. Esse fundamento que herdamos pela nossa cultura ocidental e cristã não é algo que podemos desprezar, pois faz parte da nossa formação, sendo que a grande maioria dos umbandistas, quando a manifestação da mediunidade começou a acontecer em suas vidas, era cristã, ainda que não fossem assíduos frequentadores da Igreja.

Mas a mediunidade independe de religião, e como o Cristianismo não desenvolve essa parte, esse dom dos seres, as pessoas vão para o Espiritismo, para o Candomblé ou para a Umbanda e ali se acomodam.

Herdamos do Cristianismo muitos fundamentos. Eles têm caráter universal e valores aplicados na vida dos seres, que são valores permanentes que o Cristianismo depurou após acolher esses valores de outras religiões, pois toda religião que começa tem de se fundamentar em alguma outra já existente.

Muitas coisas que hoje são universais e pertencem ao Cristianismo, no entanto, antes pertenciam a outras religiões e foram adaptadas à sua doutrina, assim como hoje a Umbanda tem certos valores que recolheu de outras religiões e esses valores estão sendo adaptados para que, no futuro, após adaptados e uniformizados, se transformem em fundamentos umbandistas.

O culto aos Orixás e o trabalho espiritual com os Guias se manifestando como se manifestam na Umbanda, dando seus nomes simbólicos, etc., essas características das linhas de Umbanda trabalharem, atenderem e atuarem em benefício das pessoas magisticamente, são próprias da Umbanda.

Então percebemos que há diferenciações até nas religiões em que os Orixás são cultuados. E, no que a Umbanda tem de comum com o Espiritismo, a manifestação dos espíritos, também há diferenciadores: nas próprias manifestações, na forma como se desenvolvem cânticos aos Orixás na abertura, cânticos nas incorporações, cânticos no trabalho de descarrego, de encerramento, etc. Tudo isso são fundamentos da Umbanda e isso ela herdou dos Cultos de Nações, de onde os pontos cantados ou os cânticos religiosos da Umbanda aos Orixás provêm.

A Umbanda está fundamentada em linhas de trabalhos com os Pretos-Velhos em uma linha, com os Caboclos em outra, e esses são fundamentos umbandistas encontrados somente na Umbanda, ainda que saibamos que em determinados Centros Espíritas aceitem as incorporações de Caboclos e Pretos-Velhos, porque esses Guias espirituais trazem um conhecimento profundo; trazem neles mesmos o poder de atuar com os Mistérios Divinos, com os Orixás. E, dentro do Centro onde se manifestam, eles trazem toda essa força e dominam esse conhecimento, trazem toda uma ordem de trabalhos espirituais e um poder de manifestação em que eles dão a sustentação.

E todas as manifestações espirituais desses Guias estão fundamentadas nos poderes das divindades Orixás. Eles trazem seus fundamentos religiosos em si mesmos e, onde se manifestarem, eles trazem consigo as próprias irradiações divinas.

Todos esses fundamentos religiosos dos Guias são muito importantes. Nós precisamos ter esse conhecimento deles, pois sem esses conhecimentos religiosos estaremos sempre capengando, buscando em outra religião uma explicação para a nossa religiosidade. Então temos de ir depurando, pouco a pouco, a Umbanda das coisas que ela herdou ou das coisas que ela se apossou de outras religiões, colocando à disposição dos seus frequentadores fundamentos alheios.

Alguns fundamentos alheios já foram deixados para trás por serem pesados demais para serem carregados, e tornaram-se contraproducentes em termos de religião, tais como os fundamentos do Candomblé, em que o culto é mais voltado para o interno, enquanto na Umbanda é mais para o externo.

Observem que no Candomblé não se incorpora um Orixá para atender ninguém. É a mãe ou o pai de santo que joga búzios ou dá consulta. Já na Umbanda, incorpora-se um guia espiritual e este trabalha dentro do seu limite pela pessoa, ou determina que ela faça alguma coisa na Natureza a uma Divindade, para esta acelerar a ajuda para a pessoa.

Não dá para trazer para a Umbanda os fundamentos do Candomblé, como o sacrifício de animais e a feitura de Cabeça ou Ori para o Orixá, pois a Umbanda é massiva, ela é uma religião de massas. E a espiritualidade diz a mesma coisa, isto é, ela é de massas, na qual eles têm procurado uniformizar procedimentos simples, tais como a feitura de cabeça pelo amaci com ervas, que no fundo é a mesma coisa para a consagração ao Orixá. São apenas rituais diferentes que estão fazendo a mesma coisa.

Às vezes, ouvimos determinadas colocações, até contraditórias, como aquele que raspou a cabeça para o Orixá e diz: "Agora eu estou firme, mas antes eu não estava".

Ora, se ele precisou passar por aquele ritual para crer-se firme, enquanto na Umbanda a fé é o principal elemento de união entre os médiuns e os Orixás, as Divindades então presentes do mesmo jeito, porque na Umbanda elas dispensaram esses fundamentos mais profundos, em que o sacrifício de aves e animais é uma constante, e só após o derramamento de sangue na cabeça é aceito que ali está a presença do Orixá, porque no Candomblé é uma tradição.

Mas o Orixá está firme, tanto naquele que fez a cabeça com sangue quanto naquele que a fez com o amaci de ervas. Quando todos os umbandistas entenderem isso, então muita coisa vai ser diluída e muitos desses fundamentos do passado vão ser dispensados pelos que ainda recorrem a eles.

No atual estágio que estamos e dentro de uma religião massiva, não é possível manter os mesmos fundamentos religiosos de antes. E, quando as próprias divindades estão dispensando seus filhos desses procedimentos, nós encontramos pessoas que foram buscar seus fundamentos no Candomblé e, no entanto, depois de algum tempo, abandonam tudo.

Também encontramos outras que foram buscar seus fundamentos nele, assentaram-se e estão maravilhosamente bem. Encontramos outras que precisaram fazer seu trânsito: elas foram até lá buscar os fundamentos do Candomblé e os trouxeram para si, internalizaram tudo e depois retornaram à Umbanda.

É dentro desse trânsito de ir e vir que surgem, às vezes, dentro de certos terreiros de Umbanda, muita confusão, pois a pessoa quer impor dentro do seu terreiro de Umbanda os fundamentos dos Cultos de Nações, em que toda a ritualística é diferente, e tenta impor, tenta reavivar algo que, na Umbanda, os Orixás já dispensaram.

Essa mistura de fundamentos impede o crescimento massivo de um terreiro, pois começa a haver a seletividade: o médium no qual o Orixá não incorpora, mas os guias incorporam, é deixado de lado; o médium no qual o Orixá se manifesta e pede a feitura de sua cabeça é quase que endeusado, e isso é um procedimento dispensável na Umbanda.

Em termos religiosos, são contraproducentes, pois acabam dando ao que fez a cabeça o valor que não tem, em detrimento daquele que não a fez, mas tem grande valor religioso, que é a sua fé. Ele crê porque crê, e esse é um grande benefício que a Umbanda transmite às pessoas, simplificando tudo, em termos de Orixá e de crença religiosa.

Houve muitas adaptações de fundamentos de outras religiões, trazendo as facilidades, inclusive nas manifestações espirituais. Mas, em detrimento disso, temos notícias de que existiam manifestações espirituais ocultas, em que se manifestavam espíritos, que, às vezes, se apresentavam com nomes que não eram os nomes de Guias da Umbanda.

Essas manifestações já aconteciam há muitos e muitos séculos e foram mantidas como "ocultismo", em que as pessoas guardavam para si tudo aquilo. Esses fundamentos ocultos a Umbanda dispensa, porque ela não tem no ocultismo uma fonte de fundamentação das suas práticas, que são abertas, massivas, disponíveis a todos, pois ela se fundamenta em um único Deus, Olorum, e em suas Divindades, os Orixás. Fundamenta-se nas Linhas de Trabalhos Espirituais, Linhas de Caboclos, Pretos-Velhos, Crianças, Boiadeiros, etc. Linhas essas que vêm crescendo sempre e cada vez mais, porque esses espíritos atuantes e incorporantes estão puxando os espíritos mais atrasados, preparando-os para que futuramente eles também se manifestem dentro dos centros de Umbanda.

E estes também são fundamentos religiosos da Umbanda: um Deus único, Olorum; a existência das divindades Orixás; a existência do Espírito e a faculdade de ele se manifestar por meio das pessoas dotadas de mediunidade; de se comunicar com os desencarnados e, além de se comunicar, atuar em seus benefícios.

Esses são os principais fundamentos da Umbanda, fundamentos que sustentam a existência dela como religião, independentemente de quaisquer dificuldades que as pessoas tenham para uniformizar suas práticas Religiosas.

O importante são esses fundamentos, que cada vez mais estão sendo disseminados. Nós vemos as pessoas em lugares distantes do nosso país que começaram a incorporar de formas às vezes desordenadas, mas ali também os Guias falam de Orixás, e mesmo que as pessoas não entendem nada de Orixá, os Guias falam nomes que eles desconheciam ou nunca tinham ouvido.

Esses são os fundamentos e eles sempre irão prevalecer. Então temos de tê-los bem claros para nós, apenas precisamos estabelecê-los corretamente na mente de cada um, para que, depois de algum tempo, as pessoas entendam suas práticas e o trabalho de seus Guias espirituais.

Temos também o uso de vários elementos que diferenciam a Umbanda de outras religiões. Nós vamos a uma igreja de outra religião e ali encontramos práticas específicas dela, ainda que com elementos semelhantes. Encontramos esses mesmos elementos na Umbanda, em que o fundamento de tudo aquilo que é usado está no próprio trabalho realizado pela espiritualidade.

Nós temos na Escrita Mágica usada pelos Guias de Umbanda, uma escrita própria da Umbanda e, ainda que ela existisse no passado, essa escrita umbandista é diferente. Ela é a própria escrita dos Orixás, e os Guias chefes, com ordens de trabalho, riscam e ativam o poder das divindades por meio da magia riscada umbandista. Isso também é um fundamento precioso para nós, fundamento muito usado até uns anos atrás e que passou a ser esquecido porque andaram fazendo muita confusão sobre ele, criando muita explicação não verdadeira, que, no final de tanta polêmica inútil, inibiam os médiuns quando seus guias iam riscar os pontos deles.

Em muitos terreiros não se risca mais os pontos de trabalhos hoje em dia, pois esse fundamento, tão importante para nós, foi sendo deixado de lado pelas pessoas, por não entenderem o que estava acontecendo: tanta polêmica em torno de algo desconhecido por todos os envolvidos de então. E o Ponto Riscado de Umbanda quase foi esquecido pelos seus médiuns, desaparecendo das livrarias os livros que os abordavam.

Esse fundamento mágico é um dos mais valiosos que nós temos e está sendo usado na irradiação das divindades. Ele é usado com conhecimento pelas entidades de Lei (Guias), que riscam esses pontos cabalísticos usados para sustentação da porteira, do trabalho e do trabalho de descarrego.

Mas temos no uso de velas outro fundamento da nossa religião, fundamento material em que essa disseminação do uso de velas coloridas não é recente na Umbanda, já que nas suas primeiras manifestações começaram a surgir as solicitações pelos Guias espirituais de velas coloridas, velas de todas as cores.

Atualmente, sabemos muitas coisas por meio da Cromoterapia. Hoje isso está bem explicado em diversos livros, e isso já era usado pela espiritualidade quando pediam velas coloridas. É como se todo esse conhecimento deles tivesse sido aberto, então a Cromoterapia não teria sido pioneira na explicação e no uso das cores, e sim a Umbanda, porque desde as primeiras manifestações dos primeiros terreiros começaram a fabricação de velas coloridas a pedido dos Orixás e dos Guias; esse também é fundamento nosso.

O uso de velas coloridas é um fundamento da Umbanda, ainda que velas coloridas também sejam usadas em outras religiões. Mas ela desenvolveu a associação das cores aos Orixás, e hoje percebemos que esse fundamento nosso, tal como a magia da pemba, tem funcionalidade muito positiva.

Outro fundamento da Umbanda, esse ela herdou tanto dos cultos indígenas e do Catolicismo, quanto dos Cultos de Nações, é o uso de colares. Os padres usavam crucifixo pendurado em correntes, os índios brasileiros usavam colares de contas, muito solicitados pelos guias espirituais, que são índios mesmo; eles gostam de colares de sementes, de contas. E o mesmo acontecia na África, onde os sacerdotes usavam e ainda usam seus colares.

Esse fundamento veio para o Brasil com o culto ao Orixá, em que o uso de missangas e de pedras é uma constante, é permanente mesmo nesses povos de fora. Eles carregam o colar do seu Orixá, porque lá o culto é milenar e tradicional, e a criança, ao nascer, já recebe a identificação do seu Orixá de cabeça e o cultua para o resto da vida.

Então, o uso de guias pelos médiuns é positivo, e elas são usadas como um para-raios. Nós não podemos ver o campo etérico de um colar, esse campo é invisível para a maioria e poucos têm esse privilégio, mas as pessoas que chegam para se consultar dentro de um centro vêm emitindo energias escuras, que se fossem absorvidas pelos médiuns, estes passariam mal durante uma gira de trabalho. Então o uso de colares no pescoço é positivo, pois eles são imantados e cruzados pelos seus Guias (e cada Guia pede seu colar específico), que manipulam aqueles elementos, trabalham-nos, imantam-nos, e eles se tornam absorvedores das energias que vêm com os consulentes. Inclusive, eles também usam esses colares para limpar as pessoas.

Esse fundamento, esse uso que dão aos colares, é um fundamento específico da Umbanda.

Carregar colares no pescoço é comum a todas as religiões. Se formos ao Judaísmo antigo, seus rabinos, nos seus cultos, usavam um colar com várias pedras, específicas deles, pedras naturais. Eles não as usavam pela beleza, mas tinham conhecimento magístico das pedras, só que usavam e não os passavam para ninguém, era intocável.

O colar do bispo ou do padre, com crucifixo, eles usam como distintivo para distinguirem suas posições. São suas insígnias de poder nos crucifixos.

Já na Umbanda ele é associado ao Orixá daquele médium, ao elemento que é manipulado para seu Guia espiritual, e tem a função de descarrego.

Há algumas décadas, o colar no pescoço do médium era usado sem constrangimento e com fé, mas hoje não é tão usado, pois causa críticas ou chacotas de outras pessoas. Isso tem sido um fato que faz com que os médiuns não o usem no pescoço, mas antes se carregava um colar do seu Orixá e a pessoa estava com sua confiança centrada naquele elemento e, automaticamente, ela mentalmente o imantava o tempo todo, e qualquer onda negativa era absorvida pelo colar.

Hoje é difícil. Somente um ou outro usa. Se formos ver, no Cristianismo as pessoas usam correntes com santos ou crucifixos como amuletos, e têm o mesmo significado de proteção.

Cosmogênese Umbandista – Parte I

A Umbanda é uma renovação do tradicional culto às divindades africanas, englobado na classificação "cultos das nações" porque cada povo possuía sua religião própria, com seus ritos específicos, mas que mantinham uma analogia muito grande, tanto na preparação sacerdotal quanto organizacional de seus panteões divinos.

Com o passar dos anos, o Panteão Nagô dos povos nigerianos ou de língua yorubá acabou se destacando no Brasil e se impondo sobre os demais, porque os Orixás popularizaram-se com a vinda de muitos escravos nigerianos, trazidos principalmente para a Bahia a partir do fim do século XVIII e início do século XIX.

Sua classe sacerdotal era mais organizada e destacou-se muito rapidamente e mais ainda no decorrer dos séculos XIX e XX, espalhando o Culto aos Orixás para todo o Brasil, adaptando-os conforme foi possível e procurando conservar o máximo possível do conhecimento sobre eles.

Sendo a transmissão oral a forma que possuíam para preservar o conhecimento, muito se perdeu sobre os Orixás e apenas uns poucos deles se tornaram bem conhecidos e tiveram seus cultos tradicionais preservados, desde 1780 até 1908, quando a Umbanda foi fundada por Pai Zélio de Moraes.

Assim, muitas das coisas que se sabiam sobre eles dentro dos seus cultos tradicionais na Nigéria não chegaram até nós ou haviam sido adaptadas conforme foi possível. Daí, para os primeiros umbandistas não havia muito sobre os Orixás à disposição, e se um Caboclo se identificava como de Ogum ou de Xangô, etc., seu médium ficava sem muitas informações seguras sobre esses Orixás, e quase todos recorriam aos santos católicos sincretizados com eles como forma de conhecê-los.

E os santos católicos tiveram suas histórias popularizadas pelos umbandistas, que as passavam de mão em mão para poderem ensinar aos novos médiuns, sendo que os santos sincretizados com os Orixás tornaram-se muito populares e muito cultuados no Brasil graças à compra de suas imagens para os altares umbandistas.

Esse conhecimento básico sobre os Orixás predominou no primeiro século de existência da Umbanda, graças ao sincretismo e ao que se sabia sobre os santos católicos. Ao estudioso da Umbanda, basta consultar os livros de muitos autores umbandistas para confirmar o que até aqui afirmamos.

Não havia um conhecimento profundo sobre os Orixás na Umbanda, e o que se sabia ou se escrevia sobre eles não saía desse nível terra do conhecimento.

Antes de terem se espalhado pelo mundo todo, os Orixás só haviam sido cultuados pelos povos nagôs ou nigerianos.

Mas um conhecimento novo sobre os Orixás começou a ser aberto por um espírito chamado "Pai Benedito de Aruanda" e ensinado por seu médium psicógrafo e fundador do Colégio de Umbanda Sagrada.

E isso, sem que ele fosse teólogo ou formado em qualquer escola iniciática, esotérica ou ocultista, mas criando uma base para o estudo doutrinário e teológico umbandista.

Toda religião tem sua cosmogênese ou gênese divina, que descreve para seus seguidores a forma como Deus criou o "mundo". A Umbanda, por ser a somatória de várias doutrinas e rituais religiosos, tanto pode escolher a cosmogênese dos povos nagôs quanto a dos cultos indígenas brasileiros, assim como pode se servir da judaica, incorporada pelo Cristianismo, pois essas três religiões estão presentes graças à manifestação dos Caboclos e Pretos-Velhos, dentro de uma moral cristã.

Também pode recorrer à cosmogênese da última religião de guias espirituais hindus, chineses, etc., mas sempre serão adaptações de cosmogêneses alheias, muitas delas já extintas no plano material.

Portanto, por ser a somatória do conhecimento de espíritos doutrinados em outras religiões, a Umbanda não pode e não deve optar por nenhuma delas, porque não seria aceita por todos os umbandistas, com cada um tendo seu mentor espiritual formado por alguma das outras religiões do passado ou da atualidade. Logo, a Umbanda tem de ter sua própria cosmogênese, genuinamente umbandista.

Ainda que se sirva da base Yorubana na nomenclatura do seu Panteão Divino e das qualidades dos Orixás e tudo mais, no entanto apenas deve preservar a "essência" desse conhecimento que nos chegou por meio da transmissão oral, que preservou o essencial para que o culto aos Orixás se perpetuasse no tempo e servisse de ponto de partida para o surgimento de novas religiões fundamentadas neles, tal como o Judaísmo preservou sua cosmogênese, que posteriormente fundamentou o Cristianismo e o Islamismo, grandes religiões da atualidade, muito maiores em número de seguidores.

Como qualquer uma das antigas cosmogêneses apenas agradaria um número limitado de seguidores da Umbanda, após observar a religião em seu lado material por muito tempo, os "espíritos superiores" que a fundaram por intermédio de Pai Zélio de Moraes liberaram todo um conhecimento ainda não disponível até então, em 1990, no plano material, que fundamenta todas as suas práticas religiosas e magísticas sem, em momento algum, contradizer ou negar a essência da cosmogênese Yorubana ou nagô. Até porque esse não é o propósito deles, e sim é fundamentar tudo o que foi preservado e o que não chegou ao Brasil e apenas existe na Nigéria.

A cosmogênese disponibilizada pelos espíritos mentores da religião umbandista não se fundamenta em mitos ou lendas, e sim no estudo profundo e elevadíssimo desenvolvido nas escolas espirituais existentes nos planos mais elevados do nosso planeta, estudo esse desenvolvido por espíritos que já não encarnam mais porque ascenderam à sétima faixa vibratória positiva da dimensão humana da vida e hoje atuam em benefício da humanidade por meio de suas hierarquias ou correntes espirituais, que chegam até o plano material por meio dos Guias espirituais dos médiuns umbandistas e dos protetores espirituais que todo ser encarnado possui.

Essa cosmogênese é tão abrangente que explica a religião Umbanda, todos os Orixás cultuados nela, todas as linhas de trabalhos espirituais, todas as ancestralidades dos filhos dos Orixás, todas as práticas religiosas e magísticas realizadas na Umbanda e pelos umbandistas. Também explica as cores, o uso de colares, fitas, cordões, toalhas, flores, pedras, ervas, velas, águas, pós, pembas, pontos riscados e cantados, etc.

Enfim, ela explica a existência dos seres e das coisas criadas por Deus, assim como esclarece por que cada pessoa, seja umbandista ou não, possui ligação com os Sagrados Orixás e deles pode servir-se, mesmo que não tenha sido iniciada na Umbanda e nada saiba sobre eles, as divindades mistérios que governam a Criação Divina.

Temos, finalmente, um livro intitulado *Gênese Divina de Umbanda*, que nos fornece uma base discursiva sobre a Criação Divina, dentro da qual tanto o divino Criador Olorum quanto os sagrados Orixás estão devidamente descritos e comentados conforme suas funções na vida dos seres.

Eis alguns dos outros livros de nossa autoria (todos publicados pela Madras Editora) que trazem esse conhecimento novo:

– Gênese Divina de Umbanda
- *Umbanda Sagrada*;
- *Tratado Geral de Umbanda*;
- *Orixás Ancestrais*;
- *Orixá Exu*;
- *Orixá Pombagira*;
- *Orixá Exu Mirim*;
- *Livro de Exu*;
- *Doutrina e Teologia de Umbanda*;
- *Teogonia de Umbanda*;
- *Código de Umbanda*;
- *Formulário de Consagrações umbandistas*, etc.

Cosmogênese Umbandista – Parte II

QUANDO COMEÇA A ATUAÇÃO DOS ORIXÁS EM NOSSAS VIDAS?
GÊNESE DOS SERES E ESTÁGIOS EVOLUTIVOS NO PLANO INTERNO DA CRIAÇÃO E NOS PLANOS EXTERNOS.

Gráficos deste capítulo de autoria de Sandra Crisp

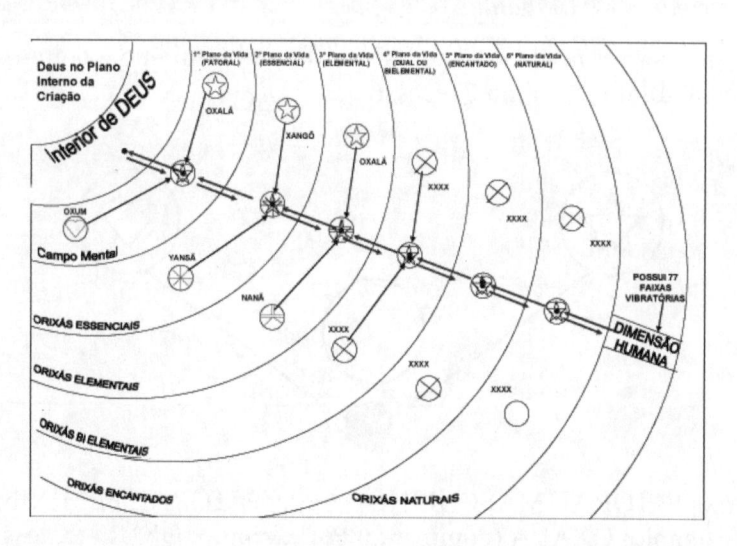

Deus e o Seu plano interno da Criação não são conhecimentos abertos a nós seres humanos – o que acontece nele e como ele é não nos é revelado.

1º PLANO DA VIDA – PLANO FATORAL – CAMPO MENTAL
O plano fatoral é pura energia. Possui a frequência mais alta possível e assemelha-se a um ÚTERO DIVINO.

Todos os seres humanos possuem uma ancestralidade em que um Orixá é dominante e outro é recessivo, da mesma maneira que temos genes dominantes e recessivos no corpo físico herdados dos nossos pais.

A ancestralidade é imutável e desde o primeiro instante de nossa "exteriorização" por Deus somos sustentados por ORIXÁS FATORAIS, que nos fatoram ainda no campo mental da Criação, dando a cada ser suas qualidades intrínsecas.

Sempre haverá um Orixá fatoral masculino e um Orixá fatoral feminino.

Se o ser for homem, então o Orixá fatoral masculino é dominante e o Orixá fatoral feminino é recessivo.

Se o ser for mulher, então o Orixá fatoral feminino é dominante e o Orixá fatoral masculino é recessivo.

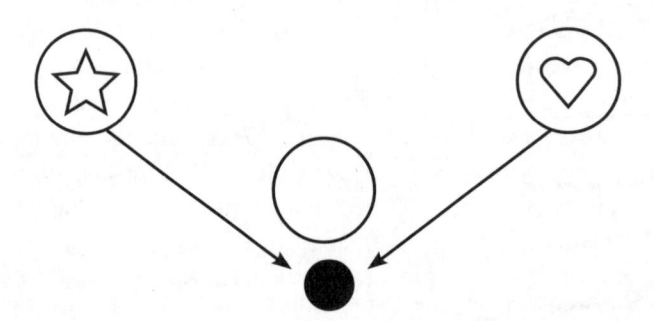

Orixá FATORAL MASCULINO – Orixá FATORAL FEMININO
Por exemplo: OXALÁ (dominante) Por exemplo: OXUM (recessivo)

Os Orixás fatorais projetam suas ondas vibratórias mentais para o lado interno da Criação e revestem nossa centelha original com um campo magnético divino, formando um campo fatoral ao seu redor.

Os pares de Orixás envolvem o ser ainda dentro do plano interno da Criação, onde essa centelha divina está isolada e protegida dentro de um campo vivo e divino denominado mental, que a protegerá por toda a eternidade – é a centelha divina que nos anima e dá vida!

A centelha divina é puxada para o Plano Fatoral, onde ela começa a receber alimentação energética divina no campo fatoral e nele fica pulsando e cintilando igual a uma estrela. Ao inspirar, puxa energia do Pai e da Mãe divina, e ao expirar, expele o que não precisa mais. Equivale a uma criança desenvolvendo-se no útero da mãe.

É nesse ponto que surge a qualificação da nossa ancestralidade.

Por exemplo: Se o OXALÁ fatoral é predominante no ser, então a estrela dele é a que ficará pulsando em seu campo mental. Seguindo esse exemplo e tendo como Orixá recessivo Oxum, nesse caso a pessoa sempre será filha de Oxalá com Oxum.

Para cada ser humano encarnado existe somente um Orixá FATORAL; ele é infinito em si e se encontra no plano divino da Criação, de onde sustenta todos os seres desde que fatorou sua primeira imantação divina.

2º PLANO DA VIDA – PLANO ESSENCIAL – ORIXÁS ESSENCIAIS

O ser ainda é um "ser óvulo", encapsulado dentro de um campo mental e outro fatoral, que o reveste.

No 2º plano da vida ele tem a influência de outros dois Orixás Essenciais, sempre um masculino e um feminino, mas sua centelha divina continua a mesma (esta é imutável). Seguindo o exemplo acima, o ser dentro de seu invólucro primordial é um campo luminoso pulsando (no caso do exemplo, Oxalá).

Ou seja: quando amadurecer no plano fatoral ou no 1º plano da vida, outros dois Orixás, que se encontram no Plano Essencial da Vida, envolvem essa centelha divina primordial com um novo campo magnético, puxam-no para dentro desse segundo plano e começam a imantar esse "ser óvulo" com energias essenciais.

Injetam energia na forma da essência (combinação de fatores) e, analogicamente, equivalem aos Orixás de frente e ajunto de um médium, que possui seu Orixá ancestral, mas é regido por um par de Orixás nessa sua encarnação.

3º PLANO DA VIDA – PLANO ELEMENTAL – ORIXÁS ELEMENTAIS.

Aqui, o ser continua regido por Oxalá, mas pode ser regido por outros Orixás Elementais.

No exemplo, temos um Orixá Oxalá Elemental e um Orixá Nanã Elemental, que criaram ao redor do campo mental fatoral um novo campo, denominado Campo Mental Elemental.

Os Orixás Elementais do exemplo usado por nós para descrever a evolução do ser, no caso, Oxalá e Nanã Elementais, projetaram um par de ondas mentais, criaram um novo campo ao redor do campo essencial e o puxaram para dentro do 3º plano da vida.

É aí que há um desdobramento do corpo elementar básico, e este, ao se energizar, assume uma cor específica.

O ser começa a receber a energia Elemental dos seus amparadores e cria um "corpo Elemental básico" em que o chacra coronário é criado para coletar as energias enviadas por eles por meio de cordões energéticos.

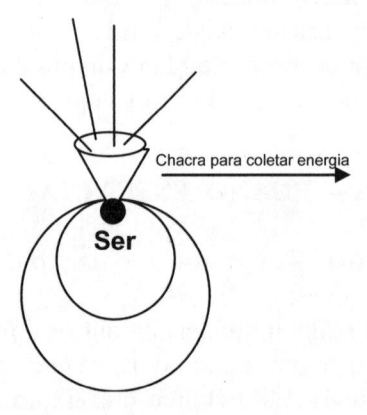

Chacra para coletar energia
Ser

O núcleo que abriga a centelha da vida do ser continua idêntico ao que era no corpo mental, mas as imantações dos outros planos da vida vão se formando ao redor, na centelha divina primordial (como se fosse citoplasma ao redor da célula).

Esse campo começa a receber energia e vai se carregando. O corpo do ser recebe um magnetismo mental forte e vai se contraindo e tomando forma e, conforme vai amadurecendo, o ser chega a um ponto em que já se parece com um humanoide (formato de corpo).

Nesse ponto da evolução, os corpos energéticos já formaram os outros chacras coletores de energia Elemental.

O ser na sua forma primordial estará sempre ligado com o seu pai e à sua mãe Elemental e, quando estiver com todos os chacras (pontos luminosos) sobressaindo-se e pulsando fortemente, ele já estará maduro para seguir para o 4º plano da vida.

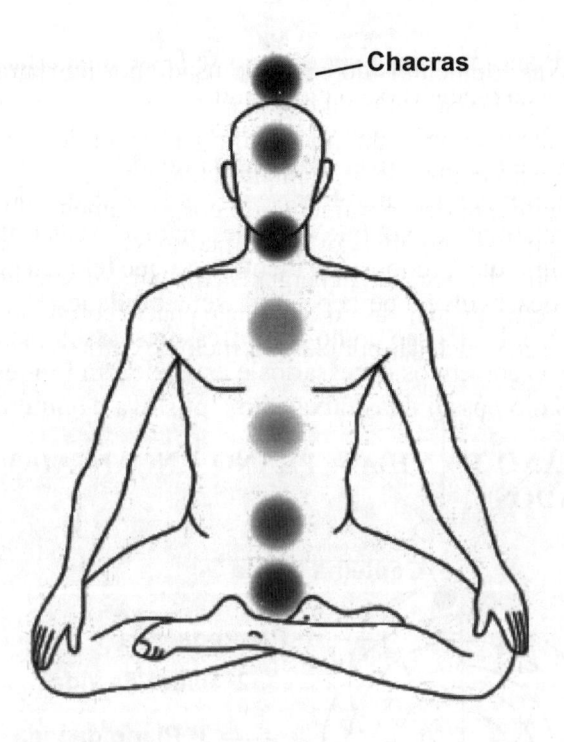

4º PLANO DA VIDA – PLANO DUAL OU BI ELEMENTAL – ORIXÁS BI ELEMENTAIS

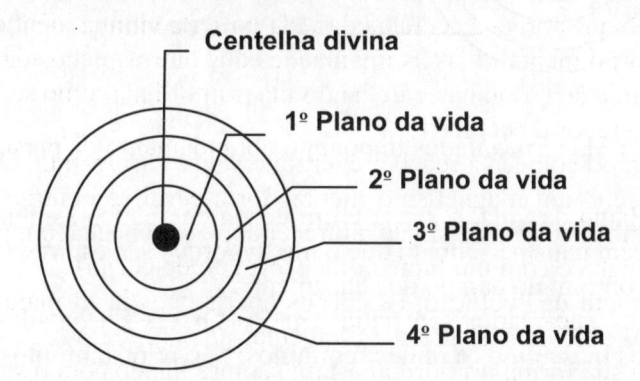

No Plano Dual ou bi elemental ou bi energético, o corpo energético do ser, que acabou de ser puxado para dentro dele por um novo par de Orixás Duais, ainda não assumiu sua forma definitiva: é uma forma plasmática, semelhante a um feto. E, aos poucos, vai assumindo suas feições e características e vai crescendo.

No 4º Plano da vida, o ser é como se fosse uma criancinha, segue o seu pai e a sua mãe Orixás bielementais.

Nesse plano, o ser começa a distinguir as coisas agradáveis das desagradáveis e a desenvolver sua personalidade.

No plano bielemental abrem-se novas faculdades do ser para desenvolver o instinto básico, que o faz desenvolver seus reflexos.

No estágio dual, tudo existe idêntico ao que tem em nosso planeta. O ser então desenvolve a percepção e a sensibilidade.

Os Orixás Duais são como os professores das nossas escolas primárias: dão os corretivos necessários e estabelecem limites para o ser.

Esse plano possui duas faixas: uma positiva e outra negativa.

5º PLANO DA VIDA – PLANO ENCANTADO – ORIXÁS ENCANTADOS

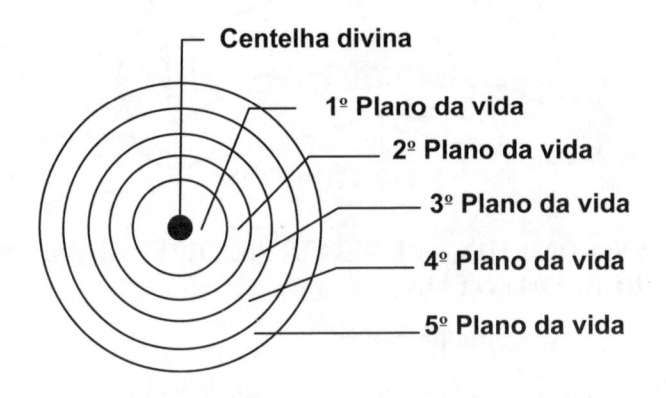

Diagrama: círculos concêntricos indicando Centelha divina, 1º Plano da vida, 2º Plano da vida, 3º Plano da vida, 4º Plano da vida, 5º Plano da vida.

O Pai e a Mãe Encantados impõem o abrandamento da personalidade do ser.

No 5º Plano da vida, o ser já é um corpo energético semelhante ao nosso, porém mais perfeito do que o nosso porque são espíritos mais sutis e se encontram no campo dos encantados.

Os reinos encantados são regidos pelos Orixás Encantados – e existem reinos masculinos e reinos femininos. São reinos infinitos.

O "encantamento" dos seres é de tal forma que o ser é uma reprodução (clone), uma réplica do Pai ou da Mãe. Sua personalidade é formada e são seres sempre jovens e cordiais.

Desenvolvem sua natureza íntima e sua personalidade nesse plano e são seres lindíssimos.

Nesse plano começam a criar uma consciência individualizadora quando amadurecem.

6º PLANO DA VIDA – PLANO NATURAL – ORIXÁS NATURAIS

Esse plano existe dentro do nosso planeta – são várias Realidades ou Dimensões Planetárias; existe uma Dimensão que só abriga seres Ogum, outra que só abriga os seres Oxóssi, e assim por diante.

A regência desses planos é mista; possuem os pais e as mães Orixás que regem as dimensões e os seres tomam contato com o feminino e o masculino.

Os seres criam afinidades entre si. Nesse plano, os seres formam pares: se atraem ou se repelem.

Entre as dimensões naturais se encontra a dos seres humanos, denominada "Dimensão Humana da Vida", localizada no 22º grau magnético da escala horizontal. Ela fica entre a dimensão regida por Ogum, localizada à nossa direita, e a regida por Exu, que fica à nossa esquerda.

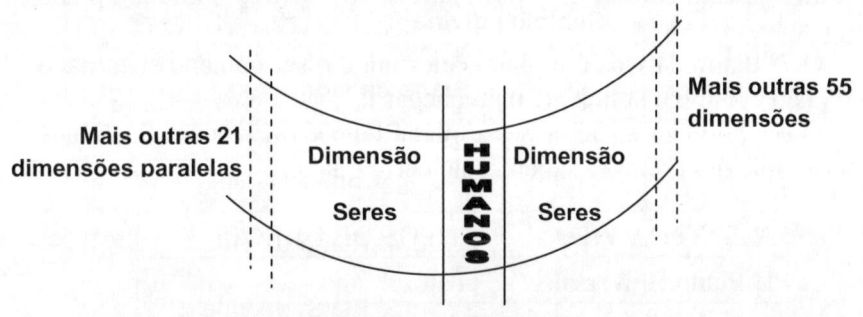

```
Mais outras 21              Dimensão    H   Dimensão       Mais outras 55
dimensões paralelas                     U                  dimensões
                            Seres       M   Seres
                                        A
                                        N
                                        O
                                        S
```

É no 6º plano da vida que se encontra o planeta Terra e esse plano dota o ser humano de poder para subsistir no plano espiritual estando na dimensão humana. É no 6º plano da vida ou no plano natural que se desenvolve o livre-arbítrio.

O 6º plano da vida tem faixas vibratórias que podem ser irradiantes ou concentradoras, e os seres humanos também estão em uma dimensão ou plano espiritual distinto dos outros seres criados por Olorum.

No lado espiritual, de acordo com o magnetismo do ser, ele vai para as faixas vibratórias positivas ou negativas.

À direita da dimensão humana (uma das dimensões paralelas) temos a dimensão dos seres Ogum, e à esquerda da dimensão humana, os seres Exu. Os seres das outras dimensões precisam pedir licença para entrar na nossa dimensão.

Existe no 6º plano da vida, denominado Plano Natural da Criação, 77 dimensões paralelas, cada uma ocupando um grau magnético diferente numa escala vibratória divina, cada uma com faixas vibratórias diferentes dentro desse plano, e a dimensão humana é apenas uma delas.

Nessas dimensões existe todo amparo tanto nas faixas positivas quanto nas faixas negativas, e cada uma delas é uma realidade diferente.

As outras realidades paralelas à nossa são habitadas por seres muito semelhantes entre si, parecem clones, pois seguem os arquétipos de suas faixas vibratórias.

É no 6º plano da vida que se alcança o 7º plano.

Só saímos da nossa dimensão humana localizada no 6º plano se for para fazer serviço caritativo em outra dimensão ou para fazer trabalhos "forçados" (caso tenha feito muita besteira aqui na Terra).

Os humanos possuem mistérios poderosíssimos, mas em estado potencial e que apenas se "abrem" se encarnarem aqui no plano material.

Para ir ao 7º plano da vida, o espírito humano já passou por aqui, evoluiu e já está em outros orbes planetários – o 7º plano é um plano muito sutil, angelical.

O 7º Plano da vida é o plano celestial, e o ser humano encarnado ainda não evoluiu o suficiente para chegar lá.

O ser humano encarna nesse plano da vida com uma finalidade superior que nem sempre sabemos ao certo qual é.

PLANO DA VIDA	TIPOS DE ORIXÁS
1º Plano Universal	Fatoral
2º Plano Universal	Essencial
3º Plano Planetário	Elemental
4º Plano Planetário	Dual
5º Plano Planetário	Encantado
6º Plano Planetário	Natural
7º Plano Universal	Celestial

No 6º Plano da vida, em seu lado espiritual, existem planetas com regência feminina e outros com regência masculina.

Só se sai ou entra de um Plano da Vida por meio de vórtices especiais e com autorização das divindades guardiãs das passagens.

O ser humano ficará no 6º plano da vida até que seja capacitado para entrar no vórtice que o encaminhará para orbes mais elevados, como o 7º plano, pois nos encontramos na frequência vibratória mais densa.

Cosmogênese Umbandista – Parte III

O Estado do Vazio

Essa visão da Criação Divina, aqui descrita de forma simples e objetiva, é a sintetização de vastos estudos realizados por diversos espíritos que estudam a Criação a partir de uma visão não material dela.

Que isso esteja na mente do leitor para que possa acompanhar passo a passo os desdobramentos que aconteceram antes que o plano material surgisse criando esse universo físico.

(1º) Antes de algo existir "fora" do Divino Criador Olorum, tudo já preexistia Nele, e além Dele nada mais existia por si só.

(2º) Como nada existia além Dele, fora Dele nada existia e tudo estava contido dentro Dele.

(3º) Na origem estava Olorum, e nada mais e mais ninguém além Dele existia.

(4º) Dentro e indissociado Dele, tudo e todos preexistiam como partes de um todo, que era Ele em si mesmo.

(5º) Nesse estado ainda interior, cada Orixá era uma de suas partes divinas e eram mistérios internos indissociados Dele.

(6º) Nenhum Orixá existia por si só e apenas existiam como partes de um todo divino do qual eram indissociáveis porque, por si só, nenhum deles adquiriria existência própria fora de Olorum, já que fora Dele nada existia, fornecendo-nos o primeiro estado da criação original: Olorum e nada e ninguém mais!

(7º) Olorum, vendo tudo e todos em si mesmo, pensou em como se exteriorizar e dar vida própria a cada ser e a cada coisa que preexistiam como partes indissociadas do todo que era em Si.

(8º) Como todas as partes viviam em harmonia, formando um todo harmônico e indissociado dentro Dele, então pensou uma forma de exteriorizar-Se e dar existência própria a cada uma de suas partes, sendo que todas deveriam manter entre si a mesma harmonia, formando um todo harmônico à sua volta ou no seu exterior.

(9º) Mas, como nada existia além Dele, nada nem ninguém adquiriria existência própria porque fora Dele nada existia, nem mesmo um lado externo seu.

(10º) Então Olorum pensou o seu primeiro estado original externo: o estado de o nada existir fora Dele, e que não é um estado em si mesmo, mas sim é a ausência de qualquer coisa, o oposto do seu lado interno.

(11º) A partir do estado original do nada existir, Olorum pensou um estado que, esse sim, seria um estado de fato porque, ainda que não contivesse nada em si, poderia, como ponto inicial de sua exteriorização, conter tudo dentro de si. E assim, do pensamento de Olorum que foi exteriorizado na forma do primeiro estado que passou a existir por si só, surgiu no seu exterior o Estado do Vazio Absoluto que, por ter sido pensado por Ele que a tudo continha dentro de si, foi pensado com essa capacidade Dele de poder conter tudo o que viesse a ser exteriorizado posteriormente por Ele.

(12º) Então, no início da Criação Divina do exterior de Olorum existia isto:

Ele, com tudo e todos dentro de si, formando um todo harmônico capaz de conter em si tudo e todos como partes indissociadas de um todo.

E o primeiro estado real do seu exterior, que por ser a manifestação de um pensamento seu, era em si um mistério com a mesma grandeza e a mesma capacidade de acomodação que o seu estado interior, capaz de acomodar tudo e todos em harmonia.

Então existia nesse primeiro instante da Criação um estado interno pleno de vida e um estado externo, tão grande quanto ele, mas vazio de tudo ou com tudo ausente.

E Olorum definiu o que era o estado do vazio absoluto:

Um estado da Criação capaz de conter tudo e todos dentro de si, mas que nada continha porque era em si o vazio absoluto, dentro do qual nada se sustentaria por si só, porque seria esvaziado de tudo que contém em si assim que entrasse nele. E imediatamente se tornaria algo ou alguém vazio em si mesmo, só subsistindo no vazio absoluto como uma parte vazia do seu estado vazio.

O estado do Vazio é o oposto do lado interno de Olorum, onde cada ser e cada coisa, ainda que só existissem como partes Dele, sentiam-se plenas em si mesmas, porque eram partes plenas em si mesmas, porque Dele eram indissociadas.

E o estado do vazio assumiu a condição de um lado oposto ou negativo do lado interno de Olorum, podendo, como estado em si mesmo, abrigar dentro de si tudo o que existia dentro Dele, mas que, por ser em si o oposto do lado interno de Olorum, a tudo esvaziaria e integraria como partes vazias ou relativas do Estado do Vazio Absoluto.

Quem entrasse nesse vazio absoluto seria esvaziado do seu conteúdo original e passaria a conter em si mesmo um vazio relativo porque não se tornaria em si o vazio absoluto, mas só uma parte vazia dentro dele.

Assim, pensou Olorum: "Dentro de Mim, tudo e todos se sentirão plenos, e fora, mas dentro do estado do vazio, sentir-se-ão vazios de si mesmos".

E estava criado o primeiro estado exterior da Criação, que era oposto em tudo ao seu estado interior, ocupado por Olorum.

Como o estado do vazio era oposto em tudo ao estado interior de Olorum, quem entrasse nele por si mesmo, imediatamente seria esvaziado do seu conteúdo interno, que o tornava pleno em si mesmo e começaria a sentir-se vazio de tudo, inclusive de si mesmo.

E Olorum sentiu-se satisfeito porque criara um estado em tudo oposto ao estado interior e que poderia abrigar dentro de si tudo o que preexistia dentro de si. Mas que, por si só, dentro do estado do vazio, só subsistiria como algo ou alguém vazio de si mesmo.

Olorum, cujo pensamento é gerador e criador, havia pensado o primeiro estado da sua Criação exterior como o vazio absoluto, que, ao ser criado, mostrou-se como uma "esfera" à sua volta, tão grande quanto seu lado interior, mas dentro da qual nada existia e era escura, muito escura, porque a esfera do vazio nada continha dentro de si além do vazio absoluto.

Assim, o estado do vazio absoluto foi visto por Olorum como uma esfera escura à sua volta que, se vista por dentro, é infinita em todas as direções, tal como Ele é infinito para dentro de Si mesmo. Só que Ele é infinito para dentro de Si mesmo e essa esfera escura é infinita para fora Dele.

Dentro Dele, tudo existe pleno Nele, e dentro dela, tudo subsiste, mas vazio de todo o seu conteúdo e até de si mesmo.

Enquanto em Olorum ou dentro Dele tudo irradia sua própria luz, dentro do estado do vazio absoluto nada nem ninguém consegue irradiar-se porque é esvaziado de todo seu conteúdo, inclusive de sua própria luz.

Muitas outras coisas Olorum viu nesse seu estado, pensado por Ele e gerado no seu mistério gerador do seu primeiro estado exterior: o Estado do Vazio Absoluto!

Esse mistério gerador do vazio absoluto foi denominado como Matriz Divina Geradora do Vazio, cuja qualidade divina exteriorizou-se junto com esse estado. E, porque é em si uma divindade de Olorum, exteriorizada junto com o vazio, tornou-se a Divindade do Vazio Absoluto.

E, porque a divindade do vazio absoluto é ele em si mesmo, então Olorum nomeou-a divindade exteriorizada para guardar para Ele esse seu primeiro estado exterior e deu-lhe o nome de **Guardião Divino da Esfera do Vazio.**

E o Guardião do Estado do Vazio, que é a sua divindade, e que era pleno de si em Olorum e era pleno de Olorum em si quando vivia como a qualidade divina de sua matriz geradora do Vazio, ao ser assentado por Ele como a divindade Guardiã da Esfera do Vazio, sentiu-se vazio de si mesmo assim que foi assentado.

E porque havia se individualizado ao ser exteriorizado por Olorum e havia sido esvaziado de si mesmo, ou melhor, do seu conteúdo, por ter assumido e internalizado em si mesmo o estado do vazio absoluto, a divindade Guardiã do Vazio sentiu-se vazia de tudo, inclusive de Olorum.

Como preencher esse vazio era impossível, Olorum pensou um mistério que preencheria o infinito vazio interior dessa sua divindade exteriorizada.

O mistério pensado por Olorum foi denominado refletidor e imediatamente o infinito interior vazio da esfera do vazio absoluto foi ocupado pelo reflexo do seu interior pleno. E essa sua primeira divindade exteriorizada no vazio absoluto sentiu-se plena porque foi preenchida com o reflexo do interior Dele.

Dali em diante, esse mistério refletor passou a refletir tudo e todos que preexistiam no interior de Olorum ou no lado interno Dele.

E, mistério dos mistérios!, quando o divino criador Olorum deu início à exteriorização dos seus outros estados internos e de tudo e todos que preexistiam dentro de cada um deles, assim que foram exteriorizados, tanto esses estados quanto o que cada um deles continha dentro de si, foi refletido no lado de fora da esfera do vazio absoluto. Esse fato o mostrou com um mistério refletidor de duas faces (ou lados), com um voltado para o lado interno da Criação e outro voltado para o seu lado externo, deixando visível à divindade Guardiã da Esfera do Vazio, tanto o que havia e acontecia no lado de dentro quanto no lado de fora da Criação Divina do Divino Criador Olorum.

Outro mistério da Esfera do Vazio (e do seu Guardião Divino) também se mostrou posteriormente, já com tudo e todos exteriorizados por Olorum: ao redor, ou no lado de fora das "coisas" e dos "seres" criados e exteriorizados por Olorum, assim que foram exteriorizados por Ele, mostraram-se possuidores de uma esfera do vazio, isolando-as umas das outras (e dos outros) e individualizando-as, assim como, essas esferas individuais refletiam tanto o interior quanto o exterior das "coisas" e dos "seres" criados e exteriorizados por Ele, o Divino Criador Olorum.

E assim, porque a esfera do vazio e todos os seus mistérios internos e externos são guardados pela sua divindade Guardiã, assim que algo ou alguém foi exteriorizado por Olorum, essa Sua divindade tomou ciência da existência delas e passou a receber o reflexo de tudo que acontece no interior e no exterior de cada ser e de cada coisa criada, tornando-o o refletor divino de todos os acontecimentos da Criação.

Só que em cada coisa exteriorizada, essa esfera que a individualiza não possui o vazio absoluto, e sim um vazio relacionado às suas propriedades intrínsecas, que são estas: magnetismo, vibração, energia, qualidades e propriedades herdadas do Divino Criador Olorum. Fato esse que torna esse vazio ao redor das coisas criadas um vazio relativo.

E, porque cada vazio relativo ou individual é regido pelos mistérios do vazio absoluto, tudo o que acontece, tanto no lado interno quanto no externo das coisas criadas e exteriorizadas por Olorum reflete na esfera do vazio absoluto e disso tem ciência imediata o seu Guardião Divino.

Fato esse que nos revela que cada pensamento, ato ou palavra proferida por alguém reflete no mistério do vazio absoluto no mesmo instante em que acontece e torna-se conhecido do seu Guardião Divino.

Como o estado do vazio absoluto foi a primeira exteriorização do Divino Criador Olorum e tornou-se o seu primeiro estado exterior, e porque tudo mais posteriormente exteriorizado por Ele adquiriu de imediato um vazio relativo ao seu redor, separando-se do resto da Criação e individualizando-se, inferimos que até os estados posteriores da Criação, ainda que sejam só "estados", mesmo assim têm nos seus "lado de fora" seus vazios relativos.

E o mesmo acontece com tudo que Olorum exteriorizou, desde a menor partícula até o maior corpo celeste. Desde um espírito até Suas divindades mistérios. Desde um pensamento secreto até uma palavra emitida por alguém.

Portanto, tudo e todos têm o seu "estado do vazio" à sua volta, desde o Divino Criador Olorum até a menor das criaturas geradas e exteriorizadas por Ele.

E isso se mostra como algo racional e compreensível, pois se o Divino Criador tem no Seu exterior um lado vazio, tudo que foi criado e exteriorizado por Ele também traz em si desde sua origem divina o seu estado do vazio particular ou pessoal, estado esse que tanto individualiza quanto particulariza cada coisa criada.

Analisando racionalmente sobre essa "propriedade divina" que cada coisa e cada ser possui em si, vemos nisso a sabedoria divina criando ao redor de tudo e de todos um estado ou campo que os isola de tudo e de todos os demais, mesmo que sejam da mesma espécie. E isso, desde um átomo até um corpo celeste.

Só a sabedoria divina pensaria e criaria algo dessa grandeza, que tanto isola em si mesma cada coisa criada quanto impede que coisas semelhantes, após serem exteriorizadas, venham a se fundir.

Meditem sobre isto:

A água é um dos elementos da natureza.

A terra é o outro elemento da natureza.

Portanto, o que é água pertence a uma substância e o que é terra pertence a outra substância criada por Olorum.

Dois copos de água são duas partes de uma mesma substância, que, se forem juntadas, formam um volume maior de água ou do mesmo elemento.

Dois punhados de terra são duas partes de uma mesma substância, que, se forem juntadas, formam um volume maior de terra ou do mesmo elemento.

Nesses dois exemplos, ao redor das duas partes de água nos dois copos, em cada uma havia um vazio relativo idêntico e, quando foram juntadas, os dois vazios se uniram e formaram um vazio maior ao redor de um volume maior de água.

E o mesmo aconteceu com as duas partes da terra.

Na água existe um vazio relativo aquático.

Na terra existe um vazio relativo telúrico.

Assim como existe um vazio relativo ao redor de tudo e de todos criados por Olorum, pois o que é parte Dele como um estado absoluto mostra-se nas coisas criadas por Ele como um estado relativo.

Como podemos confirmar essa correspondência entre o absoluto e imutável em Olorum e o relativo e mutável nas coisas criadas por Ele?

É simples! Em Olorum, o vazio que forma seu primeiro estado exterior é absoluto porque existe por si só. É imutável porque foi, é e sempre será em si o Estado do Vazio Absoluto.

Já nas coisas criadas e vistas por nós, aqui no lado material, antes de elas serem criadas e cristalizadas como matérias, elas já existiam como energias elementais.

Quanto à mutabilidade, se antes era energia e hoje é matéria, no futuro passará por transformações ou transmutações e será visto como algo diferente de matéria.

Portanto, o vazio relativo de cada coisa criada vem acompanhando as transformações ou transmutações que vêm acontecendo com cada uma das coisas criadas por Olorum.

Assim entendido, então fica fácil a compreensão de que tudo em Olorum é imutável, estável e eterno, enquanto em nós tudo é transmutável, transformável e transitório, porque somos criações em constante crescimento, aprendizado e aperfeiçoamento.

A partir desse entendimento de que um estado da Criação é absoluto, imutável e eterno, porque tem a função de dar sustentação a tudo e todos que nele foram exteriorizados por Olorum, e que os estados das coisas e dos seres são transitórios, porque estão em constante movimento, transformação e aperfeiçoamentos, podemos compreender-nos melhor e a tudo e a todos que nos cercam.

Assim, podemos compreender as funções divinas da Divindade Mistério que Olorum exteriorizou de Si como o Guardião do Estado do Vazio e que, no Seu exterior, rege a aplicação dos poderes e mistérios do Vazio Absoluto sobre tudo e todos contidos dentro dele.

Estudar a divindade em si mesma nos é impossível, assim como é impossível estudar a gravidade a partir dela mesma.

A gravidade só pode ser estudada a partir da força que ela exerce sobre os corpos ou massas.

E o mesmo acontece no estudo da divindade mistério Guardiã do Vazio: só estudando sua força e sua atuação sobre as coisas que entram no seu campo de ação podemos compreendê-la e entender sua forma de atuação sobre nós, já que ela é imutável, absoluta e eterna, e nós somos criações em contínua movimentação, transformação e aperfeiçoamento, sujeitos à ação do seu vazio absoluto sobre os nossos vazios relativos.

Uma das leis ou princípios da gravidade é que uma "massa" maior exerce influência sobre outra "massa" menor, atraindo-a para o seu campo gravitacional.

Mas, como o corpo de massa menor, também possui sua força e seu campo gravitacional, então reage à força maior para não ser absorvido pelo seu poder de atração.

Então, como a gravidade é um princípio conservador da Criação impossível de ser detectada por si mesma, temos de detectá-la nos corpos com massa e medir sua força através deles. Ou não é isso que a física estuda? Ela estuda a força gravitacional e não a gravidade em si mesma, porque essa é algo (um mistério) em si mesma, é absoluta, é estável e permanente.

Por absoluta, entendam-na como um princípio da Criação em si mesma, não sujeita a nada ou ninguém e que se ativa ou "aparece" assim que uma "massa" ou um corpo se forma. E desaparece assim que ela é desfeita.

Por estável, entendam que ela é como é e só se percebe sua ação por meio de sua força, só detectável nos corpos com massa.

Por permanente, entendam que ela está em todos os lugares ao mesmo tempo, mas depende da existência de um corpo ou massa para ser detectada, medida e estudada. Sendo que, onde não há um corpo sólido com uma massa estável, ela não é perceptível ou detectável e não pode ser estudada.

Esperamos ter deixado claro e compreensível o método que usamos para estudar os estados da Criação e suas Divindades Mistérios, que não são visualizáveis, mensuráveis, detectáveis e estudadas em si mesmas, e sim, só é possível estudá-las se for através dos meios e dos seres que vivem e evoluem continuamente nos estados da Criação regidos por elas.

Ao estudarmos o estado do vazio e sua divindade Guardiã, estudamos ambos a partir desse método e identificamos o "mistério do vazio" como inerentes a ambos e indissociados de suas funções divinas na Criação.

Olorum é o "centro" da Criação e, ao exteriorizar-Se através do "estado do vazio absoluto", dotou-Se desse Seu mistério afixando-o no Seu exterior ou na Sua Criação como um campo externo dela, para o qual são puxados ou atraídos tudo e todos que se afastarem Dele, o centro da Criação.

Detectamos que o vazio é possuidor de uma força atratora oposta à de Olorum, repetindo mais uma vez o que já havia sido detectado antes, quando se estudou o Seu interior, pleno, e o seu primeiro estado, absolutamente vazio de qualquer coisa.

O vazio absoluto mostra-se sem nada em seu interior enquanto o interior de Olorum mostra-se pleno.

A atratividade do vazio atrai tudo e todos que se afastam de Olorum porque se sentem vazios Dele. E a atratividade de Olorum atrai tudo e todos que se sentem plenos Nele.

Logo, o estado do vazio absoluto é o oposto do estado interno de Olorum, e a sua força atratora é classificada como negativa e oposta à Dele, que é positiva.

Olorum é o centro da Criação e o vazio absoluto é o seu oposto externo, magneticamente falando.

A força atratora de Olorum atrai os seres plenos e a força atratora da divindade Guardiã do vazio atrai os seres "vazios Dele".

A Divindade Guardiã do Vazio

O Divino Criador Olorum, ao gerar o primeiro estado da Criação, gerou-o em uma de suas matrizes geradoras, denominada por nós de "matriz geradora do Vazio".

Essa matriz geradora, única capaz de gerar um estado cujo "interior" é vazio, ao exteriorizá-lo também exteriorizou sua divindade, que ocupou todo o estado do Vazio, cuja função é zelar, guardar e aplicar no lado externo de Olorum seus mistérios amparadores da Criação.

Essa divindade Guardiã dos mistérios do Vazio já recebeu muitos nomes aqui na Terra devido à existência de muitas religiões já fundadas pelos homens no decorrer dos milênios, sendo que cada um lhe deu um nome e a descreveu ao seu modo ou como a entendeu e a interpretou.

Quem melhor interpretou essa divindade foi a religião dos Orixás, nascida há alguns milhares de anos na Nigéria.

Entre os povos de então, essa divindade do Vazio recebeu o nome de Exu, ou melhor, Orixá Exu,* que, segundo alguns, em Yorubá significa "Esfera".

Para nós, o Orixá Exu é o Guardião Divino da Esfera do Vazio e atua sobre a Criação e sobre os seres por meio do vazio relativo que todos possuem às suas voltas.

Por possuir um mistério refletidor que inicialmente refletiu o "lado interno" da Criação, posteriormente se descobriu que esse mistério de Exu reflete também o lado interno ou o "interior" de todas as criações de Olorum que foram exteriorizadas, inclusive nós, por meio do seu lado externo.

---

*N.E.: Sugerimos a leitura de *Orixá Exu – Fundamentação do Mistério Exu na Umbanda*, de Rubens Saraceni, Madras Editora.

Com isso, tudo que acontece em nós ou conosco é refletido por esse mistério refletidor de Exu, que toma conhecimento do que ocorre conosco assim que começa a ocorrer.

O que ocorre em nós ou conosco é refletido no vazio relativo à nossa volta que, por ser uma extensão do vazio absoluto, nele é refletido e registrado, facilitando a sua ação sobre cada um dos seres, atuação essa que acontece de fora para dentro e sempre por meio desse vazio relativo que nos cerca.

As Funções do Guardião do Vazio na Criação

Comentar as funções do Guardião dos Mistérios do Vazio na Criação é delicado porque muitos dos seus intérpretes lhe deram uma feição muito humana, ou seja, baseados nos efeitos e não nas causas de sua entrada na vida dos seres.

Em muitas religiões ele recebeu nomes que o distinguiram como negativo ou maligno e, por isso mesmo, não vamos identificá-lo por eles, e sim, pelo nome que religiosamente melhor o define: Orixá Exu, o Guardião Divino dos Mistérios da Esfera do Vazio e aplicador deles sobre a Criação, onde ela entra em desequilíbrio.

Enquanto Orixá, cultuando no panteão Yorubano ou Nagô, já foi muito bem descrito e nada temos a acrescentar ao modo como é cultuado, entendido e ensinado.

Mas, na Umbanda (uma religião que também cultua os sagrados Orixás, servindo-se de boa parte do conhecimento que até aqui chegou e foi preservado por abnegados cultuadores deles), ele não foi fundamentado na sua forma africana, e sim nas suas funções divinas na Criação. Fato esse que diferencia alguns dos modos de atuação dele na Umbanda.

Aos olhos de um conhecedor e cultuador de Exu na Nigéria, o que se faz na Umbanda relacionado a ele está errado e não tem fundamento.

Só não ocorre a esse iniciado no Orixá Exu "nagô" que na Umbanda os fundamentos dele são diferentes, assim como sua fundamentação divina na Criação também é diferente.

Assim como ainda não ocorreu a muitos umbandistas que, se a Umbanda está fundamentada na incorporação de espíritos (eguns) guias que se manifestam para trabalhar e orientar as pessoas que vão aos centros tomar passe, então ela é uma religião diferente do tradicional culto aos Sagrados Orixás praticado na África ou nos cultos a eles preservados pelos seus abnegados cultuadores que, a muito custo e sofrendo todo tipo de discriminação, intolerância e perseguição os eternizaram aqui no Brasil.

A divindade em si mesma é imutável, mas mudou a forma de entendê-la, cultuá-la, acessá-la e de beneficiar-se com seus poderes e mistérios. Isso sim muda de acordo com as necessidades das pessoas, e de religião para religião.

No culto tradicional praticado na Nigéria aos Orixás, há um deles que responde pelo nome "Exu". Ele não é Exu Tranca Ruas; ou Sete Encruzilhadas; ou das Matas, etc. Ele é só o Orixá Exu... E ponto final.

Seu ponto de interseção com os outros Orixás se dá por meio do que, traduzindo para o português, denominam como qualidades de Exu. Então existe uma qualidade de Exu para Ogum, outra para Xangô, outra para Oxóssi e assim sucessivamente com os outros Orixás. Essas "qualidades" de Exu determinam seus aspectos e as formas de cultuá-lo, oferendá-lo e assentá-lo.

Existe todo um rito muito bem elaborado ao Orixá Exu, desenvolvido a partir da forma que foi estabelecida para cultuá-lo religiosa e magisticamente na Nigéria.

A forma religiosa é para cultuá-lo.

A forma magística é para ser ajudado por ele.

Aqui, não vamos descrevê-las porque esse não é o nosso propósito, já que foram bem descritas por vários autores que são profundos conhecedores do tradicional culto dedicado a ele.

Aqui, o que queremos deixar bem compreendido é que existe mais de uma forma para se cultuar uma divindade mistério em si, como é Exu: um mistério em si mesmo e que comporta mais de uma interpretação, mais de um culto, mais uma forma de servir-se dele, tanto religiosa quanto magisticamente, justamente porque é em si um mistério.

A Umbanda é uma religião centrada no culto aos Orixás, mas o faz ao seu modo e forma. Modo e forma esses que guardam as essências do culto ancestral "nagô", mas adaptados ao tempo, lugar, compreensão e religiosidade diferentes.

Para que isso fique compreendido, basta observarem como acontece uma missa Católica Apostólica Romana, centrada em Jesus Cristo, e um "Culto Evangélico", que é seu equivalente nas Igrejas Neo Pentecostais, também centradas no culto a Ele.

A divindade cultuada é a mesma, mas o modo e a forma de acessá-la são diferentes!

Portanto, querer que na Umbanda tudo se processe do mesmo modo e da mesma forma que acontece na Nigéria, ou mesmo no culto aos Orixás realizados no Candomblé, não é possível.

Se fosse para ser igual, então para que a criação de uma nova religião? Pessoas de dentro da Umbanda querendo que nela se proceda como no Candomblé é errado.

Assim como está enganado o seguidor do Candomblé que achar que só a sua forma e modo de ele cultuar os Orixás é certo e que a forma de cultuá-los na Umbanda está errada.

Enquanto houver pessoas crendo nisso, a confusão permanecerá e veremos pessoas de uma adotando os procedimentos da outra e vice-versa.

Centro de Umbanda é uma coisa e Centro de Candomblé é outra, porque são duas religiões diferentes, mas com ambas centradas no culto aos Orixás.

O que vem acontecendo desde o início da Umbanda, com muitos dos seus seguidores e praticantes procurando informar-se com seguidores do Candomblé sobre os Orixás e especificamente sobre Exu e, após receberem algumas informações e adaptá-las aos seus centros e suas práticas espirituais, é porque lhes faltam informações que os fundamentem dentro de sua própria religião.

Hoje, quando começamos a revelar seus fundamentos divinos, muitos têm dificuldade em assimilá-los, fundamentando dentro da própria Umbanda suas práticas religiosas e magísticas com um conhecimento próprio.

Se bem que essa incerteza na mente dos umbandistas se deve à ação de muitos candomblecistas, que disseminam que eles são os únicos que conhecem os reais fundamentos dos Orixás ou que eles não existem na Umbanda.

Isso não é verdade, e quem faz essa afirmação está cometendo uma afronta à religião umbandista, criada por uma ação divina.

O fato é este:

A Umbanda fundamentou-se nos mistérios divinos da Criação e que, por serem desconhecidos ou de difícil identificação, até a abertura deles por Pai Benedito de Aruanda e por Mestre Seiman Hamiser-Yê, os umbandistas não haviam se dado conta dessa magnífica fundamentação divina de sua religião já existente no plano astral.

Foi preciso essa "abertura" dos mistérios para que muitos umbandistas descobrissem a grandeza divina existente por trás do vastíssimo simbolismo já disseminado por meio da Umbanda.

Foi preciso abrir o mistério das "Sete Flechas Sagradas" para que muitos descobrissem que um "Caboclo Sete Flechas" não é apenas um índio que carrega um arco e sete flechas, e sim que ele é um espírito manifestador do "Mistério Divino das Sete Flechas Sagradas", mistério esse regido pelos Orixás Oxóssi e Iansã e que tem a função de dar a direção a tudo e todos na Criação Divina.

Assim como foi preciso abrir o mistério do "Tranca-Ruas" para muitos descobrirem que um Exu Tranca-Ruas não é alguém que fecha as ruas, e sim é o manifestador de um mistério que fecha determinadas faculdades mentais de espíritos que as desvirtuaram e estão dando um uso negativo e destrutivo a elas.

Ao fechar as faculdades desvirtuadas de alguém, um Exu Tranca-Ruas paralisa a negativação e a regressão consciencial do ser desvirtuado.

A interpretação do simbolismo umbandista é muito importante para a compreensão dos mistérios divinos que dão sustentação à Umbanda e o entendimento sobre os guias espirituais que atuam nela incorporados em seus médiuns.

Se nesse primeiro século de existência da Umbanda já tivessem decifrado e interpretado seu simbolismo, ninguém duvidaria que ela, ainda que se fundamente no culto aos Orixás, no entanto difere dos Cultos de Nação também fundamentados neles porque ela é uma religião que tem seus próprios fundamentos divinos, não dependendo dos fundamentos de outras religiões para existir.

Em Deus existem milhares de mistérios, que foram exteriorizados por Ele na sua Criação exterior, fato esse que explica a existência de muitos Orixás, pois cada mistério possui sua divindade, que foi exteriorizada junto com ele.

Assim, para cada mistério existe uma divindade ou Orixá.

Portanto, se existem milhares de mistérios também existem milhares de divindades ou Orixás.

O Individual Dentro do Coletivo

Uma das questões mais discutidas dentro da Umbanda é a de quem está certo ou está errado em seus conceitos doutrinários, ritualísticos e teológicos. Então, vejamos:

Cada corrente formadora de médiuns, de sacerdotes e fundadora de novos centros começou com uma pessoa, um sacerdote com forte liderança e personalidade marcante. No geral, todos começaram em um Centro de Umbanda, Espírita, de Candomblé ou outra denominação (Xamanismo, catimbó, jurema, etc.), porque são pessoas com forte mediunidade e com diversas faculdades mediúnicas "afloradas".

Na sua jornada de aprendizado, várias foram suas experiências e vivenciações, algumas positivas e evolucionadoras e outras negativas e regredidoras. Como são aprendizados e vivenciações marcantes, estão internalizadas e classificadas na mente de quem as vivenciou como boas ou ruins.

Às boas, passa-se para frente; às ruins, oculta-as, combate-as ou desaconselha-as quando lhes é possível para evitar que alguém, repetindo-as, venha a sofrer.

Isso que acabamos de descrever não se aplica só sobre a mediunidade, e sim sobre tudo na vida de um ser. Então uma pessoa com forte mediunidade adquire seu aprendizado pessoal dentro do coletivo de cada segmento pelo qual passou e, pouco a pouco, e meio inconsciente sobre essa sua formação íntima, vai estabelecendo valores, ideais e critérios sobre as mais variadas coisas e pessoas, sendo que, para uns, um desses formadores é visto como bom, e para outros passa a ser visto como "desaconselhável".

Cada pessoa estabelece em seu íntimo uma escala de valores e cristaliza sua opinião sobre muitos assuntos, coisas ou procedimentos, sendo que chega um momento que nada mais é novo ou desconhecido dentro do coletivo ao qual está ligado e, em seu íntimo, começa a vibrar o desejo de dar um rumo próprio à sua vida, ainda que dentro da coletividade à qual pertence.

Que ninguém se surpreenda, porque isso é muito comum em todos os campos das atividades humanas, inclusive dentro das famílias, em que os filhos, em sua maioria, afastam-se da casa dos seus pais e constituem suas próprias famílias.

Pois bem! O médium que assim procede e possui forte mediunidade e personalidade as imprimirá em seu centro e sobre seus filhos espirituais, e se servirá da sua escala íntima de valores e segundo sua opinião sobre cada coisa que forma seu universo religioso.

Então tudo que o influenciou positivamente será a espinha dorsal do seu trabalho como sacerdote umbandista. E tudo que o influenciou negativamente será combatido ou evitado para que não venha a influenciar negativamente seus filhos espirituais. Inclusive, ele os amoldará segundo sua personalidade, e seu entendimento sobre a Umbanda será transmitido a eles, sendo que em muitos pontos haverá concordância com o que já é comum a toda a coletividade e em outros será sua visão e sua opinião que prevalecerá.

Isso sem contar com a visão e formação dos seus Guias espirituais, muito importantes para quem está começando, porque imprimirão ao trabalho uma forma própria e um pouco da forma do centro pelo qual o médium já passou.

Sim, os Guias espirituais, após trabalharem por alguns anos em um centro, caso venham a abrir outros com os seus médiuns, atuarão como já faziam e incorporarão aos novos centros muitas das práticas dos centros onde trabalharam. Essa continuidade vem acontecendo o tempo todo e é justamente por isso que hoje os trabalhos espirituais dentro dos centros de Umbanda são parecidos, com poucas diferenças.

Se os trabalhos são realizados com a incorporação de Caboclos ou de Pretos-Velhos, de Exus, de Baianos, de Boiadeiros, de Marinheiros ou de Crianças, geralmente não vemos diferenças entre os muitos centros existentes. Praticamente, uniformizaram-se essas manifestações e, caso alguém duvide, basta ir às festas em homenagem a Iemanjá, no final do ano, e observar as incorporações dentro de muitos centros ao mesmo tempo. Não se percebe diferenças nas incorporações das várias linhas de trabalhos, e sim apenas na indumentária dos médiuns, com alguns usando só vestes brancas e outros usando vestes coloridas, com cores associadas aos Orixás. No mais, tudo está uniformizado e por isso os consulentes já identificam em qualquer centro qual linha está incorporada.

Com isso, dentro de manifestações parecidas, o individual cedeu lugar ao coletivo e, nesse aspecto, aconteceu uma "universalização" interna das linhas de trabalhos espirituais umbandistas.

E, ainda que um médium já maduro prefira trabalhar com um guia pertencente a determinada linha, no entanto, ele incorpora espíritos de todas as outras linhas de trabalhos espirituais e as conhece muito bem, assim como, quando precisa, recorre a elas para auxiliar pessoas necessitadas ou a si mesmo.

Formação Sacerdotal Umbandista: Verdades e Mentiras

Há muitos anos venho lendo e ouvindo pessoas de dentro da Umbanda afirmarem que ninguém forma sacerdotes porque estes já nascem prontos ou "feitos", bastando quererem abrir um centro que está tudo bem e tudo funcionará às mil maravilhas.

Outros afirmam que após sete anos dentro de um terreiro já é suficiente para que um médium umbandista possa abrir o seu, pois já sabe ou já aprendeu tudo o que precisa para ser um sacerdote.

Outros, mais exaltados, chegam a afirmar em tom acusativo que as escolas umbandistas especializadas em formar sacerdotes são fábricas de ilusões, enganadoras, charlatãs, etc.

Antes de prosseguirem na leitura deste texto, reflitam um pouco sobre essas afirmações, porque elas estão sendo proferidas a todo instante por alguém em algum lugar, e estão sendo passadas adiante por seus disseminadores como se fossem verdades inquestionáveis e têm influenciado muitos umbandistas, principalmente aqueles que, acreditando nelas, se somaram ao coro dos que as pregam.

Vamos voltar nossa atenção para o que ocorre em outras religiões?

Na religião primitiva dos indígenas brasileiros, até aonde sabemos, um pajé (o sacerdote indígena) só se formava como tal e só era aceito como tal se, além de possuir faculdades paranormais (mediúnicas), tivesse sido preparado e ensinado por outro pajé, mais velho e profundo conhecedor do ervanário e de pó medicinais, assim como tinha de submeter-se a iniciações e dar prova do seu saber e poder, senão, caso falhasse na sua função, poderia ser morto ou expulso da sua tribo.

Para se tornar um pajé era preciso dedicação total e integral como aprendiz e auxiliar de um pajé já maduro e respeitado pelo seu povo.

Quanto tempo durava esse aprendizado? A vida toda, certo?

Nas religiões africanas tradicionais, a formação sacerdotal era (e ainda é) muito parecida com a dos indígenas brasileiros (e das Américas), sendo que o aprendizado começava desde criança e era monitorado por um feiticeiro (?) já consagrado publicamente como um profundo conhecedor das ervas e de pó medicinais, rezas, orações, fórmulas e encantamentos mágicos e que já havia dado fartas provas do seu poder, conhecimento e domínio do mundo sobrenatural.

Nas religiões afro-brasileiras tradicionais que formam o Candomblé, até onde sabemos, a dedicação ao aprendizado é integral, e só após determinado tempo (7, 14 ou 21 anos) é que está formado um novo sacerdote.

Assim é no mundo todo com religiões em que uma comunidade tem só um sacerdote chefe e um corpo de auxiliares-aprendizes.

A transmissão do conhecimento não é aberta, e sim se diz que é oral, transmitida a meia voz, da boca do que sabe para o ouvido do que está aprendendo, sendo que este só será aprovado se for consagrado pelo seu mentor encarnado e pela sua comunidade.

Assim tem sido com todas as religiões primitivas, chamadas assim porque são indissociadas dos seus povos, das suas culturas e dos seus cotidianos.

Essa é uma formação sacerdotal tradicional e provém de eras remotas, pré-históricas mesmo! Pois ninguém sabe quando essa forma de preparação sacerdotal começou, porque foi encontrada pelos antropólogos, sociólogos e historiadores nas raças e culturas mais antigas já identificadas e estudadas.

Nessas religiões o mundo natural e o sobrenatural são associados e seus sacerdotes têm de conhecer e dominar os dois lados, caso queiram ter sucesso na sua profissão, pois uma falha aqui e outra mais adiante até que são relevadas. Mas muitas falhas contínuas acarretam reações perigosas para sua integridade moral e física.

Essa maneira de formar sacerdotes é a mais antiga que existe e vem desde os primórdios da humanidade. Mas outra vertente formadora de sacerdotes, não tão antiga, existe e vem preparando sacerdotes há alguns milhares de anos, sendo chamada também de tradicional porque, desde o seu início, se mostrou benéfica para a evolução da humanidade, uma vez que o exercício do sacerdócio é vocacional.

Vejamos como é essa outra forma de preparação para o sacerdócio.

Na sua forma primitiva, o sacerdócio era "elitista" porque apenas os eleitos por alguém galgavam os degraus do sacerdócio e, ainda assim, se fossem possuidores de dons, talentos ou faculdades paranormais bem evidentes.

Era, e ainda é, dentro desse grupo seleto de pessoas possuidoras de faculdades paranormais ou mediúnicas que alguém era eleito o novo sacerdote-chefe, e ainda assim por outro mais antigo ou mais velho, dirigente de outro templo ou comunidade.

Vemos algo similar aqui no Brasil, dentro de alguns dos tradicionais cultos de nação, nos quais, quando o dirigente de um Ilê Axé desencarna, se fecha a casa e se guarda luto de um ano, quando então é indicado o novo dirigente entre os filhos de santo do falecido.

Essa é uma tradição que vem sendo seguida, há séculos incontáveis, desde a África, e é muito respeitada por todos os seus seguidores.

Pois bem! O fato é que existe outra linha de formação sacerdotal, que é constituída por escolas formadoras de novos sacerdotes. Essa "escola" a encontramos no Judaísmo, Cristianismo, Islamismo, Lamaísmo tibetano, etc., onde muitas pessoas dotadas de dons e talentos, ou com fortíssima vocação religiosa, se reúnem para estudar sua religião, sua doutrina, seus ritos, seus sacramentos, etc., e quando preenchem todos os requisitos para serem sacerdotes, são aprovados e graduados em cerimônias públicas ou fechadas e saem delas habilitados para exercer todas as funções inerentes ao seu cargo, e muitos procuram abrir novos templos da sua religião, expandindo-a horizontalmente e levando-a para todos os povos e lugares que lhes for possível, ou a levam para os seguidores dela que vivem afastados dos seus núcleos centrais, ou mesmo em outros países, como é o caso do Judaísmo e mais algumas religiões não convertedoras de massas.

A Umbanda, nascida no Brasil em 1908 e em meio a várias influências (católica, espírita, indígena, afro-brasileira), tem seguido nesse seu primeiro século a ambas as "escolas" descritas linhas atrás, e isso tem causado algumas discussões internas, com alguns defendendo uma forma de preparação e outros defendendo a outra.

A primeira forma, que é fechada e restrita, limita o número de sacerdotes umbandistas. A segunda, que é aberta e expansiva, multiplica rapidamente o número de sacerdotes umbandistas.

Estudando a Umbanda no seu início, vemos que a Tenda mater formou entre os seus médiuns alguns novos dirigentes, que abriram algumas outras Tendas, com todas formando um núcleo umbandista unido pelo elo com a primeira Tenda ou centro genuinamente umbandista, fundada pelo Caboclo das Sete Encruzilhadas e por seu médium, o saudoso Pai Zélio Fernandino de Moraes.

Por cerca de 20 anos, a expansão da Umbanda foi pequena, porque só alguns eram escolhidos para abrir novos centros, ainda que todos os membros das correntes mediúnicas trabalhassem regularmente no atendimento das pessoas necessitadas.

Internamente, criou-se uma pressão para que abrissem o sistema fechado de formação sacerdotal, preparando um maior número de novos dirigentes espirituais, que abririam novos centros e expandiriam a Umbanda, divulgando-a e multiplicando-a onde fosse possível.

Como o núcleo central construído em torno da primeira Tenda se matinha ligado à doutrina espírita e ao Cristianismo, ainda que os guias falassem em Orixás, Tupã, Zamby, etc., a curiosidade levou muitos dos médiuns umbandistas a irem até alguns outros cultos afros nos quais esses nomes eram bem conhecidos e fundamentados.

E, ali, naquele ponto, o núcleo central explodiu e a cadeia original de Tendas de Umbanda começou a multiplicar geometricamente o número delas, sendo que muitos dos novos dirigentes não sabiam que foram o Pai Zélio e o Caboclo das Sete Encruzilhadas que a haviam fundado em 1908.

Na década de 1940, o crescimento foi tão grande por causa do predomínio da forma aberta de preparação sacerdotal, que ninguém mais sabia quantas eram as tendas então existentes, como não sabemos atualmente quantas existem, porque o crescimento horizontal escapou do controle do núcleo original e também porque muitas das novas Tendas se mostraram avessas a qualquer tipo de controle externo de suas atividades.

Médiuns só com alguns anos de prática mediúnica umbandista recebiam ordem dos seus guias para abrirem novos centros e, quer estivessem preparados ou não, a ordem tinha de ser cumprida à risca, com os guias assumindo a frente e o comando dos trabalhos.

Por não existirem até então escolas de formação sacerdotal organizadas e abertas a quem tinha a vocação ou havia recebido dos seus guias a ordem de abrir seus terreiros, eis que muitos dos novos, inexperientes e ainda despreparados dirigentes umbandistas, sentindo que lhes faltavam fundamentos e a fundamentação ritualística e doutrinária necessária para se sentirem sacerdotes de fato, dirigiram-se até os tradicionais cultos afros ou de nação e, sem deixarem de dirigir seus centros, neles receberam uma preparação, uma feitura de cabeça e a confiança que lhes faltavam para o pleno exercício dos seus sacerdócios.

Muitas práticas exclusivas dos "Candomblés" daquela época foram trazidas para dentro da Umbanda, mas não mais como práticas fechadas, e sim adaptadas e abertas a todos que delas quisessem se servir.

A Umbanda cresceu e expandiu-se de tal forma, que dentro dela surgiram várias escolas formadoras de novos dirigentes espirituais, e no fim da década de 1940 e início da de 1950, já havia federações e/ou associações umbandistas com suas escolas preparatórias abertas a todos os membros da religião com forte vocação sacerdotal, que nelas ingressaram, foram iniciados, preparados e investidos do grau de dirigente espiritual umbandista, abrindo novos centros e acelerando o crescimento da religião.

O núcleo central fundador da Umbanda, que serviu para implantar e semear a nova religião, no entanto, ficou à margem do explosivo crescimento dela, ocorrido à sua revelia e fora do seu controle e influência, tal como havia acontecido com a religião Cristã no seu início.

Com a Umbanda, aconteceu algo semelhante nos seus primeiros 30 anos de existência, e no primeiro congresso, realizado em 1942, já notamos interpretações diferentes sobre a palavra "Umbanda", com cada intérprete defendendo sua tese com convicção.

Ali começaram a aparecer influências externas, diferenciadoras das várias "escolas" então existentes e que tanto procuravam aproximar-se quanto estabelecer uma vanguarda orientadora para os muitos centros então existentes, tanto no atual estado do Rio de Janeiro quanto em vários outros, onde médiuns incorporadores dos "Guias de Umbanda", tendo recebido deles as ordens de abrirem seus centros, multiplicavam-nos continuamente.

No Rio de Janeiro, algumas federações e associações umbandistas criaram suas "escolas" formadoras de dirigentes espirituais, sendo que algumas os denominavam Caciques, outras como Morubixabas em alusão aos indígenas, enquanto outras os denominavam como Tatás e Babás, em alusão ao Candomblé Angola. Em outras, denominavam-nos Babalaôs, Babalorixás e Ialorixás, em alusão ao Candomblé Nagô, de onde vinham os Orixás cultuados na Umbanda.

Já em outras, eram denominados Mestres, Dirigentes Espirituais umbandistas, Padrinhos, Madrinhas, etc.

Muitas foram as denominações dos sacerdotes umbandistas, assim como muitas foram as denominações das "escolas" umbandistas, tais como:

• Umbanda Cristã;
• Umbanda Branca;

- Umbanda Cruzada;
- Umbanda Iniciática;
- Umbanda Esotérica;
- Umbanda Omolocô;
- Umbanda de Caboclos;
- Umbanda Mista, etc.

Sendo que cada uma dessas denominações identificava uma "escola" e uma corrente doutrinária e sacerdotal umbandista, com cada uma trazendo para dentro da religião conceitos teológicos, ritos, doutrina, sacramentos, filosofia e teogonia próprios.

Algumas dessas denominações cresceram muito; outras nem tanto, mas com todas contribuindo com o seu melhor para que a Umbanda crescesse e prosperasse na mente e no coração das pessoas.

Autores umbandistas, identificados com essas "escolas" e correntes, lançaram livros para os seus públicos, interno e externo, sedimentando definitivamente a pluralidade dentro da religião e oferecendo a todos ampla escolha doutrinária.

Tudo isso aconteceu no estado do Rio de Janeiro, a partir de 1940, aproximadamente, espalhando-se para o restante do Brasil, levando algumas informações adicionais aos umbandistas de cidades e estados distantes do seu núcleo mais forte até então.

Posteriormente, formaram-se núcleos fortes em muitos estados, que também se tornaram escolas formadoras de novos sacerdotes, constituídos em torno de federações, algumas com muitos milhares de tendas filiadas a elas e praticando ritos iguais ou parecidos, distinguindo-as e destacando-as.

Na verdade, algumas dessas escolas se destacaram mais em determinado período e região de sua influência e outras em outro período, sendo que nenhuma preponderou ou se impôs sobre as demais.

Uma, onde o Orixá do seu fundador era Ogum, ele criou festas públicas anuais em homenagem a esse Orixá.

Outra, onde o Orixá do seu fundador era Oxóssi, ele criou festas públicas anuais em homenagem a esse Orixá.

Outra, onde o Orixá do seu fundador era Xangô, ele criou festas públicas anuais em homenagem a esse Orixá.

E assim foi com a maioria das escolas umbandistas, que criaram um calendário de festividades religiosas em que todos os Orixás cultuados dentro da Umbanda passaram a receber, nos seus dias, festas e oferendas de agradecimentos, louvores e adorações.

Tudo foi sendo implantado gradualmente, e hoje, um século depois de sua fundação, a Umbanda mostra-se quase que homogênea internamente, com todos louvando a maioria dos Orixás mais populares dentro dela e com os médiuns manifestando praticamente todos os guias espirituais que mais se destacaram, tais como: Caboclos; Pretos--Velhos; Crianças ou Erês; Baianos; Boiadeiros; Marinheiros; Exus; Exus Mirins e Pombagiras.

Tudo isso é um resultado muito positivo para a Umbanda, graças à existência de muitas escolas, denominações e federações umbandistas inspiradas pelos mentores espirituais dos seus fundadores.

Alguém até pode questionar a validade das várias escolas umbandistas formadoras de sacerdotes, mas foi graças a elas e ao trabalho assíduo e incansável dos seus fundadores que a Umbanda cresceu tanto em tão pouco tempo, e trouxeram para dentro da religião tantas visões do mundo divino e do espiritual que hoje, um século depois, a busca agora é pelos fundamentos delas, para que neste segundo século os umbandistas possuam uma visão mais abrangente, em que a unidade religiosa seja vista na sua pluralidade.

É certo que cada um sempre terá sua visão pessoal sobre a Umbanda, mas ela estará centrada em algum ponto do vastíssimo universo religioso umbandista. Mas, por estar focado num determinado ponto, então estará dentro dele.

Isso nos faz crer que é só questão de tempo para que todas as escolas formadoras de novos sacerdotes descubram ou aceitem que todas ensinam a mesma coisa, e o único diferenciador, se é que ele existe, é a visão pessoal que cada um tem da própria religião que, de tão abrangente que é, comporta múltiplas visões e interpretações pessoais.

Entendemos que a Umbanda, por ter essa pluralidade já em suas raízes (indígena, espírita, cristã e africana), tem conseguido acolher e satisfazer a todos que a abraçaram como sua religião, porque os pontos de identificação e de afinidades são tantos que todos se encontraram nela.

Se alguém se afina mais com a herança religiosa e cultural indígena, em sua casa ou templo predominarão os Caboclos.

Se alguém se afina mais com a herança e cultura africana, em sua casa predominarão os Pretos-Velhos.

Se alguém se afina mais com a herança espírita kardecista, em sua casa predominará a doutrina espírita.

Se alguém se afina mais com a herança religiosa e cultural cristã, em sua casa predominará a doutrina cristã.

E mesmo dentro da herança africana, que também é pluralista, tanto predominará em um centro um Orixá, como em outro predominará outro Orixá.

Mas, além dessa predominância de um ou de outro Orixá, também em um centro predominará a herança nagô, em outro centro predominará a herança indígena e em outro será a herança angolana, em outro será a cristã, em outro será a espírita, etc.

A pluralidade é tanta e tão vasta que nenhuma escola, por mais abrangente que seja, consegue abarcá-la integralmente e são obrigadas a limitarem-se à constatação de sua existência dentro da Umbanda.

Mas, constatar a existência de uma herança religiosa e cultural plural não significa que quem a constatou domine-a na íntegra. Com isso, o campo de estudo e de pesquisa é infinito e inesgotável.

Só não podemos cair no mesmo erro de alguns formadores de sacerdotes que, porque focaram suas visões a partir de um único ponto, elevaram-no acima do conjunto de heranças que formam a Umbanda, e, centrados nesse único ponto, desclassificavam todas as outras heranças tachando-as de animismos, mistificações ou deturpações de cultos ancestrais.

Heranças são o que são: heranças! Compete a quem as herdou dar-lhes o uso que melhor lhe aprouver ou conseguir.

Afinal, não foi a Umbanda quem criou a incorporação de espíritos; não revelou os Orixás; não criou a comunicação com os espíritos; não criou as oferendas; não inventou os atabaques; não criou as guias ou colares, etc., e sim foram as várias heranças que trouxeram consigo tudo isso, e muitas outras coisas que têm sido usadas segundo o entendimento de cada escola formadora de sacerdotes.

Agora, a forma como cada uma transmite sua herança, não compete às outras escolas criticá-la ou questioná-la, e sim todos devem respeitar o trabalho de cada uma delas, porque são tantas heranças e tantas coisas boas herdadas que é impossível dar uso a todas.

Afinal, herdamos religiões!

A cada escola, a espiritualidade apoiou e adaptou-se à sua doutrina e à sua ritualística, não desamparando nenhuma e respeitando todas. Se um médium saía ou se afastava de uma escola, logo entrava em outra porque era bem recebido nela. E assim é até hoje, não deixando ninguém de fora.

Muito constrange a espiritualidade quando membros de uma escola atacam o conteúdo ou o uso dado por outra escola à herança dela, que pode não ser igual, mas não é inferior, é apenas diferente.

Algumas escolas se destacaram mais (e ainda se destacam) pelas críticas ao trabalho alheio do que pelos seus próprios trabalhos. E ainda bem que são só umas poucas, pois a maioria delas está voltada para as suas finalidades. Se uma escola optou ou vier a optar pela herança kardecista, pouco importa para a espiritualidade essa opção do seu fundador.

Se outra escola optou ou vier a optar pela herança hinduísta ou oriental, isso também não incomoda a espiritualidade, pois o que será avaliado pelos espíritos guias de Umbanda é a mensagem e o trabalho espiritual realizado por ela.

E se outra escola optar pela herança africanista ou de uma nação em especial, isso também não importará, e sim será sua mensagem e o seu trabalho que importarão para seus sustentadores espirituais.

Afinal, se muitos sabem que espíritos das mais diversas formações religiosas, filosóficas e culturais militam no astral umbandista, no entanto, apenas poucos atinaram sobre a influência deles junto dos fundadores das escolas, delineando sua estruturação em uma herança específica, não porque ela seja melhor que qualquer outra, e sim porque os Guias espirituais dos seus fundadores encarnados já pertencem a ela há muitos séculos.

Na verdade, não há uma herança superior a qualquer outra, e sim o que existe são formas diferentes de se fazer a mesma coisa. Portanto, não se trata de "deturpação" de fundamentos e ritos alheios e mais antigos, mas o que aconteceu, vem acontecendo e ainda acontecerá no futuro serão adaptações na Umbanda de parte de sua vastíssima herança religiosa, cultural, doutrinária e filosófica.

Cada escola está ligada a uma corrente espiritual astral que tem sua própria visão de Deus, da Criação, das Divindades, dos Espíritos, das pessoas e de como nos auxiliar por meio dos muitos recursos à disposição dos seus membros, que são os guias espirituais.

Desde que essas "visões" e interpretações, ritos e práticas estejam adaptadas à Umbanda e à sua forma de manifestação espiritual por meio da incorporação de linhas de trabalhos, está tudo certo. Afinal, o espírito-guia "hindu" passará uma mensagem e realizará um trabalho segundo sua formação, anterior à existência da Umbanda. O espírito-guia "indígena" passará uma mensagem e realizará um trabalho segundo sua formação, anterior à existência da Umbanda.

Ambos (hindu e indígena), muito antes de surgir a Umbanda, já estavam ligados a correntes espirituais que socorriam ou amparavam os espíritos encarnados dos seus "povos".

Agora, se com a Umbanda se abriu para eles a possibilidade de incorporarem e ajudarem ainda mais os espíritos afins encarnados, para eles foi ótimo e lhes facultou novas experiências práticas e novas formas de auxiliarem ao próximo.

Espíritos que viveram em solo africano ou para cá foram trazidos à força e vivenciavam suas religiosidades em algum dos antigos e tradicionais "cultos de nação" não veem nada de errado em seu médium firmar ou assentar seu Exu com o sacrifício de um galo.

Já para espíritos que vivenciaram suas religiosidades na igreja cristã, esse é um hábito ou prática pagã, condenável ou inaceitável segundo sua crença íntima, sendo que alguns não permitem sequer o atendimento de pessoas pelos guias da esquerda do seu médium.

Observem que, como cada escola umbandista tem toda uma corrente espiritual por trás do seu fundador encarnado, este é influenciado e orientado por ela, e se algumas correntes espirituais não aceitam certas práticas ou ritos porque eles não faziam parte da religião seguida pelos seus membros quando viveram encarnados, em outras cujos membros já as conheciam e as praticavam quando estavam na Terra, para estes não só não há nada de errado, como as veem com naturalidade e como indispensáveis.

Se, para uma corrente sustentadora de uma escola umbandista a abertura é feita apenas com orações e cantos litúrgicos parecidos com os cristãos e o trabalho espiritual é realizado em silêncio, sem o uso de elementos de magia (incensos, velas, ervas, charutos, bebidas, etc.), para outra corrente, com outra origem e formação religiosa, tudo o que aquela proíbe, esta acha indispensável e necessário.

Para a espiritualidade sustentadora da Umbanda, no seu nível mais elevado, ambas as escolas estão certas, porque são formadas e sustentadas por espíritos com formações religiosas diferentes em suas últimas encarnações e não há nada de errado em procederem segundo seus entendimentos para auxiliarem as pessoas com os mais diversos problemas que afluem aos terreiros nos dias de atendimento público.

Algumas pessoas podem até questionar essa opção pela pluralidade existente dentro dos centros de Umbanda, onde uns estão muito próximos do Espiritismo kardecista e outros estão bem próximos do Candomblé; onde uns estão próximos do Cristianismo e outros estão próximos da Pajelança ou do Xamanismo.

Para os espíritos mentores da Umbanda, todas essas religiões são boas e têm auxiliado muitas pessoas e espíritos em suas evoluções e necessidades terrenas, e não há nada de errado em que espíritos oriundos delas adotem e adaptem à Umbanda procedimentos que nelas são ótimos para auxiliarem seus seguidores.

Por não ser dogmática, a Umbanda tem uma capacidade de assimilação e de adaptação de práticas alheias ímpar, e que a tem enriquecido nesse seu primeiro século de existência, sendo que, com o tempo, algumas práticas muito comuns no seu início já desapareceram ou foram substituídas por outras mais em acordo com as transformações culturais e tecnológicas que estão ocorrendo no plano material.

E assim será com muitas das atuais práticas, pois, na ausência de um dogmatismo, as substituições acontecem naturalmente e não causam comoções.

Há uma sabedoria muito elevada nessa pluralidade de origens das "Escolas de Umbanda", e o tempo se encarregará de acomodar todas elas e permitirá que aquilo que se mostra muito bom em uma seja assimilado e posto em prática pelas outras, e vice-versa.

E chegará o tempo em que as práticas que mais servirem para os propósitos da Umbanda serão comuns a todas as escolas e templos umbandistas, universalizando-se dentro dela e uniformizando-a na sua forma de apresentação e no seu estudo, facilitando sua aceitação e compreensão pelos seguidores das outras religiões e pela sociedade como um todo.

Uma uniformidade nos aspectos gerais já existe em várias práticas e ritos, com todos concordando que os Orixás são as divindades umbandistas e que o nosso Divino Criador é Olodumaré ou Olorum, com só uma minoria ainda louvando Tupã ou Zamby. E mesmo com os Caboclos índios e os Pretos-Velhos oriundos de outras nações africanas trabalhando sob a irradiação dos Orixás "nagôs".

Os atuais escritores umbandistas também estão contribuindo para essa uniformização, pois em seus livros fundamentam seus comentários nos Orixás nagôs. E assim sucessivamente está acontecendo em vários outros aspectos da Umbanda, em que uma universalização está ocorrendo de dentro para fora, ou seja, a partir do interno ou da espiritualidade para o externo, para os médiuns e a assistência, uniformizando-os.

Se ainda não aconteceu uma completa uniformização dentro da Umbanda, é porque esse é um processo lento e conduzido sutilmente pelos espíritos mentores da Umbanda, e não por pessoas preocupadas com metas. Afinal, como mudar a formação ou a cabeça de alguém formado em uma tradição angolana de uma hora para outra? Isso seria um contrassenso e uma violência contra sua formação íntima, que vem desde jovem e cristalizou-se em sua mente e consciência como sua religiosidade e sua forma de praticar a Umbanda.

Se houvesse uma uniformização forçada, seria um ato de violência e, no mínimo, afastaria da Umbanda ótimos médiuns e indispensáveis servidores dos Orixás. Logo, ela vem acontecendo sutilmente e sempre por meio das práticas e dos procedimentos de fácil assimilação e de eficácias comprovadas.

Chegará um dia em que a maioria delas será comum a todas as escolas e a todas as tendas de Umbanda. Portanto, no momento em que escrevemos esse comentário e um século após o início da Umbanda, não vemos um só núcleo ou escola umbandista como sendo superior a qualquer outra, e sim entendemos que todas são importantes e indispensáveis para o crescimento, a consolidação e a expansão da Umbanda.

Quanto à afirmação de que só abre terreiro quem traz a missão, isso é verdade.

Que só deve abrir um novo terreiro quem recebeu essa ordem do seu mentor espiritual, isso também é verdade.

Que só pode abrir um centro após sete anos de Umbanda, isso é discutível.

Que os guias sabem tudo e o médium não precisa estudar, essa afirmação é falsa.

Que uma escola umbandista é melhor que as outras, isso é falso.

Que um médium não precisa fazer cursos preparatórios ou ser preparado para abrir um terreiro, isso é falso.

Que só pode abrir um centro quem "fez a cabeça" nos moldes do Candomblé, isso é falso.

Que cada escola tem sua forma de preparação de sacerdotes e todas têm o amparo dos mentores da Umbanda, isso é verdadeiro.

Que cada herança tem uma sustentação espiritual por trás dela, isso é verdadeiro.

Que a mediunidade é tão antiga quanto a própria humanidade, isso é verdadeiro.

Que sempre houve e sempre haverá pessoas com fortíssimas faculdades mediúnicas, isso é verdadeiro.

Que sempre houve e sempre haverá religiões mediúnicas, isso é verdadeiro.

Que a Umbanda pertence ao ramo das religiões mediúnicas, isso é verdadeiro.

Que a Umbanda já existe há milhares de anos, tanto isso não é verdade quanto duvidamos que os defensores dessa afirmação possam prová-la.

Que a Umbanda nasceu nos dias 15 e 16 de novembro de 1908, isso tanto é verdadeiro que já é história e é um fato histórico incontestável.

A Formação Sacerdotal: Preparação e Vocação

A formação sacerdotal é fundamental para o exercício dessa função, imprescindível às coletividades afins por meio da fé e de uma crença religiosa. Devemos entender o sacerdócio como uma profissão de fé, e, como em toda profissão, só é bom profissional quem a estudou com alguém que a dominava e gostava de ensiná-la nos seus pormenores a quem tinha talento para ela.

Só assim, com alguém que sabe e gosta de ensinar, é possível a transmissão de conhecimentos e de práticas fundamentais para o exercício do sacerdócio umbandista. Afinal, quem muito sabe, mas não gosta de ensinar ou quem gosta de ensinar, mas pouco sabe, nunca formará novos e bons sacerdotes.

Assim como, quem tem uma forte mediunidade de incorporação, intuitiva, sensitiva e até de audição ou de clarividência, mas não gosta de estudar e de aprender, nunca será um bom sacerdote umbandista. E quem gosta de estudar e aprender e tem outros tipos de mediunidade, mas não tem as três primeiras acima, também não será um bom sacerdote umbandista.

Ao primeiro faltará o gosto pelo estudo e pela leitura, e ao segundo, as faculdades mediúnicas indispensáveis que caracterizam a mediunidade de Umbanda: incorporação, intuição e sensibilidade.

Logo, ser um sacerdote umbandista implica ter vocação, preparar-se mediunicamente com alguém que também tem vocação e preparou-se bem com alguém que gostava de preparar novos sacerdotes, que também se preparou com alguém...

Sim, uma linha de transmissão do sacerdócio vem sendo desenvolvida por muitas instituições umbandistas (centros, federações e escolas) e toda uma base de ensino está se formando e crescendo continuamente, expandindo cada vez mais a Umbanda, porque temos dentro das correntes mediúnicas dos centros muitas pessoas com as faculdades mediúnicas indispensáveis e que têm forte vocação para o sacerdócio, ou seja, bastará prepará-las para que, mais adiante, fundem novos centros de Umbanda, auxiliando no crescimento da religião.

Qualidades para tanto eles possuem, porque são médiuns de incorporação; já se desenvolveram há muitos anos e há muito tempo seus Guias espirituais vêm atendendo pessoas necessitadas de auxílio e amparo espiritual, assim como já receberam dos seus pais e mães espirituais (pai e mãe no santo) as obrigações necessárias, que são batismo ou iniciação; firmezas dos Guias e dos Orixás; participaram de trabalhos na natureza (mar, cachoeira, matas, etc.) e dos amacis; já fizeram oferendas na natureza e participaram das festas internas de louvação aos Orixás e aos Guias, etc.

Na verdade, muitos médiuns umbandistas já têm um preparo básico, prático e teórico indispensável e imprescindível ao exercício do sacerdócio, bastando-lhe seu preparo pessoal para dar o passo natural e seguinte da sua missão mediúnica: abrir um novo centro e desenvolver novos médiuns na doutrina umbandista.

Não são todos os médiuns que possuem a vocação, a missão sacerdotal, e sim gostam da forma que exercem suas mediunidades: auxiliando as pessoas necessitadas como membro ativo da corrente mediúnica de um centro. Não que não tenham capacidade ou força espiritual, mas sim porque preferem essa opção, em que são muito úteis aos centros já existentes e que os satisfazem e os completam.

Sabem tudo na parte prática e ritualística: sobre as oferendas, os trabalhos na natureza, as descargas, os descarregos e limpezas espirituais ou de ambientes; sabem como cortar demandas; sabem rezas e orações, assim como sabem afastar espíritos obsessores e curar espíritos sofredores. Já auxiliaram em iniciações, em batizados, em casamentos e até em funerais. Conhecem a doutrina e os Orixás, e ainda assim preferem ser médiuns de uma corrente, na qual são seus elos fortes, sempre ao lado do seu pai ou mãe espiritual, a quem amam, estimam e auxiliam com prazer.

Esses médiuns dedicados são os pilares e os esteios dos centros, e são exemplos para os mais novos e os recém-chegados, aos quais acolhem e vão instruindo sobre o trabalho interno do centro e do culto, e aos quais levam aos pontos de forças da natureza, substituindo em muitas ocasiões o pai ou a mãe espiritual dos centros.

São vistos pelos mais novos como seus irmãos e irmãs espirituais mais velhos e com os quais conversam com mais liberdade e segurança que com seu pai espiritual. Mas, ainda assim, mesmo sabendo e fazendo isso e muito mais coisas que aqui não são citadas, não se sentem e não desejam ser sacerdotes e comandar um novo centro.

    Eles são como os sargentos do exército, que vão preparando novos soldados e entregando-os aos seus superiores, já prontos para a luta. Esses trabalhadores da Umbanda não se sentem compelidos a dirigir os trabalhos espirituais, mas sem eles não haveria centros de Umbanda, porque são seus sustentadores encarnados.

    Portanto, o exercício do sacerdócio na Umbanda é semelhante ao das outras religiões: somente se torna sacerdote que tem vocação para o sacerdócio!

    Quanto à preparação, cada religião tem suas escolas formadoras deles e que, se não são iguais às nossas, é porque nelas eles aprendem sobre elas e não sobre a Umbanda.

Preparação Pessoal do Sacerdote Umbandista

É dever de todo sacerdote umbandista saber como realizar os sacramentos da Umbanda, que são estes: batismo, iniciação, matrimônio, extrema-unção e funeral, amacis dos Orixás, firmezas para os Guias espirituais e os Orixás, assentamentos, oferendas propiciatórias para quebrar demandas, para recolher obsessores, etc. Também é dever saber qual é o ponto de força de cada Orixá e como fazer trabalhos coletivos e individuais dentro deles.

Depois de vários anos estudando e trabalhando no atendimento contínuo de pessoas com seus guias espirituais, o médium desenvolve todo um formulário de práticas transmitido pelos seus Guias, formulário esse que deve estar dentro da cabeça dele, pois cada receita ensinada pelos Guias, ainda que sejam simples, no entanto estão fundamentadas nos poderes dos Orixás que os regem, receitas essas que podem ser dadas pelos médiuns às pessoas necessitadas sem que o Guia precise incorporar para transmiti-las.

Portanto, é dever do médium e futuro sacerdote ter todas essas informações gravadas em sua memória para que não precise carregar consigo folhas de papel com elas escritas. Exemplo: todos sabem que o Orixá Omolu tem um poder de cura muito grande. Logo, quando alguém doente lhe pede ajuda, o médium deve, de pronto, recomendar à pessoa que faça alguma coisa na força d'Ele.

Mas como é que um médium que nunca foi ao cemitério fazer uma firmeza do seu Omolu pessoal e das forças espirituais ligadas ao campo-santo (Preto-Velho, Exu, etc.) pode recomendar que a pessoa necessitada vá até esse Orixá? Então é dever do médium fazer as firmezas de suas forças no campo-santo para depois, aí sim, dar as receitas prontas para os doentes fazerem determinados procedimentos na irradiação desse Orixá.

Também devemos observar isto:

Se o médium não sabe quais são os principais elementos de uma oferenda a Omolu, então ele não tem como ensinar à pessoa doente a se socorrer com esse Orixá. A partir desse ponto, é recomendado que o médium se instrua para que possa recomendar trabalhos bem feitos e bem fundamentados às pessoas que o procuram e lhe pedem auxílio e orientação, pois nem sempre é necessária a incorporação do Guia para que ele ensine à pessoa sobre como proceder para ela receber o auxílio do Orixá.

Se, no passado, tínhamos alguns livros que ensinavam aos médiuns sobre como fazer trabalhos nas forças de vários Orixás, hoje eles praticamente desapareceram e esse campo de aprendizado prático está deficiente, deixando muitos médiuns sem saber de procedimentos já dados pelos Guias no decorrer dos anos. Ressalte-se que, muitas vezes, até médiuns e dirigentes espirituais umbandistas acabam buscando ajuda para a solução de seus problemas pessoais com nossos irmãos do Candomblé, que possuem um receituário vastíssimo e bem fundamentado sobre o que fazer diante das necessidades das pessoas.

Esse vasto formulário de trabalhos práticos, já desenvolvido pelo Candomblé e transmitido de pai para filho no decorrer dos anos, tem sido muito útil para seus seguidores e, como isso é útil e bom, temos de desenvolver dentro da Umbanda o nosso formulário, adaptado à nossa forma de cultuar os Orixás.

Se, sempre se pode mandar que uma pessoa necessitada de auxílio acenda uma vela e peça ajuda a um Orixá, isto não quer dizer que a pessoa será ajudada integralmente, porque o problema dela pode ser muito profundo e ela terá de ir até a natureza e fazer todo um trabalho completo no ponto de força do Orixá para, só então, ser ajudada.

Sem que o médium ou o sacerdote umbandista saiba como proceder nesses casos, então como ele poderá ser útil, de fato, à pessoa que está sofrendo?

É dever de todo médium e de todo sacerdote umbandista saber como entrar, como se comportar, como trabalhar e como sair do ponto de forças de um Orixá. Também é dever dos médiuns saberem que, assim como podem ir ao ponto de forças de uma linha de Exus ou Pombagiras, e ali fazer uma oferenda e pedir por auxílio, que também podem dirigir-se ao ponto de forças de uma linha de Caboclos ou de Pretos-Velhos, ou de Baianos, etc., fazerem uma oferenda e pedir ajuda para essas entidades da direita, tão realizadoras quanto as da esquerda.

Esses pedidos de ajuda para as linhas da direita por meio de oferendas rituais bem fundamentadas devem ser de conhecimento tanto dos médiuns que trabalham no atendimento ao público quanto dos dirigentes, que devem ensinar seus médiuns para que eles entendam que uma linha espiritual de Umbanda não é formada só por um ou por alguns guias com o mesmo nome, e sim que elas são egrégoras espirituais socorristas formadas por muitos milhares de espíritos agregados às hierarquias espirituais dos Orixás que os regem.

Assim como as entidades da esquerda podem ser oferendadas para auxiliarem as pessoas, as da direita também podem, seja para cortar um trabalho de magia negativa, para a cura de uma doença, para a abertura de caminhos, etc., pois o que temos notado é que a maioria dos médiuns tem valorizado demais as oferendas às linhas da esquerda e só recorrem a alguma linha da direita quando seus guias, incorporados neles, determinam que eles as façam.

Independentemente de o médium trabalhar com determinada entidade (como, por exemplo, Caboclo Mata Virgem), todos os médiuns podem ir até as matas e oferendar o Senhor Caboclo Mata Virgem, que ele responderá de imediato e auxiliará, de fato, e segundo o seu merecimento, quem foi até o seu ponto de forças e pediu-lhe ajuda.

Agora, o que se oferenda a esse Caboclo de Oxóssi? O mesmo que se oferenda ao Orixá Oxóssi. E o mesmo se aplica a todas as outras linhas de Caboclos e Caboclas que atuam na irradiação do Orixá Oxóssi, mas que sequer são lembrados ou tidos como socorristas de pessoas necessitadas de auxílio.

E o mesmo se aplica a todas as linhagens de guias espirituais regidos pelos outros Orixás.

A Missão do Sacerdote na Umbanda

O sacerdócio, em qualquer religião, transcende o senso comum sobre religiosidade e caracteriza quem o exerce como uma pessoa especial.

Precisamos entender essa característica inerente ao sacerdócio, senão a vaidade e a soberba acabam se sobrepondo à bondade e à misericórdia, estas sim, as verdadeiras características de um sacerdote.

Um sacerdote precisa ter como sua guia íntima o bom senso, a humildade e o humanismo, se quiser ser "de fato" um intermediador entre os homens e a Divindade. Sem essa guia íntima dificilmente o exercício do sacerdócio torna-se uma profissão de fé e reduz-se unicamente a mais uma ocupação profissional.

Comentemos isso!

Entram na Umbanda, como médiuns, pessoas de todas as classes sociais e das mais diversas origens étnicas, e todas têm em comum o fato de serem possuidoras de várias faculdades mediúnicas, destacando-se a de incorporação.

Diferentemente das religiões da Antiguidade, em que cada povo possuía sua religião e sua cultura, ambas fundamentadoras do tipo de sociedade, de suas classes sociais e distribuição do poder político, hoje o mundo é outro e as culturas e religiões se universalizaram e se massificaram, acolhendo pessoas das mais variadas raças e formações íntimas, profissionais e culturais.

As correntes migratórias e os meios de comunicações atuais são os agentes principais dessas transformações raciais e culturais, assim como das transformações ocorridas no seio das religiões mais antigas, que tiveram de abdicar dos seus fundamentos raciais e culturais e foram obrigadas a "se abrir" para os "outros", caso quisessem sobreviver e continuar a crescer.

O oposto seria limitar-se e insular-se em um único povo, raça e país e ver seus fiéis abandonando-as, transferindo-se para outras religiões melhor adaptadas aos "tempos modernos". Algumas religiões (poucas, é certo) ainda estão presas a esse conceito antigo de religião e, se um cidadão do país onde elas imperam deixar de segui-la e transferir-se para alguma outra, então esse cidadão deixa de ser de "primeira classe" e passa a ser cerceado de seus direitos, e a ser visto e tido como um estranho ou estrangeiro, isso quando não é marginalizado e proibido de quase tudo.

Não vamos citar aqui os países, os povos e as religiões que assim ainda procedem em pleno século XXI, porque esse não é o nosso propósito. Mas que isso ainda existe, é fato.

Pois bem! No Brasil, não temos esses preconceitos e intolerâncias religiosas, raciais e culturais tão arraigados, porque este é um país novo e que foi formado por povos das mais variadas raças, predominando as europeias, e entre estas predominam os portugueses, seguidos dos espanhóis, italianos, alemães, etc., mas não necessariamente nessa ordem.

Entre os índios que aqui viviam, pertenciam ao tronco racial e linguístico tupi- guarani, diferenças entre eles também existiam. Já entre os negros que para cá foram trazidos à força, a diversidade racial e cultural também era enorme, e com cada etnia tendo sua própria religião, porque eram povos primitivos ou originais.

Não entendam o termo primitivo como pejorativo, e sim como caracterizador de povos racialmente puros, ainda não miscigenados, como eram os povos africanos, asiáticos, etc., de alguns séculos atrás.

Não nos permitimos classificar povos em mais "evoluídos" ou mais "atrasados" porque, no nosso campo de discussão, que é o religioso, nem sempre avanço tecnológico é sinônimo de evolução espiritual e vice-versa.

Pois bem, com isso explicado, agora podemos avançar no nosso comentário sobre a missão do sacerdote na Umbanda.

O fato é que a Umbanda nasceu no Brasil, no início do século XX e em meio a uma intensa imigração, com milhões de pessoas oriundas de muitos países vindos para cá por causa das difíceis condições de vida reinantes nos seus países de origem. Essas pessoas que para cá vieram deixaram para trás sociedades seculares já com traços raciais, linguísticos, culturais e religiosos bem definidos e característicos.

E, se elas deixaram tudo isso para trás e aventuraram-se em um país novo e tido como "meio selvagem" nos seus países de origem, então essas pessoas estavam prontas para novas experiências raciais, culturais, políticas e religiosas.

E foi isso que aconteceu com a Umbanda: ela foi uma nova experiência religiosa feita pela espiritualidade, que reuniu em uma mesma religião pessoas das mais variadas origens, culturas, raças e religiões, assim como, por ser uma religião espiritualista, também reuniu espíritos com as mais diversas formações, raças, culturas e religiões em suas últimas encarnações.

Foi uma experiência única na face da Terra em se tratando de religião, e desde as primeiras manifestações lá estavam o Caboclo, o Preto-Velho, as Crianças, o Baiano, o Boiadeiro, o Marinheiro, o Exu, a Pombagira, o Exu Mirim, etc., com todos irmanados e harmonizados dentro de um mesmo espaço religioso.

Quanto aos médiuns que foram sendo agregados à nova religião, eles também provinham de todas as camadas sociais, de todas as etnias, aqui "nacionalizados" e chamados de brasileiros.

Portanto, a missão do sacerdote de Umbanda é trabalhar as necessidades das pessoas sem perguntar quem são elas e de onde vêm, pois são seres humanos em busca do auxílio espiritual oferecido pela Umbanda, ou vêm porque buscam dar um novo rumo religioso às suas vidas.

Sacerdotes "seletivos" e que só aceitam em suas tendas pessoas de determinada classe social ou com determinada formação profissional e cultural (os "doutores" da Umbanda), esses não estão exercendo o verdadeiro sacerdócio umbandista, pois estarão renegando os primeiros postulados da Umbanda, revelados pelo senhor Caboclo das Sete Encruzilhadas, o espírito mensageiro que fundou essa religião: "Com os espíritos mais evoluídos aprenderemos; aos espíritos atrasados ensinaremos; e a nenhum renegaremos!".

Esses postulados revelados na primeira reunião religiosa de Umbanda são de uma divindade e ao mesmo tempo de um humanismo único e ímpar. Portanto, devem ser vistos como dogmas indiscutíveis pelos sacerdotes umbandistas, levados ao "pé da letra" e tidos como princípios norteadores da sua missão sacerdotal, aplicando-os a si, aos seus médiuns-auxiliares e aos consulentes que frequentam sua Tenda.

Esses postulados deveriam sempre estar inscritos nas placas identificadoras dos centros umbandistas e nos jornais, revistas e folhetos de divulgação da Umbanda. Eles são os reveladores da missão do sacerdote umbandista, que também deve aplicá-los aos espíritos encarnados, pois seja desencarnado ou encarnado, todos somos espíritos humanos e nada justifica o seletivismo, o elitismo ou ranços raciais, culturais e religiosos por parte de um sacerdote de Umbanda.

Agora, onde entram o bom senso, a bondade, a misericórdia, a humildade, a caridade, a fraternidade e o amor, predicados inerentes ao sacerdócio umbandista, após tudo o que comentamos?

Entram justamente na pluralidade religiosa, cultural, racial e social do povo brasileiro, e o sacerdote umbandista deve acolher todas as pessoas que entram em seu centro como seus irmãos em Deus e seus iguais aqui na Terra.

Seus iguais e não seus semelhantes. Iguais porque, independentemente de qualquer diferenciador, somos humanos, e se o verdadeiro humanismo imperar em nosso íntimo, não cometeremos a injustiça de pré-julgar ninguém em função de suas origens e formações.

E muito menos, não vemos os mais ou os menos necessitados. Não privilegiamos uns em detrimento de outros. Não excluímos médiuns "iletrados" em benefício dos mais "estudados", e entenderemos o modo de ser, de falar, de se vestir e de se relacionar de todos os que adentram nos centros de Umbanda.

Não excluiremos o pobre em detrimento do rico. Não excluiremos a mulher "da rua" em detrimento da mulher "do lar", e sim veremos todos como seres humanos dignos da nossa atenção e aos quais devemos ajudar, porque estão dentro dos postulados revelados pelo senhor Caboclo das Sete Encruzilhadas.

Afinal, em suas necessidades íntimas e religiosas, todos são iguais.

Ao privilegiarmos uma pessoa da nossa amizade em detrimento de um desconhecido, estamos renegando nossa missão socorrista.

Ao excluirmos o médium iletrado ou de pouca cultura, estamos negando-lhe o direito de aprender conosco e renegando o terceiro postulado umbandista: "A nenhum renegaremos".

Se não entendermos o modo de ser, de falar, de se vestir e de se relacionar das pessoas, estaremos faltando com a própria pluralidade das linhas de trabalhos espirituais umbandistas. Ao não excluirmos o pobre em detrimento ao rico, materialmente falando, estamos reconhecendo nele alguém que traz em seu íntimo uma riqueza que só é possível de ser avaliada por meio do amor, da fraternidade, da bondade, da misericórdia e do humanismo.

Se excluirmos a mulher "da rua", estaremos negando-lhe a oportunidade de livrar-se dessa condição e de desenvolver em seu íntimo os predicados que lhe possibilitarão o retorno ao lar do Pai Eterno.

Enfim, o exercício do sacerdócio umbandista é para pessoas isentas de todo tipo de preconceitos; de todo ranço cultural, racial, social ou religioso. É assumir o universalismo que norteia o povo brasileiro, acolhedor de todos e que serviu de modelo aos espíritos idealizadores da religião de Umbanda, e é assumir na íntegra os primeiros postulados trazidos à terra pelo senhor Caboclo das Sete Encruzilhadas.

Essa é a missão do sacerdote umbandista!

A Onisciência e a Onipresença

A Umbanda incorporou em sua teologia a onisciência divina, tida como dogma em outras religiões, e também não a discute ou questiona porque, se não fosse onisciente, o Divino Criador Olorum não se sustentaria como Deus perante os adeptos da religião umbandista.

Na Umbanda, a onisciência é entendida como um mistério do Divino Criador que tanto tudo sabe como sabe sobre tudo e é em si o próprio Saber.

Saber esse que, por também ser onipresente, está em tudo o que criou.

Se não, então vejamos:

Uma planta, que não é animada por um espírito e não possui uma inteligência como a nossa, no entanto, "sabe" o indispensável para sobreviver e tanto volta suas folhas na direção dos raios do sol quanto estende suas raízes na direção da umidade ou da água acumulada no subsolo, assim como "sabe" quais são os nutrientes indispensáveis ao seu crescimento, estendendo-os até onde são mais abundantes.

Se o exemplo anterior não é suficiente para convencer sobre a onisciência e a onipresença divinas, avancemos para o comportamento das espécies instintivas, não dotadas da inteligência humana, mas que são dotadas de um "saber" inerente a cada uma delas, que é básico e suficiente para sua sobrevivência e sua perpetuação.

Mesmo que não possuam a nossa inteligência, no entanto, se agrupam em bandos, matilhas, rebanhos, cardumes, enxames, etc., para defesa de suas espécies, porque "sabem" que unidos possuem mais chance de sobreviver.

Há um "saber" em tudo o que foi criado por Deus e isso se deve à onipresença divina, que traz em si a onisciência, que dota tudo o que foi criado de um saber inerente a cada criação divina.

Se tomarmos a unidade básica da matéria, que é o átomo, veremos neles um "saber", porque se ligam naturalmente sob certas condições e criam as moléculas que dão origem ao "mundo" material.

Como foram criados pelo Divino Criador Olorum, que é onipresente também neles, então basta existir as condições ideais a dois ou mais átomos para eles se ligarem e formarem moléculas, que se agrupam de forma organizada e dão origem a alguma substância sólida, líquida ou gasosa.

O nosso planeta com sua exuberante natureza não dependeu em momento algum da presença ou da inteligência humana para existir, e sim foi a onisciência e a onipresença divinas, que tudo criaram, inclusive o corpo biológico que abriga o nosso espírito e o mantém voltado para o lado material da vida humana.

Não devemos entender ou tentar ver a onisciência e a onipresença como algo concreto ou palpável, e sim tê-las na conta de qualidades abstratas que, se devidamente compreendidas, aí sim, são visíveis aos nossos olhos e sensíveis ao nosso tato e demais sentidos físicos.

Observando o labor contínuo das espécies, vemos nelas a presença de Deus e, no esforço de cada uma para sobreviver, vemos a existência de um saber que, guardadas as diferenças de espécies, em nada difere do nosso, usado por nós o tempo todo para sobrevivermos e nos perpetuar neste planeta, abençoado por abrigar tantas formas de vida, tão diferentes entre si e tão complementares!

O "tudo saber" ou onisciência, atribuído ao Divino Criador Olorum; sua onipresença ou o "estar em tudo" que criou, não foi descoberto pelo segmento religioso judaico-cristão, pois culturas religiosas tão ou mais antigas já atribuíam a Ele essas "faculdades divinas".

Basta estudarmos com acuidade religiões antiquíssimas e já extintas que veremos o que delas restou sobre informações acerca dessas verdades divinas, às quais denominamos como onisciências e onipresenças.

Em algumas, o panteísmo ou a presença de Deus na sua Criação é tão forte que o cultuam por meio de árvores, ou rios ou montes, ou outras partes da natureza.

E o panteísmo é anterior às religiões existentes atualmente, mesmo que tenham milhares de anos de existência.

Não importa que nossos conceitos atuais sejam mais elaborados que os do passado longínquo, pois, na essência, todos se servem da onipresença divina para ensiná-Lo como um poder próximo de nós e atuante em nossa vida e no nosso dia a dia, e que está em nós como o próprio mistério da vida.

Quanto à onisciência, já nas antiquíssimas religiões havia um consenso de que Deus tudo sabe e sabe sobre tudo, inclusive sobre nossos erros, falhas e pecados, enviando para as trevas os faltosos. E tudo sabe sobre nossas virtudes, bondade e misericórdia, enviando para o céu os merecedores dessa dádiva.

Então, tanto a onipresença quanto a onisciência não foram descobertas pelos sábios judaicos ou cristãos, e sim são conhecidas desde os primórdios da humanidade por povos e religiões dos quais apenas restaram parcas informações, mas que, se devidamente analisadas e estudadas, demonstram que tinham noção da onipresença e da onisciência divinas.

Se os conceitos eram rudimentares ou pouco elaborados, isso não importa, porque os índios "selvagens" encontrados aqui nas Américas pelos catequizadores cristãos atribuíam a um ser supremo a onipresença e a onisciência, ainda que, pela falta de uma doutrina religiosa e de terem uma cosmogênese pouco elaborada, tenham sido descobertas pelo processo intuitivo ou inspirativo, e serviram para, a seu modo, darem aos silvícolas a segurança e o amparo divino, pois sabiam que eram protegidos e guiados pelo ser supremo e pelos seres superiores sustentadores da natureza criada por ele.

A falta de uma doutrina e de uma cosmogênese uniforme e bem elaborada não os impediu de acreditarem, aos seus modos, na presença invisível e na onisciência de Deus, nomeado por eles por outros nomes.

E, por crerem que o ser supremo tudo sabia e recompensava os bons e punia os maus, também desenvolveram conceitos rudimentares de céu e de inferno, ainda que os denominassem com outros nomes.

As noções básicas de que Deus está presente em nossa vida e de que tudo sabe sobre nós sempre existiram e sempre fizeram parte da nossa existência humana e têm sido transmitidas à humanidade desde tempos remotos, não pertencendo, como descobertas, a esta ou àquela religião, e sim são noções básicas inerentes a todos os povos, raças e religiões de todos os tempos ou eras da humanidade.

Essas qualidades divinas de "estar em tudo e de tudo saber" têm conduzido a religiosidade dos seres humanos e são modeladoras do nosso caráter, da nossa moral, da nossa convivência e dos nossos relacionamentos.

Se não, vejamos:

Modela o nosso caráter porque, ao "estar entre nós", não como algo concreto, mas sim abstrato, encontramos em nós o nosso apego aos procedimentos corretos e condenamos os procedimentos prejudiciais, errôneos ou maldosos.

Modela a nossa moral porque aprovamos condutas regradas nos nossos relacionamentos e condenamos condutas desregradas.

Modela nossa convivência porque, mesmo dotados do livre-arbítrio, aprendemos a conhecer os nossos limites e a respeitar os limites dos nossos semelhantes.

Modela os nossos relacionamentos porque nos induz a nos ligarmos ao que nos é útil e agradável e a nos afastarmos do que nos é prejudicial e desagradável, sejam os meios ou os seres.

Pois é isso tudo e muito mais que Deus faz por nós se tivermos "olhos para vê-Lo e ouvidos para ouvi-Lo" em tudo e em todos à nossa volta.

Como Deus é o amor, é o respeito, é a bondade e é a misericórdia, então onde virmos ou ouvirmos isso, ali também Ele está e podemos permanecer em paz.

Mas, onde isso tudo não estiver presente, o melhor a fazermos é nos afastar o mais rápido possível, senão nossa paz interior desaparecerá rapidamente.

Onipresença e onisciência, duas palavras pouco estudadas e que não recebem a devida atenção das pessoas, mas que deveriam ser muito bem estudadas e aprendidas porque têm forte significação em nossa vida, nosso caráter, nossa moral, nossa convivência, nossos relacionamentos, nossa paz interior e nosso estado de consciência, porque, sabendo que Ele está nos "vendo e ouvindo", refreia nossos instintos e aperfeiçoa nossa razão!

Organização Doutrinária

Definir a doutrina de uma religião não é tarefa fácil e tanto demanda tempo quanto dedicação ao assunto em si, assim como antes é preciso definir qual o conjunto de princípios que servirá como base do nosso sistema religioso umbandista.
Uma doutrina encerra dogmas que devem ser aceitos e seguidos integralmente por todos os adeptos da Umbanda e por todos os seus doutrinadores. Ela também precisa ser fundamentada em Deus, em um universo divino e em um conjunto de divindades bem definidas e bem fundamentadas, senão receberá enxertos contínuos e estará sujeita a questionamentos.
Além disso, uma doutrina encerra vários campos ou aspectos que precisam ser muito bem definidos, porque abrange a ética, a moral, a religiosidade, os ritos, as cerimônias, a liturgia, os sacramentos, os preceitos, os deveres, as obrigações, as proibições, os tabus, a gênese, os mitos, a história da religião, sua origem, seus fundamentos, benefícios, compromissos e sua missão junto aos homens.
Esses campos ou aspectos que citamos, aparentemente simples, demandam a contribuição de todos os responsáveis pela condução e formação religiosa dos seguidores da Umbanda e não podem ser feitos só por uma pessoa ou em um curto espaço de tempo, assim como não podem ser baseados no que só uma pessoa acredite ser o ideal para todos, e sim devem basear-se em aspectos aceitos e seguidos pela maioria dos umbandistas.
O que vemos no universo religioso umbandista da atualidade são muitas umbandas, cada uma nascida da mente dos seus criadores que, invariavelmente, imitaram seus antecessores ou neles se inspiraram para construírem as suas, incluindo nelas suas opiniões pessoais sobre alguns aspectos, também repetitivos e com pouco espaço para a criação de uma verdadeira doutrina umbandista.

A Comunicação Espiritual Umbandista

A Umbanda surgiu da manifestação do Caboclo das Sete Encruzilhadas e pouco a pouco foi crescendo e expandindo-se de forma controlada pelo grupo inicial formado por Pai Zélio e pelos seus auxiliares diretos, os quais foram sendo preparados para abrir novas "Tendas Espíritas de Umbanda".

Após esse início controlado e registrado historicamente por muitos autores umbandistas, eis que uma verdadeira explosão aconteceu e novas Tendas começaram a ser abertas em muitos lugares, com a maioria delas sem nenhum vínculo com as Tendas matrizes.

Se assim aconteceu e permitiu uma expansão "aparentemente" autônoma ou livre, "algo" deve ter permitido que muitos milhares de "Guias chefes" de Tendas de Umbanda ordenassem aos seus médiuns que dessem início a novos Centros de Umbanda.

Esse "algo" é o que nos interessa comentar aqui e esclarecê-lo, porque é em si um dos fundamentos divinos da Umbanda e de todas as religiões "mediúnicas" ou "oraculares", entendendo o termo "oracular" como a comunicação do mundo espiritual para o material.

Esse algo é a comunicação com os espíritos.

No passado, na Grécia antiga, havia os oráculos (de Delfos, de Didona, etc.) que se tornaram famosos e muito respeitados por causa dos acertos dos "oráculos" ou "mensageiros" (ou revelações) de suas pitonisas, que eram médiuns de comunicação entre os encarnados e as divindades.

O fato é este:

Desde a Antiguidade, a humanidade tem se comunicado com os espíritos e vem recebendo deles orientação e auxílio, sendo que cada povo e religião desenvolveu seus meios de contatá-los e serem beneficiados.

Portanto, se desde os seus primórdios a humanidade vem se comunicando com o mundo dos espíritos e servindo-se desse recurso, é porque isso não é algo sobrenatural ou fantasmagórico, e sim natural e perfeitamente justificável.

Ou não é verdade que os espíritos dos desencarnados voltam para comunicar-se com seus familiares, passando-lhes avisos, alertas, orientações e advertências? Assim como, se estiverem sofrendo, reaproximam-se e pedem ajuda?

São corriqueiros os relatos de pessoas que viram, ouviram ou "sonharam" com algum familiar desencarnado e, ainda que não se lembrem de tudo ou não saibam interpretar as visões e as mensagens, não têm dúvida de que eram eles, os espíritos familiares tentando se comunicar. Também são comuns os relatos de pessoas que viram espíritos iluminadíssimos, de uma bondade e pureza indescritíveis.

Quanto à descrição de visões de anjos, de divindades e de seres da natureza, estas existem desde milênios atrás, inclusive na bíblia e em outros livros sagrados, isso é algo comum. Portanto, o mundo invisível que nos envolve não nos é muito desconhecido, e sim tem sido descrito e explicado como algo fenomênico, sobrenatural e quase sempre assustador. Por vezes esse mundo invisível foi distorcido e usado para assustar as pessoas e deixá-las apavoradas, facilitando o domínio sobre elas.

Esse recurso ainda hoje é utilizado para amedrontar as pessoas e induzi-las a uma "paranoia" que as subjuga e as faz crer que todos os males de suas vidas se devem à ação invisível dos espíritos, desonerando cada um de suas responsabilidades pelos seus atos negativos e mais prejudiciais a si do que imaginam.

Com a desoneração, muitos deixam de fazer uma reforma íntima e uma depuração dos seus sentimentos desequilibrados de remorso, de frustração, de inveja, de orgulho, de vaidade, de ódio ao próximo, etc.

É muito mais fácil culpar os espíritos do que mudar o humor, os hábitos, os pensamentos, os sentimentos, as atitudes e posturas negativas. Muitos se esquecem de que, para cada ação, acontece uma reação. Outros não dão importância à lei do carma e à influência na encarnação atual de eventos negativos que as marcaram em outra(s) vida(s), e que nesta temos a oportunidade de nos harmonizar com nossos inimigos do passado.

Muitos se negam a pedir perdão porque acham que estavam certos e no domínio da razão. Errados são os outros!

Enquanto muitos já superaram os eventos negativos dos seus carmas, outro tanto sequer sabe da existência deles e de suas influências.

Muitos acreditam que, ao "morrer", tudo acaba e procuram apegar ao máximo às coisas materiais nesta curta vida terrena. E assim por diante, certo?

Errado, dizemos nós! A vida continua após o desencarne, porém o "meio espiritual" é outra realidade da vida, onde damos prosseguimento a tudo o que aqui iniciamos.

E se nossas iniciativas forem luminosas e positivas, luminoso e positivo será o meio espiritual onde estacionaremos para dar prosseguimento a elas. Mas se nossas iniciativas forem sombrias e negativas, sombrio e negativo será o meio espiritual onde seremos recolhidos.

O que aqui escrevemos não é novidade para muitos porque outros autores já registraram esses alertas antes de nós. Aqui, apenas estamos repetindo o que disseram aqueles que nos antecederam e que estavam certos.

O fato é que não têm sido poucos os alertas vindos do plano espiritual e, se muitos têm dado ouvidos a eles, muitos outros recebem com desdém ou sarcasmo esse e muitos outros alertas já dados pelos espíritos que têm conseguido comunicar-se com os "vivos", que são todos nós, os espíritos encarnados.

Então, desde tempos antiquíssimos, deem-lhes o nome que quiserem, os espíritos luminosos e positivos têm nos instruído e nos alertado para que façamos uma reforma íntima e transmutemos nossos sentimentos e pensamentos negativos.

Se existem espíritos sombrios e negativados que perseguem seus inimigos, encarnados ou não, também há os espíritos luminosos e positivos que nos auxiliam e nos orientam.

Não somos os primeiros a afirmar essa verdade, porque outros já nos antecederam nessas afirmações verdadeiras. Portanto, desde as mais remotas eras os "homens" sabem que existem espíritos luminosos, positivos e bondosos, e há espíritos sombrios, negativos e maldosos, e que ambos podem aproximar-se de nós e nos influenciar positiva ou negativamente. Acreditamos que poucas pessoas desconhecem essas verdades sobre o "mundo dos espíritos".

Muitas raças e religiões têm como ponto de equilíbrio o culto aos ancestrais, aos quais oram, veneram e cultuam como um bem em suas vidas, modelando suas consciências e moderando suas ações e pensamentos.

Essas raças e religiões são antiquíssimas e atravessaram os séculos e os milênios preservando essa tradição, pois a presença invisível dos ancestrais tem sido suas "forças interiores" que tem resistido às mudanças da humanidade.

Para esses povos e essas religiões, o "mundo" dos espíritos não lhes é estranho, e sim nele há lugar para todo ser humano, que foi recebido no nascimento por espíritos amigos encarnados e será recebido após desencarnar por outros espíritos amigos, que são os seus ancestrais, aos quais respeitou, cultuou e alimentou com seus pensamentos reverentes e com seus sentimentos de amor.

Para esses povos e religiões, o mundo dos espíritos não é visto como algo sobrenatural, e sim é como desdobramento natural da vida, que prossegue nele porque o espírito é imortal e eterno, tal como o é nosso Divino Criador.

Os gregos antigos acreditavam na existência dos espíritos, aos quais chamavam de *daimons*. Aos bons e aos maus.

Os povos nigerianos acreditavam na existência dos espíritos, que chamavam e ainda chamam de "eguns". Aos bons e aos maus.

Os índios brasileiros (e americanos em geral) acreditavam (e ainda acreditam) na existência dos espíritos bons e dos maus.

Os romanos antigos acreditavam nos espíritos e tinham um culto aos ancestrais.

Os povos orientais (chineses, japoneses, etc.) acreditavam e ainda acreditam na existência dos espíritos. Dos bons e dos maus.

Os hindus sempre acreditaram na existência dos espíritos. Dos bons e dos maus.

Muitos outros povos, antiquíssimos, também acreditavam ou ainda acreditam na existência dos espíritos, bons e maus.

E, como acreditavam na existência dos espíritos e os classificavam em bons e maus, então desenvolveram procedimentos mágicos-religiosos para atraírem os bons espíritos e para afastar os maus espíritos.

Seja por meio de orações, cantos e oferendas, o fato é que muitas fórmulas foram desenvolvidas para atraí-los ou para afastá-los. E todos têm levado suas passagens terrenas a bom término, pois conviveram tranquilamente com o mundo dos espíritos.

Quando o Espiritismo kardecista surgiu e desmistificou muito do que na Europa se falava sobre os espíritos, uma luz se acendeu para o Ocidente, dominado pelo "sobrenaturalismo" aterrador que fazia com que as pessoas temessem mais os espíritos que seus inimigos encarnados. Uma noite escura e sem lua era temida por causa dos espíritos e não porque suas sombras ocultavam ladrões e assassinos.

O Espiritismo não foi bem recebido pela religião dominante no mundo ocidental.

E, quando a Umbanda foi fundada, de início não chamou a atenção da religião aqui dominante, que é a mesma que dominava toda a Europa. Mas, algumas décadas depois, a Umbanda virou saco de pancadas ou o "Judas" a ser malhado, não é mesmo?

Por que isso aconteceu com a Umbanda? Justamente porque ela fundamentou-se na incorporação dos espíritos bons e no combate doutrinário sobre os espíritos maus.

Fundamentou-se na manifestação e na comunicação com os espíritos bons e no combate incessante aos espíritos maus. Fundamentou-se em verdades que acompanham a humanidade desde seus primórdios, que eram universais e só começaram a ser combatidos com o advento do segmento religioso judaico-cristão, que, ainda que acreditem na imortalidade dos espíritos e até ensinem que os bons vão para o céu e os maus, para o inferno, no entanto não admitem a comunicação com eles.

Independentemente dos que combatam a comunicação com os espíritos, chamados por eles de "mortos", o fato é que ela existe, pode ser controlada e colocada a nosso benefício, orientando-nos, instruindo-nos e auxiliando-nos a nos livrar das investidas dos maus espíritos.

Essa luta contínua da humanidade em buscar a evolução por meio do aperfeiçoamento espiritual, consciencial e moral motivou a espiritualidade superior a dar início a uma nova religião espiritualista fundamentada nos três postulados iniciais, que tanto traçaram os rumos da sua missão na terra quanto delinearam o imenso e luminoso trabalho que realizaria em prol da humanidade, tanto a encarnada quanto a desencarnada.

Os três postulados básicos da Umbanda, trazidos pelo senhor Caboclo das Sete Encruzilhadas, são estes:

- Com os espíritos mais evoluídos aprenderemos.
- Aos espíritos mais atrasados ensinaremos.
- A nenhum espírito renegaremos.

Esses três postulados são de uma sabedoria única e trazem em si, sintetizado em poucas palavras, tudo o que já se falou, escreveu e se fez, tanto em relação aos espíritos bons quanto aos maus, encarnados ou desencarnados, porque, se todos somos espíritos, então o Caboclo mensageiro da boa nova também se referiu a todos.

A forma de comunicação dos espíritos é a dos "oráculos" e deve ser interpretada corretamente e de forma abrangente.

Esses três postulados básicos da Umbanda, calcados na grande lide religiosa da humanidade, sintetizaram na nova religião a grande luta travada desde os seus primórdios:

• Espíritos desencarnados e encarnados mais evoluídos vêm nos ensinando, cumprindo suas missões evangelizadoras, doutrinadoras e modeladoras da moral e do caráter da humanidade, nos dois lados da vida.

• Espíritos e pessoas, desde os primórdios da raça humana, vêm ensinando os mais atrasados (os que ainda não sabem).

• Espíritos evoluídos e luminares não renegam ou excluem ninguém, porque suas mensagens salvadoras e/ou libertadoras são dirigidas a todos.

Eles (e nós) sabem que as regressões espirituais acontecem a todo instante e sempre tem alguém "preso" a algum evento negativo que o paralisa, mas assim que for auxiliado e libertar-se de seu aprisionamento, o espírito que havia regredido volta a buscar a evolução e a percorrer a senda luminosa já percorrida pelos "mais evoluídos", pelos luminares da humanidade!

O Espiritismo vem realizando uma evangelização espiritual ímpar em prol da humanidade. A Umbanda vem desenvolvendo uma doutrina espiritual também ímpar com suas linhas de trabalhos espirituais, pois a todo instante está agregando a elas tanto espíritos e pessoas evoluidíssimos quanto está dando oportunidade aos menos evoluídos para que estes também contribuam com o que têm de melhor e comecem a auxiliar seus semelhantes.

A comunicação com os espíritos criada pela Umbanda é única e magnífica, porque permite que as pessoas conversem naturalmente com os espíritos, relatem-lhes seus problemas ou dificuldades e recebam deles orientações que auxiliarão na solução deles.

O ato de uma pessoa conversar com um espírito, ainda que incorporado em um médium, tem um efeito muito positivo porque a maioria delas, conversando com um espírito amigo, orientador e bondoso, isso tanto a fortalece quanto faz com que se sinta mais segura porque dali em diante passa a ter um espírito amigo e protetor a zelar por ela no "mundo espiritual".

Com o passar do tempo e com a repetição das comunicações com vários outros espíritos guias, o mundo espiritual deixa de ser algo assustador e fantasmagórico e passa a ser entendido pelos frequentadores dos centros de Umbanda.

Os contatos e as conversas informais com os espíritos guias criam um elo e uma afinidade únicos entre as pessoas e os "bons espíritos" que "baixam" nas sessões de Umbanda, espiritualizando de forma acelerada pessoas que até pouco tempo atrás tinham uma visão distorcida e assustadora do mundo espiritual, visão essa passada a elas por outras pessoas, tão temerosas e tão desinformadas que chegaram a esquecer-se de que também são espíritos, ainda que encarnados.

Portanto, assim como cada povo e cada religião desenvolveu sua forma de se comunicar e de se relacionar com os espíritos, na Umbanda os espíritos desenvolveram uma forma de se comunicar com pessoas oriundas de muitas raças e religiões, acolhendo a todos e não renegando ninguém.

Esperamos ter fundamentado a comunicação com os espíritos, desenvolvida pela Umbanda desde a manifestação histórica do senhor Caboclo das Sete Encruzilhadas, seu fundador.

Mistérios, o que são e Como Atuam em Nossa Vida.

A palavra mistério é usada por muitas pessoas, significando algo que nem sempre conseguimos explicar ou entender. Então, como explicar um mistério de Deus? Nós podemos explicar um mistério de Deus porque, na verdade, cada mistério é uma qualidade Dele.

Cada qualidade do Divino Criador assume a condição de "Mistério" e ela sempre é manifestada pelo Orixá irradiador dela para toda a Criação.

No passado, essa palavra tinha maior significação e era envolta em uma aura sagrada. Ser iniciado em um mistério significava que a pessoa era "iniciada" perante sua divindade regente e irradiadora dele para a Criação, sempre em rituais fechados. Mas muitos desses rituais se perderam no decorrer do tempo, pois eram descritos em pergaminhos ou em placas de argila.

Na Umbanda temos muitos Mistérios! A nossa religião é toda formada por mistérios, começando pelas divindades planetárias, vindo posteriormente os Orixás regentes de reinos e domínios localizados dentro das muitas dimensões da vida existentes neste nosso abençoado planeta.

Manifestar um dom é manifestar uma qualidade divina já desenvolvida, mas manifestar um Mistério é manifestar algo que pertence às divindades, que se manifestam em nossa vida por meio de nossa fé. E sem a fé, os mistérios não são ativados em nós.

O Mistério Caboclo

Todo mistério pode ser explicado de uma forma fácil de entendê-lo. Por comparação, observamos que nem todos os espíritos que se manifestam como Guias Espirituais estão no mesmo nível evolutivo, mas todos os Guias que se manifestam como Caboclos de Ogum são manifestadores do Mistério Ogum, e assim em diante com todas as linhas de Caboclos, Pretos-Velhos, Crianças, etc.

Dentro do Mistério Caboclo existem muitas linhas e graus, com cada qual possuindo seus fundamentos, conhecimentos ensinamentos, etc.

Assim, teoricamente, esses espíritos estão aptos a incorporar, mas terão de trabalhar e ajudar muitos outros menos evoluídos e as pessoas necessitadas, para poderem mostrar na prática seus conhecimentos, dons e poderes pessoais.

Então, dentro de uma mesma linha, surgirão aqueles que se destacarão em um sentido e outros em outro sentido, pois tudo vai depender da evolução de cada um deles, assim como dos seus médiuns.

Todos recebem a mesma oportunidade, mas nem todos alcançam o mesmo desenvolvimento. A evolução vai depender de cada Guia e do médium que foi escolhido, pois este também tem de trabalhar pelo seu Guia, pois muitas vezes ele tem condições de trabalhar, mas seu médium não tem.

Enfim, são vários fatores que influenciam o trabalho de cada Guia Espiritual.

Como Surgiram as Linhas de Trabalho do Ritual de Umbanda Sagrada

As Linhas de Trabalhos Espirituais existem há muito séculos. Essas linhas espirituais estão agregadas a determinadas divindades regentes de regiões astrais onde os espíritos estão assentados e dali voltam até o plano da matéria para auxiliar seus entes queridos que ainda estão evoluindo.

Elas obedecem às irradiações divinas, mas são regidas pelos Orixás Naturais, mais próximos de nós e que são atratores de espíritos.

Não existe espírito Guia com o nome próprio de sua última encarnação. Daí surgiram os nomes simbólicos, que deram origem às linhas de trabalhos espirituais da Umbanda, e muitos dos espíritos que são socorridos por meio dos Centros de Umbanda são atraídos, tratados, reequilibrados e depois integrados àquela linha de trabalho que o socorreu.

Os Fundamentos Divinos da Umbanda

Após essa "introdução" do leitor à religião Umbanda, vamos demonstrar por meio de comentários os seus fundamentos divinos e baseá-la de tal forma que não restará dúvida alguma de que ela é a manifestação de uma vontade divina em prol da evolução espiritual da humanidade.

"Nós, os espíritos mentores da religião umbandista, não temos dúvida sobre isso, mas queremos que todos os seguidores da Umbanda também tenham essa certeza e fortaleçam intimamente com o que aqui descreveremos."

Deus na Umbanda

Muitos já foram os nomes dados a Deus no decorrer das eras e com cada um em uma língua diferente, muitas delas já extintas, mas com todas as descrições Dele descrevendo-O como o Divino Criador; como o Supremo Criador, a origem de tudo; o Pai Eterno, o inefável, o irrevelável, o inominável, o inimaginável, etc.

Muitos são os nomes de Deus e muitas são as religiões já criadas pelos homens e pelos "espíritos mensageiros" em nome Dele.

Recomendamos a leitura do livro *Deus, Deuses, Divindades e Anjos*, escrito por Alexandre Cumino (publicado pela Madras Editora), para que tenham uma noção do que aqui afirmamos.

O fato é que, tal como disse o amado mestre Jesus: "Onde duas ou mais pessoas se reunirem em meu nome, lá estarei". Com Deus o mesmo acontece e nem é preciso duas ou mais pessoas, e sim apenas uma voltada para si e para Ele, que com Ele entrará em comunhão.

Por entrar em "comunhão" entendam o ato do ser "abrir-se" intimamente com a divindade que habita o seu íntimo mais íntimo e o faz aflorar em si, a partir da onipresença Dele, que o torna presente em tudo o que criou a partir de si mesmo, pois Ele é o Divino Criador!

Se Jesus deixou a diretriz para que seus seguidores abrissem um culto a ele ao dizer: "Onde duas ou mais pessoas se reunirem em meu nome, lá estarei!", em se tratando de Deus a abrangência é total, e onde houver alguém virtuoso, nesse alguém estará Deus.

Portanto, onde houver alguém que creia de fato em Deus, nesse alguém Ele estará presente como a própria fé que fortalece intimamente o ser e lhe permite "comungar" com Ele e Dele receber o eflúvio divino que iluminará o íntimo e tudo à volta do espírito do devoto.

Por ser inefável (indizível, que não se pode exprimir por palavras), seu culto é mais uma questão de fé e foro íntimo do que uma exteriorização dos nossos sentimentos de fé. Cultua-se Deus no íntimo e cada um deve ter por Ele uma postura íntima de respeito e de reverência, não o profanando nem chamando seu nome em vão, porque não é por isso que Ele se faz presente no íntimo de cada um e no de tudo o que criou.

Descrever Deus é impossível, porque Ele é o "todo" e nós somos só uma de suas partes, que são incontáveis. Exprimi-Lo na sua totalidade, só mesmo Ele pode tal coisa e nunca uma de suas partes, pois estas, por serem partes, não têm condições para exprimirem o Todo.

Portanto, a presença de Deus em cada um é uma questão de fé, de crença, de convicção, de aceitação, de submissão, de reverência e de adoração. Seu culto não é exterior, e sim interno, uma vez que Ele é onipresente, está ao mesmo tempo em tudo e está no íntimo de cada um e de cada coisa criada, dando-lhes sustentação, existência, visibilidade, etc.

Dando sustentação, porque tudo Ele criou de si e, por ser onipresente, está em tudo o que criou.

Dando existência, porque, se não fosse por sua vontade divina, algo não adquiriria existência por si só, pois fora de Deus nada existe, resiste ou sequer subsiste, uma vez que só o que tem origem Nele tem existência.

Dando visibilidade, porque, na Sua presença, tudo reflete a partir de seu íntimo a Sua luz divina, expandida nos seres virtuosos e ofuscada nos seres desvirtuados, sendo que estes últimos mais refletem suas próprias imperfeições íntimas, desenvolvidas a partir do afastamento consciencial e das distorções que ofuscam a luz que Dele emana e que flui de dentro para fora, a partir do íntimo de cada coisa criada por ele.

Luz, na Umbanda, tem o significado de presença divina no íntimo dos seres. E, quando saudamos alguém (encarnado ou desencarnado), dizendo estas palavras: "salve a sua luz!", estamos saudando a divindade que habita no íntimo de cada um dos seres criados por Ele e que O manifestam luminosamente em seus atos, palavras e pensamentos.

Luz, nessa saudação, refere-se a Deus, ao Deus interior que cada um traz em seu íntimo e que reflete continuamente, iluminando tudo à sua volta.

Quando saudamos alguém com estas palavras: "salve a sua luz e a sua força", estamos saudando a divindade interior e seu poder de realização, que fluem por meio da mente, do pensamento, dos sentimentos, dos atos e das palavras, e que têm o poder de desencadear acontecimentos e eventos positivos e luminosos na vida de quem for beneficiado por eles.

A luz tem a ver com a onipresença de Deus no íntimo e na vida do ser. A força tem relação com a onipotência divina que, quando manifestada pelos espíritos, os tornam capazes de realizar coisas maravilhosas, divinas mesmo!

Portanto, a presença de Deus na Umbanda não é algo abstrato, intangível e indescritível, e sim se mostra concreta, sensível e descritível, bastando ao bom observador visualizá-la corretamente no espírito que abdicou do seu livre-arbítrio e consagrou-se como um Caboclo, um Preto-Velho, um Baiano, um Exu de Umbanda e colocou-se a serviço dos seus semelhantes.

Também visualizamos a presença de Deus no médium dedicado, humilde, respeitoso, reverente e prestativo, que cede sua matéria ou seu corpo para que esses mesmos espíritos nele incorporem e atuem com desenvoltura em benefício dos necessitados, dando-lhes passes, consultas, orientações, etc.

Se Deus é inefável, no entanto, sua onipresença mostra-se facilmente naqueles que O refletem intensamente por meio da sua religiosidade e do seu serviço como servo encarnado do Divino Criador, cujo nome na Umbanda, entre outros, é Olorum, que já é uma contração de Olodumaré.

Olodumaré, na concepção nagô ou nigeriana, é Deus, é o mesmo Divino Criador de todos os outros povos e religiões. Sua concepção difere da judaico-cristã porque, nessa, Ele fez tudo em seis dias e descansou no sétimo dia.

Já na concepção nagô, Ele confiou a Obatalá e a Oduduá (seu duplo aspecto "macho-fêmea") a Criação. E esse duplo aspecto gerou Orixás masculinos e Orixás femininos, que, já como divindades manifestadas, concretizaram a Criação por meio dos seus poderes e axés divinos, fazendo surgir o mundo das formas... ou materializado.

Como cada axé pode ser descrito como algo divino e inerente a cada Orixá gerador e irradiador dele, cada Orixá é um cocriador e é inseparável de Olodumaré e do seu duplo aspecto macho-fêmea, fato esse que realça os Orixás e ressalta suas importâncias na Criação e na vida dos seres gerados por Olodumaré e confiados a todos os Orixás, que foram assumindo a paternidade exterior de todos os seres criados por Ele.

Tal como outras cosmogonias, a nagô é única no seu gênero e (se traz em si e conserva a divindade do Divino Criador Olodumaré, mostra-se ao estudioso atento e ao observador sensível uma lógica irrefutável porque é minuciosa e descreve toda a Criação, os seres espirituais, as criaturas instintivas e as espécies: minerais, vegetais, etc.) todas correlacionadas com os Orixás; com estes correlacionados com o duplo aspecto macho e fêmea; e deste com Olodumaré, que não é macho ou fêmea, e sim o Divino Criador, indescritível com palavras e impensável por meio de alguma imagem que nossa mente possa criar.

Esse Deus, vivo e realizador denominado Olodumaré e cultuado pelos umbandistas como "Olorum", não está lá no Céu e nós aqui na Terra.

Não mesmo!

Nós o entendemos como a própria vida, e Ele, por ser onipresente, também vive em nós e habita em nosso íntimo, tornando nosso espírito um "Templo Humano", por meio do qual Ele se manifesta como "Luz e Força"; como pensamento e vontade; como razão e consciência; como saber e criatividade; como movimento e direção; como tempo e espaço; como fé e amor; como bondade e compaixão; como caridade e misericórdia; como perdão e esperança; como fraternidade e alegria... por vivermos sob seu amparo divino.

Enfim, Deus na Umbanda é uma presença viva e divina que tanto está em nós quanto Se manifesta a partir do nosso íntimo, pois somos seus templos vivos.

As Qualidades dos Orixás na Umbanda

Muitos são os nomes já dados a Deus no decorrer dos séculos e milênios, e, na Umbanda, seu nome sagrado é Olorum ou Olodumaré. O ato de crer em Deus é comum a toda a humanidade e não exige mais do que nossa fé Nele e nossa crença em Sua existência.

Agora, em algumas religiões, Ele é explicado de forma simples, prática e de fácil apreensão pelos seguidores delas. Já em outras, como a Umbanda, Ele é ensinado e explicado de duas formas, sendo que a primeira é como a que citamos no capítulo anterior e, resumidamente, é mais ou menos assim:

Deus é o Divino Criador Olorum, que tudo criou e tudo rege desde a sua morada divina, que tanto está no "céu" como está em tudo que criou.

Essa forma simplificada de explicar e de ensinar Deus aos umbandistas oculta outra, complexa, elaboradíssima e fundamentadora Dele na Umbanda e na Criação, nos Orixás e nos seres.

Por ser complexa, exige estudo e dedicação na sua compreensão porque, uma vez aprendido e apreendido, faz cessar todos os questionamentos sobre Sua existência e Sua forma de atuar em nossa vida.

A forma simples de explicar Deus atende à necessidade das pessoas em defini-Lo com poucas palavras, mas que tenham um significado abrangente e sintetizador da Sua grandeza divina. Já a forma complexa, essa atende à necessidade das pessoas por mais conhecimentos sobre o Divino Criador e por uma forma de entendê-Lo mediante os seus meios e recursos divinos.

Em outros livros de nossa autoria, já comentamos alguns dos aspectos divinos do nosso Divino Criador Olorum e de Sua infinita e eterna Criação, sendo que apenas esses poucos aspectos já são suficientes para que as pessoas vislumbrem Sua grandeza e divindade.

Os antigos nagôs sintetizaram em "qualidades" os aspectos e os mistérios dos Orixás, sendo que cada um deles possui suas qualidades e elas são identificadas como seus aspectos, e estes, por serem divinos, são mistérios em si mesmos.

Tomemos como exemplo o Orixá feminino "Iansã" na Umbanda, também denominado Oiá no Candomblé:

Temos o Orixá feminino Iansã, universal e atuante no todo como uma divindade-mistério em si mesma. E temos uma Iansã do Cemitério ou "Oiá Igbalê" (ou Balê, simplesmente), que é classificada como a condutora dos "eguns" (dos espíritos), cujos campos de atuação são o tempo e o cemitério.

No culto tradicional nagô não basta ser filho de Iansã ou Oiá, pois é preciso identificar a qualidade da Iansã que rege o filho de santo.

Então, de posse desse conhecimento, aí sim é feita a iniciação e o assentamento da sua Iansã "pessoal", no exemplo, Oiá Igbalê, a condutora dos eguns, que deve ser assentada com Omolu ou Obaluaiê, os regentes dos "cemitérios".

Na Umbanda, essas "qualidades" dos Orixás foram reinterpretadas e deram origem às linhagens dos Orixás, sendo que, no caso de Iansã ou Oiá, fez surgirem muitas Iansãs, tais como:

- Iansã das Pedreiras;
- Iansã dos Cemitérios;
- Iansã das Cachoeiras;
- Iansã do Mar;
- Iansã dos Raios;
- Iansã dos Ventos;
- Iansã das Matas, etc.

Com cada uma delas atuando em um campo específico e regido por outros Orixás.

Com palavras diferentes, todos estão dizendo a mesma coisa, pois se um filho de santo tem de oferendar sua Iansã no cemitério e outro tem de oferendá-la nas pedreiras, então estamos lidando com duas diferentes Iansãs.

Inclusive, aos olhos dos videntes, essas duas Iansãs mostram-se diferentes tanto nas vestes quanto nos seus instrumentos de poder; nas suas posturas; nas suas danças; nas suas aparências e feições "físicas", sendo que a Iansã das Pedreiras é "jovial" e descontraída, enquanto a Iansã Balê ou dos Cemitérios é mais "madura" e concentrada.

Uma irradia alegria, vibração e energia. A outra irradia seriedade, magnetismo e concentração. Duas Iansãs, dois aspectos de um mesmo Orixá, ou, como dizem os tradicionalistas do Candomblé: duas qualidades de Oiá.

Por que isso dentro do Mistério Iansã e dos outros Orixás, em que todas as suas qualidades geram hierarquias de seres divinos, unidos por algo comum a todos os de uma mesma hierarquia, mas diferenciados entre si de tal forma que os clarividentes conseguem diferenciá-los?

Isso se deve ao fato de que cada Orixá é em si uma manifestação de Olorum e todos são manifestadores divinos dos mistérios Dele.

Por isso, cada Orixá tem sua hierarquia que se abre para os três lados da criação, que são estes:

- Lado divino;
- Lado natural;
- Lado espiritual.

No lado divino, estão assentados os seres manifestadores divinos dos Orixás.

No lado natural, estão assentados os manifestadores naturais dos Orixás.

No lado espiritual, estão assentados os manifestadores espirituais dos Orixás.

Essas hierarquias existem para todos os Orixás, que são em si divindades mistérios do Divino Criador Olorum, tais como: Orixá Oxalá; Orixá Ogum; Orixá Xangô; etc.

Esses Orixás são o que são: Mistérios do Divino Criador Olorum.

E cada um gera sua hierarquia divina, natural e espiritual.

Portanto, há toda uma hierarquia divina gerada por cada um dos Orixás, cujos membros são manifestadores divinos dos seus Orixás regentes.

Existem para todos os Orixás as hierarquias naturais, cujos membros os manifestam por meio da Criação e dos seus elementos formadores.

E há para todos os Orixás suas hierarquias espirituais, cujos membros os manifestam por meio dos sentidos. Essa distinção entre as hierarquias deve ser entendida desta forma:

Os seres naturais nunca encarnaram e vivem nas dimensões paralelas à humana, sendo que, por nunca terem encarnado, seus corpos plasmáticos não passaram por "mudanças" e todos são muito parecidos dentro da linhagem hereditária a que pertencem.

Até poderíamos usar o termo "clone" para que entendam as semelhanças entre os de uma mesma linhagem hereditária. Mas, além desse identificador, há o fato de que todos os de uma mesma linhagem hereditária, ao alcançarem a maturidade, são integrados à hierarquia dos seus regentes divinos, e daí em diante se tornam seus irradiadores naturais, com todos realizando suas ações dentro de um padrão geral para todos os de uma mesma linhagem.

Exemplificando, temos isto:

Se um ser natural tem como seus regentes divinos o Orixá Natural Ogum Sete Pedreiras e a Orixá Oxum Sete Cachoeiras, todos terão em seus corpos plasmáticos as mesmas aparências físicas; os mesmos traços fisionômicos; os mesmos "gostos" e preferências; as mesmas normas comportamentais; o mesmo caráter e, quando em ação, atuarão da mesma forma, segundo um código rígido de procedimentos.

Por isso, quando vemos um, vemos todos, que são amparados em suas ações pelas irradiações elementais dos seus regentes divinos. Eles atuam por meio das vibrações elementais naturais do senhor Ogum das Sete Pedreiras e da senhora Oxum das Sete Cachoeiras o tempo todo e apenas atuam no campo de ação desses dois Orixás, sendo que jamais "entram" nos campos de ação dos outros Orixás naturais, a não ser quando são solicitados, mas sem perderem seus caracterizadores e que são justamente o que os distinguem como seres naturais.

Essa caracterização dos seres naturais manifestadores dos mistérios dos Orixás permitiu estabelecer uma distinção entre os "vários" Oguns; as várias Iansãs; as várias Oxuns, etc., pois esses Orixás naturais guardam uma correspondência direta com seus regentes divinos.

Para nós, é impossível ver uma divindade Orixá, mas podemos ver os seres naturais regidos por eles. Então, temos nesses "seres Orixás" um meio de vermos indiretamente seus regentes divinos, fato esse que vem permitindo que médiuns videntes "vejam" seres Orixás naturais, e tanto os descrevam quanto os pintam em papel para, depois, serem feitas imagens de gesso que os representem em seus altares.

Esse é um recurso que vem sendo utilizado há milênios por várias religiões com suas divindades.

Ação Mágica ou Ação Religiosa

Para esclarecer de uma vez por todas essa dúvida serei didático, porque a partir desse esclarecimento creio que muitas outras dúvidas serão sanadas. Comecemos por estes pontos:

• Ação ou ato religioso é aquele em que o poder divino flui e manifesta-se de dentro para fora das pessoas necessitadas de auxílio e amparo.

• Ação ou ato mágico é aquele em que o poder divino flui de fora para dentro das pessoas necessitadas de auxílio e amparo.

• Também existe uma terceira ação que é mista ou de dupla ação, e tanto age de dentro para fora quanto de fora para dentro das pessoas necessitadas de auxílio e amparo, e é denominada ação mágica religiosa.

Após essa explicação, vamos a outro ponto que deve ser esclarecido e que se refere ao duplo aspecto que tudo o que existe no Universo possui, que são os lados interno e externo. Esse duplo aspecto começa em Deus e chega até a matéria.

Senão, então vejamos:

Deus possui em si um lado ou aspecto interno, inerente à sua própria natureza divina, que é impenetrável e incognoscível para nós, os espíritos, uma vez que somos emanações Dele, que é nosso Divino Criador.

Sabemos que, enquanto espíritos, provimos Dele, mas não sabemos como essa geração acontece "dentro" Dele, pois isso e tudo o mais que existe é gerado dentro desse lado interno, impenetrável e indevassável, e sequer imaginável por nós sobre a forma como acontece.

Mas Deus possui seu lado ou aspecto externo, lado esse que pode ser perscrutado, identificado, estudado e apreendido por nós, os espíritos criados por Ele. Observando e estudando o lado externo de Deus descobrimos suas ações ou atos criadores na origem de tudo, desde nós mesmos até a matéria.

Foi essa possibilidade de observar e estudar os aspectos ou o lado externo de Deus que levou a humanidade a descobrir a existência das divindades e de um plano ou dimensão divina na criação, habitado só por seres divinos, plano esse que nos é inacessível porque somos espíritos.

A partir da existência dos dois "lados" da criação, um interno e outro externo, e da existência desse duplo aspecto em tudo o que Deus criou, podemos comentar as diferenças entre ações mágicas e religiosas.

O fato é que toda a ação religiosa se realiza de "dentro para fora" e toda ação mágica se realiza de "fora para dentro". Explicando melhor, toda ação religiosa realiza-se por meio do lado interno da criação e de tudo e de todos criados por Deus. E toda ação mágica realiza-se por meio do lado externo da Criação e de tudo e de todos criados por Deus. Com isso entendido, falta diferenciar as ações propriamente ditas, para reconhecer qual é uma e qual é a outra.

Vamos a alguns exemplos de ações mágicas e religiosas:

1º – Uma pessoa vai a um centro de Umbanda e, ao consultar-se com um Guia espiritual, este, após ouvir com atenção os problemas ou pedidos de ajuda, recomenda-lhe que vá até um dos pontos de força da natureza e faça uma oferenda para determinado Orixá, pois só assim será auxiliada.

Essa é uma ação mágica porque a ajuda virá por meio da oferenda feita na natureza, a qual o Orixá invocado ativará e desencadeará uma ou várias ações "de fora para dentro" da pessoa.

2º – Uma pessoa vai a um centro de Umbanda e o Guia consultado recomenda-lhe que comece a acender velas de determinada cor para um Orixá e depois se colocar em concentração por determinado tempo.

Essa ação é religiosa porque, durante a concentração, o Orixá firmado atuará por "dentro" da Criação e por "dentro" da pessoa, trabalhando o lado interno dela, desequilibrado por causa de alguma ação mágica negativa que a desarmonizou iternamente ou devido a seus próprios sentimentos negativos, que a negativaram em um ou alguns sentidos.

Temos aí duas ações em que a pessoa fez duas coisas parecidas, mas ao ir à natureza e fazer uma oferenda para determinado Orixá, a pessoa ativou o ponto de forças do Orixá, invocando um "campo" mágico a partir do qual será ajudada.

Essa ação vem "de fora" (da natureza) para dentro da pessoa (sua vida), auxiliando-a por meio do seu lado externo.

Já no exemplo da vela acesa e consagrada para o mesmo Orixá dentro de sua casa, a concentração, recolhimento e isolamento, essa é uma ação religiosa, porque o Orixá invocado tanto atuará pelo lado de dentro da criação, em benefício da pessoa, quanto atuará a partir do íntimo dela (o seu lado de dentro), pois só assim reequilibrará os seus sentidos desequilibrados e apenas a partir do seu recolhimento, concentração e isolamento momentâneo poderá rearmonizar suas faculdades mentais e o seu magnetismo, recalibrando seu campo magnético e reenergizando e fortalecendo seus campos vibratórios, facilmente trabalhados de dentro para fora, mas de difícil recalibragem quando a ação é de fora para dentro, já que a maioria desses desequilíbrios é interna.

Existe uma grande dificuldade em diferenciar uma ação mágica de uma ação religiosa, mas sempre é possível perceber as diferenças.

Vamos a mais dois exemplos:

1º – Uma pessoa vai a um centro e o Guia espiritual recomenda-lhe que tome um banho de descarrego feito com folhas de ervas, ou com flores, etc.

Essa é uma ação mágica, pois o "banho" irá remover suas sobrecargas energéticas com uma ação de fora (o banho) para dentro (o espírito da pessoa).

2º – Uma pessoa vai a um centro e o Guia recomenda-lhe que faça um amaci na força de determinado Orixá.

No dia acertado, após certo resguardo alimentar e comportamental, a pessoa volta ao centro e o dirigente dele, ou um médium graduado, aplica-lhe o amaci e manda que se recolha em sua casa e somente o retire da "coroa" no dia seguinte.

Essa ação é religiosa porque o amaci é aplicado em seu chacra coronário ou no seu "ori" e irá inundar seu lado interno com uma energia elemental consagrada, imantada e vibracionada pelo Orixá invocado que a manipulará por meio do lado de dentro da pessoa necessitada desse tipo de auxílio, interno ou religioso.

• Um banho de ervas é um ato mágico.
• Um amaci de ervas é um ato religioso.

Um atua de fora para dentro e o outro atua de dentro para fora, certo?

Vamos a mais um exemplo:

1º – Uma pessoa vai a um centro para receber um passe, ou seja, uma ação do Guia Espiritual para ela.

2º – O Guia vê o problema da pessoa e pega seu nome em um papel ou sua fotografia, "cruza-a" e a coloca em seu ponto riscado ou sob os pés de uma imagem "entronada" no altar do centro, desencadeando na vida da pessoa uma ação de dentro para fora, pois tanto o seu ponto riscado está ativado dentro do campo religioso do Orixá sustentador do Centro quanto todo altar é um portal para o lado divino da Criação.

Nos dois casos (o ponto riscado do Guia e o altar), toda a ação, ainda que pareça mágica, é na verdade religiosa porque o auxílio virá diretamente do "lado de dentro" da criação e por meio do Orixá sustentador do centro.

No primeiro exemplo, a pessoa recebe com o passe uma ação mágica (será descarregada e trabalhada) por fora. No segundo exemplo, a pessoa será auxiliada por dentro e trabalhada internamente, pois o passe ou o descarrego não alcança seu "lado de dentro", e sim se efetua em seu espírito e seus campos vibratórios.

Só pelos exemplos que demos já se tem uma ideia de como é complexo o campo religioso e o magístico. Saibam que a Umbanda se serve dos dois tipos de ação para auxiliar as pessoas que a frequentam, assim como aos seus médiuns, que também são auxiliados se seguirem à risca as orientações dos seus Guias espirituais que ora lhe recomendam acender em casa uma vela para determinado Orixá ou anjo da guarda, ora lhe recomendam fazer uma oferenda na natureza, ou que tome um banho de ervas, etc.

Por isso, muitos a classificam como uma religião mágica, pois nela estão bem ostensivos os dois lados da criação e os dois lados de uma mesma coisa, sendo que um lado é o religioso, ou o interno, e o outro lado é o magístico ou externo.

Esperamos ter fundamentado as práticas de Umbanda, tanto as internas quanto as externas.

A Escrita Mágica

Muito já foi escrito sobre os "pontos riscados" da Umbanda. Cada autor apresentou sua visão e seu entendimento sobre o assunto e todo um conhecimento foi estabelecido dentro da religião, sendo que tem sido muito útil aos médiuns umbandistas que, se conhecem pouco sobre a simbologia e a escrita mágica simbólica sagrada, no entanto, vêm os Guias espirituais riscar "pontos cabalísticos" para várias finalidades.

Muitas vezes, os Guias riscam pontos com "riscos" desconhecidos dentro deles e isso gera dúvidas tanto no médium deles quanto nos dirigentes dos centros, porque, justamente por serem signos ou símbolos mágicos desconhecidos, não tem como saber se eles são falsos ou verdadeiros ou se são desse ou daquele Orixá. Esse é um acontecimento comum, e muitos guias preferem não riscar ponto algum para não gerar dúvidas em seus médiuns.

Alguns símbolos e signos mágicos já foram associados aos Orixás e muitos se servem desse conhecimento para identificar os pontos riscados pelos Guias para associá-los a eles, ainda que o melhor método de identificação de um Guia seja perguntar-lhe diretamente em qual ou em quais irradiações ele atua.

Mas, como eles não gostam ou não podem falar nada sobre suas "ligações" com os Orixás, o melhor a fazer é aguardar que revelem o que lhes é possível, em vez de ficar tentando adivinhar, certo?

Pois bem, o fato é que a simbologia é vastíssima e cada coisa criada por Deus possui o seu símbolo sagrado, sendo que, porque a criação divina é infinita, infinita é a simbologia e a quantidade de símbolos e signos mágicos.

Mas, para fundamentar essa nossa afirmação, temos de abrir um pouco do fechado Mistério da Escrita Mágica Simbólica.

Sem quebrarmos a lei do silêncio sobre os Mistérios Divinos, vamos comentar o básico da simbologia. Comecemos assim:

Na criação exterior, tudo tem início no primeiro plano da vida, que é todo formado por micropartículas energéticas vivas emanadas por Deus, as quais são captadas por suas divindades mistérios e irradiadas após um processo de transmutação mental qualificadora de cada fator. Para que isso fique compreensível, entendam assim:

Deus gera em seu íntimo e os emana de si para dentro do plano divino ou interno da Criação (para o lado de dentro, certo?). E os Orixás divindades fatorais, que também vivem no plano divino da Criação, por "abrirem-se" como divindades-mistérios para o lado externo da Criação, captam um mesmo fator e cada um transmutam-no, adaptam-no ao seu magnetismo e sua vibração divina e mental e depois o irradia de si para o lado de fora da Criação, já qualificado e graduado, individualizado e estabilizado, fato esse que conterá dali em diante sua ação e a limitará ao campo de ação do Orixá que está irradiando.

Parece algo de difícil compreensão, mas não é! Observem isto:

Deus gera em si um fator gerador que tem a capacidade de gerar qualquer coisa. Como esse fator é capaz de gerar tudo o que Deus pensar, então ele é em si a faculdade ou seu mistério gerador, e tudo o que Deus pensar imediatamente é gerado por esse seu fator gerador.

Se Deus pensar em gerar energia ígnea, o seu fator a gera; e se pensar em gerar energia aquática ou qualquer outra, esse seu fator também as gera. Um único fator gerador de Deus é capaz de gerar qualquer coisa, mas porque ele gera de tudo ao mesmo tempo, suas gerações tornam-se caóticas no sentido de que todas são geradas em uma mesma frequência vibratória.

Sim, esse fator possui sua frequência vibratória, que é única porque é divina e é a de Deus. Então, Deus gerou de si e exteriorizou os sete planos da vida e dentro de cada plano exteriorizou-Se, já em sete frequências vibratórias divinas diferentes, dando-lhes existência, ou seja, criou seu exterior ou seu lado de fora, denominado sua Criação ou "mundo manifestado".

A seguir, gerou em si e exteriorizou as suas divindades-mistérios, sendo que as gerou e exteriorizou-as aos pares, separando o seu duplo aspecto (masculino-feminino; positivo-negativo, etc.), "individualizando" em suas divindades os seus mistérios. Assim, Deus fez surgir as divindades regentes dos sete sentidos da vida, os sete mistérios que fazem com que Deus seja interpretado como a própria vida em si mesmo.

Não há melhor interpretação dele do que essa, pois a vida é tudo e a ausência dela é o nada. Deus é a existência, o existir em si e por si mesmo. E, se Deus não existisse, nada existiria, pois a ausência Dele é o não existir.

Pois bem, no primeiro plano da vida, Deus exteriorizou seus mistérios geradores-criadores em suas divindades-mistérios, denominados por nós como divindades-fatorais, porque uma das funções delas é a de captar no lado interno da Criação os fatores divinos, internalizá-los em si mesmos, graduá-los às suas frequências vibratórias, qualificá-los e irradiá-los para o lado de fora da Criação, dentro do primeiro plano da vida, denominado plano fatoral.

Os sete mistérios, que formam os sete sentidos da vida, são estes: mistério da fé, do amor, do conhecimento, da razão, do caráter, do saber e da criatividade.

Esses sete mistérios ou sentidos da vida são exteriorizados por Deus por meio de 14 mentais divinos que formam sete pares de divindades-mistérios.

Com isso entendido, então temos o início da bipolarização ou separação da Criação por meio dos seus aspectos (macho-fêmea; positivo-negativo; irradiante-absorvedor; expansor-concentrador, etc.). E cada uma dessas 14 divindades-mistérios absorve no lado de dentro os mesmos fatores gerados por Deus, mas, após graduar cada um à sua frequência vibratória mental, irradia-os por meio do seu mistério, que é a divindade em si mesma.

Assim entendido, então como há uma divindade-mistério masculina e outra feminina para cada sentido, então um mesmo fator original gerado por Deus será irradiado para dentro do primeiro plano da vida, em 14 vibrações diferentes.

Assim, um fator que no lado interno da criação tem uma única forma, ao ser exteriorizado pelas 14 divindades-mistérios, ele o é feito em 14 frequências vibratórias diferentes e assumem 14 formas diferentes. E, por terem formas diferentes, não se ligam entre si e não reproduzem no lado de fora da Criação o que dentro dela é denominado "unidade".

Essa unidade ou "unicidade" existente no lado interno da Criação é que faz com que Deus seja identificado como uno e indivisível e faz com que Nele tudo coexistia como partes inseparáveis de um todo, que é Ele em si mesmo.

Em Deus só existe uma vibração, um magnetismo, uma frequência, um "estado", etc., e cada uma de suas partes é inseparável das outras, tal como acontece com as partes do nosso corpo, em que uma existe para dar sustentação às funções das outras.

O cérebro, o coração, os pulmões, os rins, o fígado, o estômago, o órgão reprodutor, etc., só subsistem porque formam um todo inseparável e, ainda que cada um desempenhe uma função específica no todo que é o corpo humano, no entanto, se for isolado ou removido, perde sua funcionalidade e morre.

A unidade existe em Deus e no lado interno ou divino da Criação, onde cada "coisa" só existe como parte de um todo, pois se for isolada perde sua função e deixa de existir.

Por isso Deus é interpretado e descrito como único ou a "unidade" e início da Criação, já que nele ou "dentro" Dele tudo o que existe é parte indissociável Dele.

Na simbologia, Deus é o ponto central do círculo, sendo que o ponto é Ele e o espaço ao seu redor é a sua Criação, uma vez que dentro Dele apenas existe Ele e somente Ele o habita, enquanto, dentro do círculo à sua volta, está tudo o que Ele gerou em si e exteriorizou por meio do Seu "setenário sagrado", ou dos "Seus sete sentidos", ou "Seus sete mistérios" criadores geradores.

Na magia simbólica da Umbanda, o ponto central simboliza o lado interno da criação e os polos mágicos simbolizam as divindades-mistérios, assim como os sete círculos têm vários significados, mas todos análogos, ou seja, tanto significam os sete planos da vida quanto os sete reinos naturais; ou as sete esferas universais, que por sua vez reproduzem-se em nosso planeta como as sete esferas extras planetárias ao redor do ponto central, que é o planeta Terra como um todo em si mesmo.

Após esse comentário, voltemos à fundamentação da Escrita Mágica Simbólica, a partir dos fatores. O fato é que, em Deus, cada fator é em si uma unidade indivisível, mas ao ser absorvido no lado de dentro da Criação e ser exteriorizado no primeiro plano (o primeiro círculo ao redor do ponto central), ele o é por meio de 14 vibrações diferentes e em cada uma assume uma forma própria, e somente é reproduzida pela frequência vibratória da divindade que está irradiando-o continuamente por meio de sua emanação energética mental.

Nesse ponto, o que era único é irradiado de 14 formas diferentes e assume 14 formas semelhantes entre si, mas não iguais, pois o magnetismo mental de cada divindade-mistério abre-se para o lado externo da Criação com uma "angulação ou curvatura" únicas.

Na multiplicação de um fator, a unicidade inicial que ele possuía no plano interno da Criação volta a refazer-se e uma divindade-mistério apenas o irradia de uma única forma por meio de uma vibração única e só dela. Fato esse que garante estabilidade à Criação, pois a unicidade restabelecida em cada uma das 14 novas formas de um fator garante a sua repetição naquilo que ele vier a gerar no mundo manifestado.

Com isso, o primeiro plano da vida adquiriu estabilidade e se tornou a base da Criação e cada fator divino passou a ser irradiado para ele de 14 formas diferentes, por meio de 14 vibrações puras.

Tomemos para exemplo o fator gerador. Em Deus, o seu fator gerador tem uma única forma; vibra em uma única frequência; flui por meio de uma única vibração e gera tudo.

No primeiro plano da vida, ele adquire 14 novas formas; vibra em 14 novas frequências; flui por meio de 14 novas vibrações e já não gera tudo como foi em cada frequência; ele gera uma parte do que precisa ser gerado no lado de fora da Criação.

Na origem, temos um único fator gerador que gera tudo. No primeiro plano, temos 14 fatores geradores diferenciados, sendo que um gera fé; outro gera amor; outro gera conhecimento; outro gera razão; outro gera caráter; outro gera saber e outro gera criatividade.

Pois bem! Diferenciadas na irradiação, as divindades-mistérios da fé (os Orixás fatorais da fé) absorvem o mesmo fator, mas o irradiam de formas diferentes.

Esses fatores geradores são pentagramas, mas não são iguais e não realizam as mesmas funções, pois um gera "sentimentos de fé" de forma passiva, temporal, com linhas retas, mas com uma abertura de vértice de 60° (sentido da fé); e o outro gera sentimentos ordenadores (sentido da lei) do caráter e sua abertura de grau é de 45° (lei).

Quanto aos dois pentagramas, são formados por linhas curvas ou atemporais, sendo que o fator gerador feminino irradiado pelo Orixá feminino da fé gera sentimento de religiosidade e o fator gerador feminino do caráter, irradiado pelo Orixá feminino da lei, gera moralismo.

É claro que esses fatores geram outras coisas, mas aqui só nos servimos de uma função para exemplificar de onde vêm os fundamentos da Escrita Mágica Simbólica usada pelos Guias espirituais de Umbanda em seus pontos riscados.

Os graus de abertura de ângulo a partir do ponto central de cada Orixá são estes:

Orixá:	Divide a circunferência em:	Ângulo de abertura:
Logunan	2 partes	Ângulo de 180°
Nanã	3 partes	Ângulo de 120°
Xangô	4 partes	Ângulo de 90°
Oxalá	6 partes	Ângulo de 60°
Iemanjá	7 partes	Ângulo de 51° 25' 48"
Ogum	8 partes	Ângulo de 45°
Oxóssi	9 partes	Ângulo de 40°
Obá	10 partes	Angulo de 36°
Obaluaiê	12 partes	Ângulo de 30°
Omolu	13 partes	Ângulo de 27° 41' 24"
Iansã	21 partes	Ângulo de 17° 8' 24"
Oroiná	24 partes	Ângulo de 15°
Oxum	33 partes	Ângulo de 10° 54'
Oxumaré	72 partes	Ângulo de 5°
Exu	360 partes	Ângulo de 1°

Na verdade, são os graus de abertura dos ângulos ou das irradiações a partir do ponto central do círculo (o todo) que determinam a quem pertence um símbolo sagrado, e isso não fica visível nos símbolos riscados pelos Guias espirituais dentro dos seus pontos cabalísticos, porque isso somente seria possível se eles tivessem instrumentos próprios para medi-los.

Como à "mão livre" é impossível riscar com precisão absoluta o grau de abertura ou de curvatura de um símbolo ou signo mágico, os Guias se servem de uma regra geral, que é esta:

O ponto riscado como um todo e os símbolos e signos como suas partes podem não ter sido riscados perfeitos, mas ao ativá-los, o Guia mentaliza os poderes divinos que atuarão por vibrações por meio deles que, no lado etérico, tanto o ponto riscado quanto seus símbolos e signos mágicos se mostrarão perfeitos e capazes de realizar todas as ações magísticas que o Guia lhes determinar.

Essa regra não foi criada pelos Guias espirituais, e sim estabelecida pela Lei Maior, porque as divindades sabem que à mão livre é impossível para um Guia incorporado em um médium riscar corretamente o seu ponto de trabalho.

Assim como os 14 Orixás fatorais têm seus "ângulos de abertura" das suas irradiações, fato esse que se repete desde o primeiro até o sétimo plano da vida, os membros de suas hierarquias divinas formadas por Orixás aplicadores dos seus mistérios originais no campo de ação dos outros Orixás, eis que surgem novas graduações "nos ângulos de abertura" e, no caso dos pentagramas, surgem novos pentagramas com novos graus de abertura.

Tomemos para exemplo o grau de abertura do Orixá mediador de Ogum nos campos da fé de Oxalá, conhecido na Umbanda como Ogum Sete Lanças. O grau de abertura da irradiação de Ogum é 45° e o de Oxalá é de 60°.

Para saber o grau de abertura do pentagrama do senhor Ogum Sete Lanças, basta somar 45° + 60° = 105° e dividir a soma por 2 (105°: 2 = 52° 30'), que teremos um pentagrama com 52° 30' de abertura em seu vértice a partir do ponto central.

Observem isto:

O pentagrama de Iemanjá tem 51° 25' 48" de abertura e o de Ogum tem 45°, que, somados (51° 25' 48" + 45° = 96° 25' 48") e divididos por 2, o resultado é 48° 12' 36", fato esse que gera um novo pentagrama com 48° 12' 36" de abertura.

Assim, todos os Orixás possuem seus pentagramas, sendo que tanto os que são divindades-mistérios (Oxalá, Ogum, Oxóssi, Xangô, Omolu, Oxumaré, Obaluaiê, Iemanjá, Nanã, Oxum, Oba, Oroiná, Iansã, Logunan) quanto os que são classificados como seres divinos manifestadores dos mistérios dos seus regentes no campo dos outros regentes.

O senhor Ogum Sete Lanças é um ser divino regido pelo Orixá Ogum, que o qualifica como um "Ogum" e é aplicador do mistério da lei no campo do Orixá Oxalá, que o identifica como "Sete Lanças".

O senhor Ogum Marinho é um ser divino regido pelo Orixá Ogum, que o qualifica como um "Ogum" e é um aplicador do mistério da lei no campo do Orixá Iemanjá, que o identifica como "Marinho".

- O pentagrama de Ogum tem 45° de abertura.
- O pentagrama de Iemanjá tem 51° 25' 48" de abertura.
- O pentagrama de Oxalá tem 60° de abertura.

Sim, existe uma geometria sagrada, pouco conhecida por nós, que determina as aberturas de graus das irradiações divinas, geometria essa que é uma ciência em si mesma, ainda não aberta ao plano material.

Mas é nela que a Umbanda fundamenta sua Escrita Mágica Simbólica Sagrada, ou "magia do ponto riscado", chamada por muitos de pontos cabalísticos, numa alusão à Cabala judaica e seu simbolismo sagrado.

Só por esses poucos exemplos aqui mostrados esperamos que o amigo leitor, estudioso da simbologia da Umbanda, vislumbre o imenso conhecimento ocultado por trás dos pontos riscados pelos Guias espirituais, conhecimento esse mantido oculto até da maioria dos Guias, pois são poucos os que já tiveram acesso a ele na sua íntegra.

A maioria dos Guias espirituais se serve de alguns pontos que são invariáveis e neles firmam sempre os mesmos poderes divinos, criando com isso seu ponto de trabalho.

Além desse ocultamento, existe outra forma de ocultar os poderes com os quais se está trabalhando em um ponto riscado e, em vez de riscar todo um símbolo, risca-se somente uma parte dele.

Observem que aqui somente recorremos a uns poucos exemplos para que tenham uma ideia da grandeza da ciência divina por trás da Magia Riscada de Umbanda Sagrada.

Pensem nisto: Deus gera em seu íntimo uma quantidade infinita de fatores divinos e os exterioriza para a criação por meio das suas divindades-mistérios, que absorvem todos eles no lado de dentro da criação e cada uma exterioriza-o já com uma nova forma ou nova abertura de irradiação.

Se existem "milhares" de fatores originais no lado interno da criação, com suas formas também originais e únicas, ao serem exteriorizados assumem, cada um, muitas outras formas não iguais, mas semelhantes, que geram uma infinidade de símbolos parecidos porque todos derivam de um único fator, mas com todos já transmutados e adaptados às necessidades do meio onde, como energias, dão sustentação aos meios e à evolução dos seres. Os símbolos derivam dos fatores de Deus!

As Hierarquias Espirituais

Em outros livros de nossa autoria, descrevemos e comentamos amplamente sobre as hierarquias divinas. Agora, vamos comentar as hierarquias espirituais, que são numerosas e identificadas por nomes simbólicos, sendo que uma "linha de trabalho" com o nome "Pai João do Congo" é diferente de outra "linha de trabalho" denominada "Pai João de Mina" e, ainda que ambos se apresentem como "Pai João", no entanto um está ligado a uma linhagem de sacerdotes "congoleses" e o outro, a uma linhagem de sacerdotes do povo "mina" (também conhecidos como Mina-Gege).

Na Umbanda, os espíritos que se apresentam com o nome de "Pai João do Congo" são membros de uma hierarquia espiritual, e os de nome "Pai João de Mina" são ligados a outra e, ainda que tenham muitas semelhanças, no entanto, são regidas por Orixás diferentes.

Já com as hierarquias espirituais, os espíritos membros delas conservam as "aparências plasmáticas" de suas últimas encarnações, fato esse que os distingue uns dos outros tornando-os reconhecíveis e identificáveis mediante às diferenças marcantes nos seus tipos físicos e nos seus traços fisionômicos.

Mas além desses diferenciadores existem outros, e o que mais os distingue é a facilidade de atuarem sob a irradiação de quase todos os Orixás e de realizar com desenvoltura ações nos campos de atuação deles.

Graças a essa adaptabilidade dos espíritos humanos, eles acabam por se integrarem às irradiações divinas sétuplas, cujos mistérios têm regência coletiva, ou seja, em um mistério sétuplo atuam todos os Orixás formadores do Setenário Sagrado regente do nosso planeta.

Integrados às hierarquias espirituais dos mistérios sétuplos, os espíritos humanos "graduados" por um dos Orixás regente dele passam a atuar onde for preciso porque o magnetismo mental também sétuplo dos espíritos permite-lhes sintonizarem-se mental e vibratoriamente com aquele que for preciso.

Isso, essa capacidade ou faculdade dos espíritos, já vem reintegrando-os às hierarquias espirituais dos Orixás há milênios e não é algo novo ou que apenas surgiu com a Umbanda. E, justamente porque já existe há milênios, essas hierarquias espirituais que contam com milhões de membros atuantes, a Umbanda fundamentou suas linhas de trabalhos espirituais nelas.

Com essa fundamentação, abriu-se para as "sessões de trabalhos" um manancial inesgotável de "espíritos guias", pois todos provêm dessas hierarquias espirituais regidas pelos Orixás.

Como as hierarquias espirituais já existem há milênios incontáveis e cada uma delas vem agregando e incorporando espíritos em todo o lado espiritual da Terra, em uma mesma "linha de trabalhos espirituais de Umbanda Sagrada" encontramos, por exemplo, na linha espiritual "Caboclo das Sete Encruzilhadas", espíritos que, em suas últimas encarnações, uns haviam sido índios brasileiros, outros haviam sido sacerdotes de uma ou de outra religião, outros eram sacerdotes dos "cultos de nação" africanos, outros eram sábios, filósofos, alquimistas, etc., provindos dos mais diversos povos.

Se pegarmos a "Linha dos Caboclos Sete Encruzilhadas" como exemplo, é porque o seu regente espiritual foi o espírito mensageiro que anunciou a fundação da Umbanda como religião, e uma das suas mensagens mais marcante e mais reveladora foi esta: "Com os espíritos mais evoluídos aprenderemos; aos mais atrasados ensinaremos; e a nenhum renegaremos".

Essa mensagem tem um caráter tão elevado e tão universalista que encerra em si mesma uma das maiores qualidades da Umbanda: estar aberta para todos, desde os espíritos e pessoas evoluidíssimas até as pessoas e espíritos menos evoluídos ou que regrediram e desejam retomar suas evoluções na senda da luz.

Por isso, podem tornar-se médiuns ou dirigentes espirituais, tanto as pessoas que mal sabem ler e escrever quanto aquelas com formação universitária. O que os distinguirá como bons ou maus médiuns e dirigentes espirituais não serão seus graus de instrução nas escolas terrenas, e sim seus humanismos (bondade, caridade, paciência, tolerância, perseverança, dedicação, humildade) diante dos espíritos guias e dos Orixás, respeito aos seus semelhantes, fraternidade, compreensão ante as dificuldades e sofrimento alheios, dons pessoais já desenvolvidos em outras vidas ou outros planos, etc.

Temos dentro da Umbanda médiuns e dirigentes com as mais diversas profissões, desde lavradores até cientistas, desde analfabetos até professores com várias cátedras, sendo que, após incorporarem seus guias, neles se anula a pessoa "fulano de tal" e apresenta-se o "Caboclo tal", cujo nome simbólico indica a hierarquia à qual está ligado e por meio da qual atua como "Guia espiritual da lei da Umbanda".

Também temos entre os Guias espirituais desde "índios até negros africanos", que em suas últimas encarnações não tiveram conhecimento da "cultura" europeia ou dela se mantiveram alheios ou distantes.

Mas, porque não aprenderam a ler ou a escrever, não significa que eram ignorantes ou incultos, pois as suas culturas eram outras e estavam ligadas ao próprio meio onde viveram e à forma de vida que levavam, nem melhor nem pior que a dos europeus. Apenas eram povos e culturas diferentes!

Se o europeu aprendia Botânica ou Medicina em universidades renomadas da Europa, os indígenas brasileiros e os povos africanos aprendiam na maior das Universidades, que é a natureza. Tanto aprendiam pela transmissão oral, em que os mais velhos ensinam os mais novos, quanto observando e estudando tudo à sua volta e que compunha um todo com eles no centro desse todo natural.

Não aprendiam sobre o "princípio terapêutico das plantas", mas sobre "o que cada planta curava", e delas se serviam com um conhecimento impressionante, porque seus pajés eram "enciclopédias ambulantes de botânica e de farmacologia", ainda que assim não se achassem, e sim sabiam ser responsáveis pela saúde e bem-estar das suas tribos.

A palavra "ignorante" deve ser entendida no seu sentido literal, pois fora dele é pejorativa. Se não, então vejamos: ignorar significa não saber. E ser chamado de ignorante é pejorativo porque tem o significado de idiota, burro, etc.

Os indígenas sabiam "ler" o clima e a natureza; conheciam milhares de plantas medicinais; não plantavam ou colhiam da natureza mais do que precisavam e não caçavam ou pescavam mais do que o necessário.

Andavam nus ou seminus, mas não precisavam de leis moralizadoras porque a visão de corpos nus de homens ou de mulheres não atiçava neles a "libido ou a devassidão", tão combatida entre os povos do segmento religioso judaico-cristão-islamita, em que o nascimento de um novo ser é "fruto do pecado" original cometido por Adão e Eva, certo?

Nascia, crescia, vivia e morria, nu ou seminu, vendo assim seus pais, seus irmãos e irmãs e seus filhos e netos. Logo, para eles a nudez tão combatida pela Igreja e pela "cultura" europeia aqui estabelecida não tinha sentido, não porque fossem celibatários, e sim porque nesse sentido tudo acontecia em outro estado de consciência e outro era o entendimento sobre as funções reprodutoras e maritais.

Não eram ignorantes porque conheciam tão bem a fauna e a flora, que ensinavam os europeus sobre os bichos desconhecidos por eles assim como lhes ensinaram sobre as propriedades terapêuticas das plantas aqui existentes.

Podiam não se servir da escrita para acumular conhecimentos, mas possuíam a tradição oral para preservá-los e transmiti-los às novas gerações. Portanto, não saber ler e escrever pode ser algo ignorado pelos índios brasileiros e pelos africanos aqui trazidos à força, assim como, por muitos médiuns umbandistas que não puderam frequentar a escola. Mas os parâmetros divinos que definem as pessoas são outros, e quem possui o dom mediúnico o possui, e quem não possui, não possui, e ponto final.

Portanto, ser médium independe da religião que a pessoas siga; da profissão que exerça e do grau de instrução que possua.

Assim como ser guia espiritual independe de ter tido essa ou aquela formação cultural ou religiosa, pois o que dá aos espíritos a capacidade de auxiliarem os encarnados é a soma do aprendizado e da evolução, alcançados em muitas vidas vividas entre os mais diversos povos.

Guias Espirituais de Umbanda

Nós sabemos que o ato de incorporar espíritos acontece desde os primórdios da humanidade, sendo que tanto acontecem incorporações controladas quanto totalmente fora de controle.

As incorporações controladas acontecem dentro de trabalhos mágico-religiosos, também tão antigos quanto a humanidade, não sendo exclusividade da Umbanda reproduzir regularmente esse fenômeno mediúnico porque povos muito antigos, que desconhecem a existência dela, já praticam há milênios a incorporação controlada de espíritos, ainda que elas se mostrem de forma diferente ou menos elaboradas que na Umbanda, pois esta ritualizou e diferenciou a incorporação por meio das manifestações por arquétipos.

Já as incorporações descontroladas vêm acontecendo desde os primórdios da humanidade e não está limitada a um ou outro povo porque acontece em todos os lugares, sendo que nem sempre foi aceita como tal, e sim se atribuiu a esse fenômeno a denominação de loucura, possessão, etc., segregando essas pessoas de suas famílias e da sociedade porque, quando possuídas, se tornam incontroláveis.

A incorporação ou possessão descontrolada de espíritos foi explicada no decorrer dos tempos por todas as religiões, e cada uma a descreveu segundo seu entendimento sobre o assunto, com cada uma desenvolvendo um formulário mágico-ritualístico para lidar com esse fenômeno.

Ainda hoje, em pleno século XXI, vemos algumas religiões lidando com esse fenômeno de um modo arcaico e já ultrapassado, pois desde o advento de Allan Kardec e do Espiritismo, essas possessões foram muito bem descritas e explicadas, por meio de livros à disposição de todos, facilitando a compreensão da mediunidade, que não tem nada a ver com a existência de um suposto "diabo" tão poderoso e oposto a Deus, que vive tentando as pessoas e possuindo-as para levá-las para o inferno.

Hoje, graças ao trabalho de Allan Kardec, compreendemos perfeitamente essas possessões descontroladas e até podemos auxiliar médiuns possuídos por espíritos vingativos a lidarem com essa faculdade mediúnica, livrando-os do sofrimento ao qual estavam submetidos.

Então, que fique bem claro para todos que não existe uma só religião para auxiliar pessoas com desequilíbrios acentuados em suas faculdades mediúnicas.

Para uma correta compreensão da possessão descontrolada, devemos primeiramente acreditar na imortalidade do espírito. Depois, acreditar que, se muitos evoluem no plano material e desenvolvem um elevado estado de consciência que os conduz a planos espirituais luminosos, também acontece a regressão consciencial que conduz muitos espíritos a planos espirituais escuros, retendo-os para que, no arrependimento, corrijam-se.

Também sabemos que, assim como muitos espíritos que evoluíram agradecem a Deus e colocam-se como auxiliares dos que reencarnam, muitos dos espíritos que regrediram consciencialmente revoltam-se contra Deus e tornam-se perseguidores dos espíritos encarnados, principalmente daqueles que eles acham que são os responsáveis pelas suas quedas.

Esses espíritos "caídos" formam numerosas hordas de afins que sentem prazer em desencaminhar os espíritos retidos nas faixas vibratórias negativas, desenvolvendo neles a revolta contra Deus e a busca de vingança contra seus desafetos ou inimigos, ainda encarnados ou não.

Pois bem, como isto já foi muito bem descrito por Allan Kardec, que criou um sistema de lidar com esses espíritos dando origem ao Espiritismo, então precisamos compreender o contexto em que se insere à Umbanda, que adotou muitos dos conhecimentos trazidos por Allan Kardec, mas adaptou-os em uma forma diferente de utilizá-los.

Se no início do século XX o Espiritismo estava em plena expansão, desenvolvendo um trabalho muito grande de auxílio às pessoas obsedadas por seus algozes espirituais, no entanto eles se deparavam com a imensa quantidade de pessoas que não estavam sofrendo obsessão, mas sim eram vítimas das mais diversas modalidades de magia negativa praticadas aqui no plano material por pessoas conhecedoras delas e que recorriam a elas para se vingar dos seus desafetos ou inimigos encarnados.

Com as possessões ou obsessões o Espiritismo lidava muito bem, mas com as magias negativas englobadas no nome "magia negra", não possuía os recursos mágicos necessários para anulá-las e libertar as pessoas de ações muito bem direcionadas para destruí-las.

Voltando no tempo, encontramos em todos os continentes várias religiões, muitas delas já desaparecidas, que tinham a magia positiva ou "branca", que era o recurso para anularem as ações mágicas negativas e livrarem as pessoas vitimadas por elas dos sofrimentos que elas lhes acarretavam. Mas muitas dessas antigas religiões, que tinham na magia positiva o antídoto correto contra a magia negativa, haviam desaparecido quase por completo, restando apenas poucos conhecedores profundos da verdadeira magia delas. Então, o plano espiritual se movimentou para criar, nos moldes do Espiritismo, uma nova religião que teria na magia um poderoso recurso para auxiliar pessoas vitimadas pelos que recorriam à magia negra para atingi-los.

O pouco que havia restado dessas antigas religiões estava refém de algumas pessoas que não se limitavam apenas à prática da magia branca, e sim, dependendo da recompensa, também realizavam magias nefastas ao gosto dos seus contratantes. Porque eram muitos os que procuravam esse tipo de acerto de contas com seus desafetos ou inimigos, muito era o sofrimento das pessoas vitimadas por elas e que, se não podiam pagar para quem sabia desmanchá-las, ficavam sofrendo sem ter a quem recorrer, pois tanto a feitiçaria indígena praticada aqui no Brasil quanto a europeia e a africana, etc., não fazem distinção na sua prática, e sim tanto a realizam para o bem quanto para o mal, sendo que seus praticantes atribuem a responsabilidade por elas aos que os contratam, eximindo-se de qualquer culpa.

Foi diante desse quadro sombrio que a espiritualidade superior se organizou para criar uma religião nos moldes do Espiritismo, voltada para a prática da magia branca, com uma dinâmica própria para se contrapor à prática da magia negra.

Assim como a prática da magia negra envia para as faixas negativas os seus praticantes, a magia branca envia para as faixas positivas os praticantes dela. E foi entre os espíritos praticantes da magia branca que essa nova religião ressonou mais intensamente, atraindo muitos milhares deles que aceitaram organizar-se para, por meio da incorporação mediúnica controlada, começarem a ajudar as pessoas vítimas de magias negras.

Espíritos de grande evolução arregimentaram muitos milhares de outros que já seguiam suas orientações e, diante dos Sagrados Orixás, assumiram o compromisso de, dentro da nova religião, criar linhas de trabalhos espirituais que, ligadas e regidas pelos Orixás, formariam a espinha dorsal da nova religião denominada inicialmente de **Linha Branca de Umbanda e Demanda.**

Esses espíritos de grande evolução arregimentaram muitos milhares de outros espíritos também conhecedores da magia e que, em suas últimas encarnações, haviam pertencido a várias religiões e povos diferentes, inclusive praticavam de formas distintas suas ações e, que quando começaram a incorporar, solicitavam dos seus médiuns elementos de magia diversificados.

Uns trabalhavam com ervas, outros com velas, outros com colares, outros com pontos riscados, outros com fitas, linhas e cordões, outros com bebidas, outros com pós, etc., criando em pouco tempo um vasto formulário mágico umbandista que, se usava os mesmos elementos usados em outras religiões mágico-religiosas, no entanto davam a esses elementos uma utilização diferente, e isso causou espanto nos tradicionalistas que, desconhecendo o poder mágico dos guias de Umbanda, achavam que a nova religião agia de forma profana com elementos de magia tidos como sagrados para eles.

Na verdade, não são os elementos que contêm poderes em si mesmos, e sim eles estão nas mãos dos espíritos guias de Umbanda que os manipulam segundo a necessidade das pessoas que os consultam, e eles, livres de qualquer convencionalismo ou ritualismo, os manipulam o tempo todo sem se preocupar com o que deles falem quem duvida dos seus poderes mágicos.

Portanto, a nova religião criada com o nome de Umbanda diferencia-se do Espiritismo tradicional, ainda que se sirva dos seus conhecimentos, e diferencia-se dos tradicionais cultos afro-ameríndio-brasileiros porque, ainda que se sirva das suas nomenclaturas ou iconografia, no entanto deu a elas uma nova utilização e entendimento visando facilitar seus trabalhos mágico-religiosos em benefício das pessoas vitimadas por nefastas magias negativas.

Essa simplificação na manipulação dos elementos de magia e de culto e acesso às Divindades é o que diferencia a Umbanda do moderno Espiritismo e das antiquíssimas religiões mágicas, e engana-se quem pensa que todos os espíritos são iguais, pois há aqueles que não são capazes de uma única ação mágica e há os que têm grande poder de realização desenvolvido quando ainda viviam no plano material e que foram aperfeiçoados depois que desencarnaram, e que, já livres das limitações do corpo biológico, se sentiram aptos a ampararem muitas pessoas ao mesmo tempo, trabalho esse que podem realizar após ingressar em alguma linha de trabalhos espirituais umbandistas.

Não houve o acaso na criação da Umbanda, e ela atendeu a um clamor dos espíritos altamente evoluídos direcionado a Deus para que Ele lhes facultasse uma via religiosa afim com suas formações passadas, onde, ainda no plano material, já se dedicavam a amparar e ajudar pessoas vitimadas por magias negativas ou perseguidas por seus inimigos espirituais.

Muitos, ao descreverem a criação da Umbanda, se limitam ao evento acontecido no lado material, com o seu fundador pai Zélio Fernandino de Morais, e não atinam com sua real criação já acontecida no plano espiritual.

Portanto, que nenhum médium umbandista se surpreenda com a forma dos seus guias trabalharem e não atribua a eles ignorância ou atraso religioso, porque as religiões denominadas "filosóficas" não sabem como combater as ações mágicas negativas, desencadeadas em grande parte por seguidores delas, que buscam nessa modalidade de magia acertar suas contas pendentes com seus inimigos encarnados e, justamente por não saberem lidar de forma correta com a magia negra e com as hordas de espíritos trevosos que atormentam seus seguidores, preferem atribuir o sofrimento deles a um suposto diabo oposto a Deus do que reconhecerem que a prática do mal contra os seus semelhantes é inerente ao ser humano, mas que essas religiões não sabem como combater.

Trabalho com Espíritos Sofredores na Umbanda

Todo médium é possuidor de um magnetismo diferenciado e que, por razões desconhecidas, o torna atrator natural de cargas energéticas e espirituais negativas de outras pessoas. Podemos dar várias explicações a esse magnetismo que atrai essas cargas negativas, mas, com certeza absoluta, não temos algo que o explique de verdade.

O que sabemos é que, se um médium desenvolver e aperfeiçoar suas faculdades mediúnicas, ele pode ser muito útil aos seus semelhantes, assim como consegue detectar as cargas negativas que lhe chegam, ainda que muitas vezes não as interprete corretamente e fica confuso e revoltado porque acredita que, se está fazendo a caridade espiritual aos seus semelhantes, então não deverá sofrer este tipo de transtorno.

Essa reação dos médiuns com suas mediunidades é corriqueira e muitos abandonam sua religião ou se transferem para outra na esperança de não sofrer mais, ou se entregam à revolta e ao ateísmo, que é uma fuga, porque não aliviam seu sofrimento.

Então, se é assim com muitos médiuns umbandistas, precisamos entender alguns dos mecanismos desse magnetismo e aprender a lidar e solucionar racionalmente o problema das sobrecargas que os médiuns atraem para si.

Mecanismos ou Funções do Magnetismo Mediúnico

1º) Criar um campo diferente daqueles que já possui ao redor do seu espírito. Esse campo é mental e não espiritual, e é por meio dele que tanto os Guias espirituais incorporam no médium quanto é nele que se acumulam as sobrecargas negativas.

2º) Esse magnetismo, quando está positivo, repele as sobrecargas negativas; quando está negativado ou em desequilíbrio pulsatório, atrai e internaliza as sobrecargas negativas alheias, sobrecarregando o médium e desequilibrando-o emocionalmente.

3º) Essa ocorrência negativa traz para o médium dificuldades as mais variadas, porque, ao mesmo tempo que o incomoda, impede a incorporação das suas próprias forças espirituais.

Quanto mais sobrecarregado está esse campo magnético, mais difícil se torna a incorporação dos Guias espirituais, chegando a um ponto que, toda vez que o médium tenta incorporar, quem se manifesta é algum espírito perturbado (obsessor, vampirizador, sofredor ou vingativo).

4º) O magnetismo do médium de incorporação, se por um lado lhe é prejudicial, por outro lado é o campo que lhe facilita interagir mentalmente com os problemas das pessoas, identificando-os e indicando soluções para elas.

5º) O magnetismo mental do médium em equilíbrio auxilia-o porque internaliza as cargas energéticas positivas alimentando o seu mental. Sabendo disso, o médium de incorporação tem de detectar as sobrecargas negativas e saber como se libertar delas.

Um dos recursos é ir à natureza, firmar a força de um Orixá e pedir-lhe que remova e descarregue toda e qualquer sobrecarga negativa retida em seu campo mediúnico. Outro recurso é ele ou outros médiuns transportarem os espíritos retidos dentro desse campo, descarregando--os, curando-os e encaminhando-os para um plano superior.

Outro recurso é o médium firmar seu pensamento e pedir às suas forças que tragam, já acorrentado, o verdadeiro responsável pela sobrecarga, pois ao puxá-la para si de outra pessoa, o responsável por ela não vem junto ou fica do lado de fora desse campo ao qual já conhece.

É claro que tudo isso deve ser feito com auxílio de outro médium experiente ou incorporado com o guia dele, que dará sustentação e proteção no transporte de uma força desconhecida.

Por trás de toda sobrecarga energética e espiritual absorvida por um médium de incorporação está uma demanda feita contra alguém ou estão espíritos perseguidores desse alguém e que estão prejudicando-o além do permitido pela Lei.

Nesse ponto, o magnetismo de um médium reage como uma força que intervém em benefício da pessoa que está sofrendo e não tem como se libertar das forças espirituais que o estão atacando.

Porque isso é assim com os médiuns não se sabe ao certo, mas podemos deduzir que ele é um socorrista, que tanto pode atuar conscientemente em benefício dos seus semelhantes, alertando-os sobre suas sobrecargas negativas e trabalhando daí em diante no benefício deles, ou pode atuar de forma inconsciente, não dizendo nada e, mesmo sem querer, toda vez que se lembrar deles interagirá mentalmente por meio do seu pensamento e puxará para dentro do seu campo parte das sobrecargas que as afligem.

Firmezas de Forças Espirituais na Umbanda

O fato de o médium atrair essas cargas espirituais para seu campo mediúnico é muito comum, principalmente quando ainda se está desenvolvendo e não fez suas firmezas e amacis. No movimento das giras dos Orixás, eles estão removendo a carga de dentro do campo mediúnico e, enquanto não vier o verdadeiro "dono da carga", o médium não consegue incorporar. O que vemos é que muitos médiuns conseguem, no início, receber apenas espíritos sofredores, obsessores e vampirizadores.

Dentro de terreiros, muitas vezes o médium percebe que atrai cargas de outras pessoas e pode erroneamente interpretar como sendo trabalhos de demandas de outros médiuns da casa, mesmo porque, quando pede intuição aos seus Guias, pode vir essa pessoa na sua cabeça. O que acontece é que a pessoa que lhe vem à mente pode estar realmente sofrendo uma atuação negativa e, como ele pode ajudá-la, acontece uma transferência, ou melhor, uma "doação" das cargas negativas para o campo que está positivado, então as duas pessoas ficam "carregadas", e é disso que tratamos aqui. "Como descarregar a si mesmo e ainda ajudar o outro" é o que nos propusemos

O que foi descrito nas linhas anteriores trás uma desarmonia violenta, uma desestabilização de correntes mediúnicas, porque um puxa carga do outro e nós, tomados pela emoção, muitas vezes mandamos de volta o que cremos que foi uma demanda, piorando a situação. Devemos, antes de tudo, colocar a razão acima da emoção, e a saída mais inteligente é descarregar a si mesmo porque, quando isso acontece, o outro também é beneficiado. Isso também é muito comum em ambientes de trabalho profissional, em que muitas vezes existem realmente demandas, mas direcionadas contra a empresa. Esses trabalhos de magia negativa direcionados para firmas e seus dirigentes são muitíssimos bem feitos e "pega" em tudo e em todos que lá trabalham. Um vendedor, por exemplo, pode não vender nada e achar que o problema está com ele quando, na realidade, está num trabalho negativo contra a empresa onde trabalha. Isso desarmoniza toda a equipe de funcionários e a empresa balança.

O ambiente de trabalho é muito carregado, então a pessoa (médium) fica carregada, e a saída é trabalhar o problema lá (no ambiente profissional).

Eu tinha muita sensibilidade e, quando aparecia alguém com problemas espirituais, logo percebia quando a pessoa estava muito sobrecarregada. E o interessante é que me vinha tudo o que estava se passando com ela. Eu a chamava num canto e conversava com ela, e o incrível é que em 100% dos casos era confirmado o que me tinha sido intuído.

Às vezes você tem de ser "cara de pau" e limpar na hora a carga da pessoa para que ela não fique com você.

Eu, muitas vezes, após o expediente profissional, recebia essas pessoas na minha casa e terminava de descarregá-las, tudo, claro, dependendo da crença das mesmas.

E eu pensava isto: será que, como dizem, porque sou médium sou um grande devedor perante a Lei e tenho de pagar atraindo todas essas cargas?

Mas a verdade é esta: se essas cargas vêm até nós, os médiuns, é porque temos condições de ajudar essas pessoas, se estivermos bem preparados!

De qualquer forma, o mais inteligente é aprender a firmar suas forças, porque quem é médium continuará sendo por toda esta vida, até morrer.

O médium tem de ter as suas forças firmadas!

Muitas vezes, seus guias criam campos protetores para você, ao redor e por fora do seu campo mental. Muitos médiuns usam toda uma sorte de adereços consagrados, tais como: pulseiras, colares, anéis, etc., que são trabalhados visando à sua proteção. Outros usam amuletos ou firmam espíritos, também para sua proteção.

Hoje não fico colocando minhocas na cabeça, simplesmente faço o que devo fazer para ficar bem.

O amaci no Ori facilita a incorporação das forças do médium, porque seu campo mediúnico é purificado e ele pode dar passagem aos seus guias e não aos espíritos sofredores.

A magia consegue tirar essas cargas se elas não estiverem instaladas no campo mediúnico. Temos de aprender a nos livrar dessas coisas de uma forma fácil, o menos sofrível.

Assentamento de Orixás

Uma das coisas que mais preocupa os médiuns umbandistas é o assentamento dos seus Orixás, até porque na Umbanda não se procede como em outros cultos afros, em que apresentar Orixá é assunto fechado.

Os umbandistas ouvem falar sobre o assentamento de Orixá ou de "forças" e fica preocupado, porque poucos conhecem realmente os fundamentos de um assentamento.

De fato, um médium com seus Orixás firmados corretamente na natureza está bem fundamentado nesse campo. E um dirigente de Centro, com seus Orixás e forças firmadas na natureza e assentados em sua casa, está mais bem amparado, assistido e protegido que aquele que não fez esses fundamentos.

Então é preciso desenvolver todo um conhecimento sobre esses assuntos e colocá-los ao alcance de todos os umbandistas, seja eles médiuns ou dirigentes, porque muitos pagam um preço altíssimo para os seguidores dos outros cultos afros fazerem seus assentamentos e depois ficam presos a eles, que os manipulam segundo suas necessidades financeiras.

A Umbanda é uma religião com fundamentos próprios e possui um modo de firmar e assentar os Orixás e as forças espirituais que, se é diferente dos outros cultos afros, no entanto é tão eficiente quanto eles.

É trabalhoso? Sim, exige zelo e dedicação, mas o benefício é imensurável e visível ao bom observador.

Sabemos que as firmezas e os assentamentos que são feitos na Umbanda por conhecedores dos seus fundamentos têm sido mantidos ocultos porque quem sabe como fazê-los aprendeu em algum outro culto afro e também cobra caro para fazê-los para alguém.

Enfim, tudo se resume a uma questão de preço ou de interesses, e não interessa aos detentores do conhecimento que muitos aprendam, senão terão que abaixar o preço.

Pois bem!

Comecemos por definir alguns termos:

• Firmeza: É o ato de é firmar um Orixá e suas forças no seu campo vibratório na natureza ou seu santuário natural.

• **Assentamentos:** É o ato de, após firmar um Orixá e suas forças na natureza, assentá-los no terreiro.

As firmezas, como já foram comentadas, devem ser feitas na natureza, nos pontos de forças dos Orixás.

Já os assentamentos devem ser feitos no terreiro, sendo que os elementos a serem colocados neles devem ser consagrados no momento em que se fazem as firmezas ou as obrigações aos Orixás na natureza.

• **Otá:** É a pedra ou mistério de axé do Orixá.

Geralmente se usa uma pedra rolada como Otá, pedra essa que pode ser recolhida no leito de um rio (limpo) ou adquirida no comércio de pedras ornamentais, onde o médium adquire uma pedra rolada específica para cada Orixá, e que, entre muitas, estas são as que mais se destacam:

- Oxalá – Quartzo transparente
- Logunan – Quartzo Fumê ou Olho de Tigre
- Oxum – Quartzo Rosa ou Ametista
- Oxumaré – Turquesa, Opala
- Oxóssi – Turmalina Verde, Amazonita ou Quartzo Verde
- Obá – Ágata de Fogo ou Axinita
- Ogum – Granada ou Cianita Azul
- Iansã – Apatita, Citrino ou Jaspe Leopardo
- Nanã – Ametrino
- Obaluaiê – Turmalina Melancia
- Iemanjá – Água-Marinha
- Omolu – Turmalina Negra, Ônix Preto
- Exu – Chumbo ou Ferro, Obsidiana
- Pombagira – Pedras Vermelhas
- Exu Mirim – Obsidiana, lava vulcânica, bolinhas de vidro

Essas pedras tanto podem ser roladas ou em estado bruto, mas não devem ser muito maiores que um ovo de galinha.

Os minérios são estes:
- Oxalá – Bauxita
- Logunan – Estanho
- Oxum – Cobre
- Oxumaré – Antimônio
- Oxóssi – Manganês
- Obá – Hematita
- Xangô – Pirita
- Oroiná – Magnetita

- Ogum – Ferro
- Iansã – Níquel
- Nanã – Prata
- Obaluaiê – Cassiterita
- Iemanjá – Platina
- Omolu – Molibdênio (Molibdenita)
- Exu – Chumbo

Fitas, cordões, toalhas, faixas e panos:
- Oxalá – Branco
- Logunan – Azul-escuro
- Oxum – Rosa
- Oxumaré – Azul-turquesa
- Oxóssi – Verde
- Obá – Magenta ou Maravilha
- Xangô – Vermelho ou Marrom
- Oroiná – Laranja
- Ogum – Azul Índigo ou Vermelho e Branco
- Iansã – Amarelo
- Obaluaiê – Violeta ou Branco
- Nanã – Lilás
- Iemanjá – Azul-claro
- Omolu – Roxo
- Exu – Preto
- Pombagira – Vermelho
- Exu Mirim – Preto e vermelho

    Com essa relação de elementos e outros aqui não listados já é possível se consagrar elementos relacionados aos assentamentos dos Orixás ou que podem ser colocados no altar ou em algum outro ponto do terreiro, indicado pelo Guia chefe do médium.

    Todos esses elementos são consagrados como elementos de axé ou de forças dos Orixás e podem ser irradiados por eles no momento em que o médium faz suas firmezas, sendo que devem ficar dentro do círculo de velas por 30 minutos, para, só então, serem retirados, envoltos em um pedaço de tecido e levados para casa, onde ficarão guardados até o dia em que serão colocados no assentamento individual do Orixá de frente ou em um assentamento coletivo, firmado sob o chão do terreiro, na frente do altar.

    O assentamento sob os solos deve ser colocado dentro de um buraco previamente feito.

O buraco no solo pode ser quadrado ou redondo e deve ser revestido de tijolos e cimentos, e a tampa deve ser de concreto para suportar o peso das pessoas que pisarem sobre ele.

O ideal é o buraco ser feito de alvenaria e com as medidas 50x50 centímetros.

Dentro dele, os elementos de axé ou de força do Orixá devem ser colocados de tal forma que criem uma segurança do terreiro que, junto com o assentamento da esquerda, feito do lado de fora do Terreiro, formem os dois lados de uma mesma coisa: o terreiro!

O assentamento do Orixá do médium é denominado de "assentamento central".

O da esquerda é denominado "assentamento externo".

O assentamento da esquerda também pode ser feito no lado de dentro do salão do terreiro, mas isolado por paredes, só sendo aberto para ser iluminado com velas e alimentado com bebidas e comidas de axé das forças da esquerda.

Os elementos a serem colocados nos assentamentos do Orixá e da esquerda do médium dirigente do terreiro devem ter sido consagrados previamente dentro das oferendas de firmeza do Orixá de frente do médium ou em oferendas específicas, uma para o Orixá no seu ponto de forças e outra para o seu Exu Guardião.

Nessas oferendas específicas, feitas à parte e com finalidades consagradoras e imantadoras dos elementos a serem colocados nos assentamentos, não se pede nada mais que a consagração e imantação deles com os axés necessários para que, após serem colocados nos buracos previamente preparados, passem a atuar como pontos de forças localizados no terreiro, defendendo-o de todos os tipos de ataques magísticos negativos e espirituais.

Também é comum os Guias espirituais recomendarem a consagração de elementos de axé e de instrumentos de Magia específicos, só do conhecimento deles e que às vezes recorrem a eles durante seus trabalhos de atendimento ao público frequentador dos centros de Umbanda.

Dentro desse campo, muitos elementos e tipos de assentamentos já foram desenvolvidos no decorrer dos anos pelos Guias espirituais, sempre visando à segurança dos terreiros e à proteção dos médiuns umbandistas.

Mas o conhecimento sobre eles não círculou por dentro da Umbanda e muitas coisas boas ficaram ou ainda estão restritas aos que as receberam da espiritualidade.

Convidamos os Irmãos e leitores umbandistas a visitarem livrarias de editoras de outras religiões para comprovarem o zelo com que tratam em seus livros os conhecimentos interno de cada uma delas.

As editoras da Igreja Católica Apostólica Romana têm em livros todos os fundamentos, todos os ritos e toda sua doutrina, colocados em livros, que são vendidos aos seus sacerdotes, aos seus seguidores e ao público interessado em conhecer essa religião.

Livros escritos há séculos são periodicamente reeditados para que não se percam valiosos conhecimentos desenvolvidos no decorrer de sua evolução como religião.

Lá se preserva todo o conhecimento já desenvolvido e se aperfeiçoa ou se renova continuamente todo um cabedal de assuntos internos, mas colocados ao público.

Aqui, na Umbanda, se alguém escreve um livro sobre a nossa religião, tem todo um "calvário" a ser trilhado caso o coloque à apreciação dos umbandistas.

Esse "calvário" dos escritores umbandistas é sofrido e dolorido, desanimador mesmo, pois uns poucos os leem; muitos, que não se dão ao trabalho de ler, se acham no direito de desclassificar nossos livros e no direito de ofender seus autores, num desrespeito absurdo a quem tem a coragem de tentar melhorar a circulação do conhecimento interno sobre a Umbanda.

É lamentável que isso ainda aconteça dentro da Umbanda, já com mais de 100 anos de existência, mas sem uma bibliografia extensa colocada ao alcance de todos os sacerdotes e médiuns umbandistas, assim como dos seus seguidores ou dos seus estudiosos.

Justamente por essa falta de zelo com os conhecimentos é que muitos umbandistas vão até outros cultos afros em busca de fundamentação para suas práticas.

Se todos os tipos de assentamentos já transmitidos pelos Guias aos seus médiuns tivessem sido registrados em livros ou apostilas e colocados à disposição dos umbandistas, hoje não os estaríamos vendo, ainda, buscarem em outros segmentos religiosos fundamentações para nossos centros e nossas práticas.

Afinal, é público o conhecimento que circula dentro dos cultos afros de que existem três formas de se firmar o axé de um Orixá na coroa do seu filho, e que são estes:

• Axé Mineral.
• Axé Vegetal.
• Axé Animal.

A Umbanda optou por excluir o axé animal e recorrer só aos axés mineral e vegetal.

Mas muitos umbandistas, induzidos por "fazedores de cabeças", acabam indo até algum deles para que possam receber em sua cabeça o sangue de aves e animais, porque, aí sim, terá de verdade o axé do seu Orixá!

É algo triste de se ver ou ouvir dizer, porque o axé de um Orixá pode ser recebido por meio dos minerais e dos vegetais na mesma quantidade e intensidade que por meio do sangue animal.

Mas, o que se fazer se a falta de confiança em si mesmo faz muitos procederem de forma contrária ao que foi estabelecido na Umbanda e para os médiuns umbandistas?

Nada pode ser feito e muitos hoje tocam o "Umbandomblé", que é uma mistura de Umbanda com Candomblé, prática essa que descaracteriza ambas as religiões.

Otá – O Início dos Assentamentos

Um assentamento começa a ser construído sem pressa pelo médium, peça a peça, até que ele tenha no mínimo sete elementos do Orixá, todos já consagrados, tanto no seu ponto de forças quanto no seu centro de Umbanda.

Não é preciso esperar abrir o centro para começar a constituí-lo rapidamente. Um dos primeiros elementos é o Otá ou pedra do seu Orixá.

O Otá equivale à "pedra fundamental" das grandes construções civis ou de grandes templos erigidos no plano material pelas mais diversas religiões.

Cada Orixá tem sua pedra (as) e é por ela que o médium deve começar a construção dos fundamentos do assentamento do seu próprio Orixá.

Relatam-nos os nossos mais velhos que, durante o período da escravidão, quando se realizava a cerimônia de iniciação dos noviços, estes iam mata adentro à procura do seu Otá ou pedra do seu Orixá, e voltavam só ao amanhecer, já com ela entre as mãos.

Dali em diante, ela seria o mais importante elo com seu Orixá. Seria conservada com zelo e alimentada periodicamente para manter integralmente o seu axé (poder).

Normalmente ela era condicionada em uma quartinha de barro, pois a louça era um artigo raro e caro naquela época, inacessível às classes menos favorecidas. Panelas, vasos, tigelas, canecos e outros utensílios feitos de barro cozido eram comuns e de uso cotidiano, não só pelos negros e indígenas, uma vez que os colonizadores mais pobres também usavam utensílios de barro cozido. Eram os vasilhames e utensílios mais populares e mais baratos naquela época.

Hoje, quando você tem os mesmos utensílios em louça, pode usá-los à vontade. Até porque as quartinhas de barro precisam passar por um envernizamento externo e por um revestimento oleoso interno, para que a água ou outra bebida colocada dentro dela não seja absorvida pelo barro e, sob temperatura elevada, evapore completamente.

Então, como atualmente você não precisa sair às escondidas e em altas horas da noite para encontrar na escuridão o seu Otá ou pedra do seu Orixá, recomendamos que a encontre num rio ou cachoeira pedregosa e ali, calmamente, escolha-o e recolha-o, levando-o para casa já envolto em um pedaço de pano com a cor do seu Orixá.

Mas lembre-se: não basta chegar até o leito pedregoso do rio e pegar uma pedra rolada, envolvê-la num pano e ir embora. Não mesmo! Há todo um ritual que deve ser cumprido à risca se quiserem que seus Otás tenham axé ou poder de realização. Abaixo vamos descrevê-lo:

1 - Encontrar um trecho de rio de águas limpas que seja pedregoso;

2 - Numa margem dele, oferendar uma vela à nossa mãe Oxum e pedir-lhe licença para recolher dos seus domínios o Otá do seu Orixá.

3 - Depois, oferende o seu Orixá na outra margem ou, se na mesma, faça-a mais abaixo da oferenda que fez para a Senhora Oxum.

4 - Já com a oferenda do seu Orixá feita, derrame no rio uma garrafa de champanhe ou outra bebida doce e sete punhados de açúcar, oferecendo-os aos Seres das Águas, pedindo-lhes licença para entrar no rio e recolher seu Otá.

5 - Com isso feito, o médium deve entrar no leito do rio e procurar uma pedra rolada que o atraia mais que as outras e, quando encontrá-la, deve pedir licença à Mãe Oxum e aos Seres das Águas para pegá-la para si.

6 - Após pegá-la, deve elevá-la com as duas mãos acima da cabeça e, como numa oração, dizer estas palavras: *"Meu Pai (ou Mãe) Orixá tal, eis a sua pedra de axé, o meu Otá! Abençoe-o com tua luz, com teu poder divino e com teu axé, tornando-a a partir de agora minha pedra sagrada!"*.

7 - Após fazer essa primeira consagração, a pessoa deve ir até onde está a oferenda da Mãe Oxum e apresentá-la segurando-a na palma das mãos unidas em concha, dizendo-lhe estas palavras: *"Minha Mãe Oxum, apresento-lhe meu Otá. Abençoe-o, minha amada Mãe!"*.

8 - Após receber a bênção da Mãe Oxum, a pessoa deve dirigir-se até onde está a oferenda do seu Orixá, colocá-la dentro dela e fazer este pedido: *"Meu Pai (minha Mãe) Orixá tal, peço-lhe que aqui, dentro da sua oferenda, consagre esta sua pedra de forças, esse meu Otá"*.

9 - Após esse pedido, a pessoa deve aguardar uns dez minutos para recolhê-la e envolvê-la no pedaço de pano na cor do Orixá. Mas antes, deve dizer estas palavras: *"Meu Pai (minha Mãe), peço-lhe licença*

para recolher meu Otá com seu axé e envolvê-lo neste pedaço de pano que simboliza seu manto protetor para que eu possa levá-la para minha casa protegida e ocultada dos olhares alheios".

10 - Recolha-a e embrulhe-a com o pano. Então peça licença e vá para casa.

Chegando em casa, risque um símbolo do seu Orixá, coloque o Otá dentro dele, acenda uma vela de 7 dias e coloque-a dentro dele. Invoque seu Orixá, pedindo-lhe que ilumine-o e alimente-o com sua luz viva, só recolhendo-o e guardando-o em um local adequado quando a vela tiver sido queimada totalmente.

Caso queira, poderá pegar uma tigela de louça, colocar dentro dela um pouco de água e macerar um punhado de folhas do Orixá para, em seguida, colocar dentro o seu Otá, iluminar com uma vela de sete dias e pedir-lhe que incorpore nele as energias desse seu axé vegetal.

Após sete dias com o Otá imerso no caldo vegetal, poderá lavá-lo em água corrente, secá-lo e guardá-lo, pois o axé vegetal do Orixá terá sido incorporado a ele.

Só então a pessoa poderá alimentá-lo com a bebida do Orixá.

Para alimentá-lo, poderá fazê-lo derramando-a na mesma tigela usada para as ervas. O procedimento é idêntico:

• Coloca-se a bebida; a seguir coloca-se o Otá; cobre-se a tigela com o pano na cor do Orixá; ilumina-se com uma vela de sete dias e faz-se uma oração para que o Orixá alimente-o com o axé de sua bebida.

• Após sete dias, retire o Otá, lave-o em água corrente e coloque-o dentro de uma quartinha de louça ou de barro cerâmico.

• Encha-a com água engarrafada adquirida no comércio, pois ela não contém cloro, e coloque-a, já tampada, em seu altar, oratório ou em um local onde só você mexa.

• Então, periodicamente, troque a água ou complete-a, que seu Otá passará a atuar em seu benefício, atuando como um ponto de força do seu Orixá.

• Quando vier a fazer o assentamento dele, coloque a sua quartinha com seu Otá no altar, passando a alimentá-la com ela já assentada em definitivo.

Aí está seu verdadeiro e genuíno "Otá"!

Temos ouvido relatos de que alguns dirigentes espirituais adquirem no comércio algumas pedras roladas ou pedregulhos, já manuseados por outras pessoas e, num ritual simples, colocam-nos dentro da quartinha dos seus filhos espirituais e, daí em diante, estes passarão a alimentá-la periodicamente como se tivessem de fato o axé dos Orixás deles.

Mas isso não é correto, e sim assemelha-se a uma simpatia, que tanto pode funcionar como não.

Um Otá genuíno só deve ter a mão do seu dono e a vibração do seu Orixá. Qualquer outra vibração incorporada ao Otá de uma pessoa influirá negativamente sobre ele e sobre o seu dono, assim como sobre o próprio Orixá.

Isso acontece quando quem participou da consagração do Otá fica de mau humor; com raiva; com ódio dele; com antipatia por ele, etc.

Um Otá é algo pessoal e não deve ser manipulado por mais ninguém além do seu dono, e só deve conter suas vibrações e as do seu Orixá.

Além do mais, caso a quartinha com o Otá fique nas dependências do Templo que a pessoa frequenta, várias coisas podem influir sobre ela e ele, tais como:

• Caso o Templo esteja sendo demandado, os donos dos Otás também serão atingidos.

• Caso virem as forças assentadas ou firmadas no Templo, as dos donos dos Otás também serão viradas.

• Caso prendam as forças assentadas ou firmadas no Templo, as dos donos dos Otás também serão presas.

• Caso o dirigente fique com ódio de um médium seu, poderá atingi-lo por meio do seu Otá ou de quaisquer outros elementos pessoais colocados dentro da quartinha (pois há os que colocam um chumaço de cabelo, retirado do Ori do seu filho de santo).

Recomendamos às pessoas que forem prejudicadas dessa forma que comprem sete quartinhas de louça; consigam sete líquidos diferentes, tais como: mel, bebida do seu Orixá, água doce, água salgada, água com ervas maceradas, água com pemba branca ralada misturada e água de coco.

Com esses sete líquidos engarrafados separadamente, devem ir até uma cachoeira e nela fazer uma oferenda a Mãe Oxum.

Após fazer a oferenda, devem pedir-lhe licença para colher sete pedras no leito da cachoeira. Após colhê-las, colocá-las dentro das sete quartinhas e acrescentar um pouco de água da cachoeira.

A seguir, colocar as quartinhas em círculo e derramar dentro de cada uma o líquido de uma das garrafas. Acender sete velas amarelas juntas no centro do círculo das quartinhas; acender sete velas vermelhas do lado de fora do círculo de quartinhas, uma para cada quartinha.

Na sequência, fazer esta oração poderosa, ajoelhado diante do círculo de quartinhas:

"Minha amada e misericordiosa Mãe Oxum, clamo-lhe neste momento em que sofro um ato de injustiça, que a Senhora ative o seu Sagrado Mistério das Sete Quartinhas e, em nome do Divino Criador Olorum, de Oxalá, da Lei Maior e da Justiça Divina, que essa injustiça seja cortada e anulada, e que quem a fez contra mim seja rigorosamente punido por Olorum, por Oxalá, pela Lei Maior e pela Justiça Divina, assim como pelo Orixá, pelo Exu Guardião e pela Pombagira Guardiã dela, para que assim, punida rigorosamente, nunca mais use do seu conhecimento para prejudicar-me e a ninguém mais.

Peço-lhe que tudo o que essa pessoa fez e desejou contra mim, contra minhas forças espirituais e contra meu Orixá, que na Lei do Retorno seja voltado integralmente contra ela, punindo-a rigorosamente por ter me faltado com o respeito e com a fraternidade humana que deve reinar em nossa vida.

Peço-lhe também que essa pessoa seja punida com a retirada dos seus poderes e conhecimentos pessoais, assim como, que dela sejam afastados todos os seus filhos espirituais e seus amigos, para que eles não venham a ser vítimas da perfídia, da traição e do ódio dela por quem a desagrada.

Peço-lhe ainda que os Orixás e os Guias Espirituais de todos os filhos espirituais dessa pessoa maligna sejam alertados da perfídia dela e tomem as devidas providências para protegerem-se e aos seus filhos da traição e da falsidade dessa pessoa, indigna perante os Sagrados Orixás, o Divino Criador Olorum, a Lei Maior e a Justiça Divina e todos os umbandistas.

Que a Lei Maior e a Justiça Divina comecem a atuar e só cessem suas atuações quando ela pedir-lhes perdão pela injustiça cometida. Ou, caso ela não o faça, então atuem pondo-a para fora da Umbanda para que nunca mais a manche com sua perfídia, traição e falsidade, cometidas contra seus próprios filhos espirituais.

Peço-lhe e peço a todos os poderes invocados aqui, que me protejam de todos os atos negativos que essa pessoa traiçoeira venha a intentar contra mim, minhas forças, meu Orixá, minha vida e família, assim como, peço-vos que cada ato dela feito contra mim de agora em diante seja virado e revertido contra ela, punindo-a ainda mais.

Amém!"

Essa oração é tão poderosa, que imediatamente a pessoa que cometeu o ato indigno de atingir um filho espiritual, às suas forças espirituais e ao seu Orixá, começa a ser punida de tal forma que, em pouco tempo, ou ela desfaz o mal feito e pede perdão ao atraiçoado, ou sua vida terá uma reviravolta tão grande que acabará afundando em sua maldade.

É a justa punição para quem ousa atingir um pessoal Orixá alheio.

Essa magia e essa oração forte não devem ser usadas para futricas e intrigas pessoais, pois nossa amada Mãe Oxum não está à nossa disposição para essas coisas, e sim ela nos concede a ativação do seu *Sagrado Mistério das Sete Quartinhas* para que atos indignos cometidos contra nossos Guias e Orixás sejam punidos rigorosamente.

Bem, após essa magia para a defesa de vítimas de trabalhos feitos para atingi-las a partir dos seus Otás, continuemos com os comentários sobre a "pedra fundamental" dos médiuns umbandistas.

Saibam que um Otá (ou pedra de força) também pode ser encontrado e recolhido em outros lugares além dos leitos dos rios. Pedras são encontradas na terra, no sopé das montanhas, em pedreiras, etc.

• Se sua pedra de forças (aquela que o atraiu) for encontrada dentro de uma mata ou bosque, aí você deve pedir licença ao Orixá Oxóssi para recolhê-la e consagrá-la ao seu Orixá.

• Se ela foi encontrada na terra, em algum campo aberto, peça licença ao Orixá da terra, Omolu.

• Se ela for encontrada no sopé de uma montanha, ou mesmo nela, peça licença ao Orixá Xangô.

• Se ela for encontrada em uma pedreira, peça licença ao Orixá Iansã.

• Se ela for encontrada nas margens de um lago ou do estuário de um rio, peça licença ao Orixá Nanã Buruquê.

• Se ela for encontrada nas margens ou no fundo de uma lagoa, peça licença ao Orixá Obá.

• Se ela for encontrada à beira mar ou mesmo dentro das suas águas, peça licença ao Orixá Iemanjá.

• Mas, se ela for "encontrada" no comércio de pedras, aí é problema seu, certo?

Afinal, um Otá genuíno não é uma pedra semipreciosa, e sim é um seixo rolado ou um pequeno geodo, ainda na natureza, e que não passou de mão em mão.

Quando a "pedra ideal" é encontrada, como que por acaso, e o médium não estava ali com a finalidade de encontrar seu Otá, mas deseja recolhê-la e levá-la para sua casa porque "sente" que ela tem algum poder ou finalidade mágica, este deve ajoelhar-se perto dela e, dependendo do campo vibratório em que ela se encontra, ali deve fazer uma oração ao Orixá regente dele e pedir-lhe permissão para recolhê-la e levá-la para sua casa, pois já se estabeleceu uma afinidade entre ambos.

Se você ainda não souber que tipo de afinidade se criou, recolha-a e leve-a embora. Guarde-a e aguarde, porque pode ser que mais adiante um Guia espiritual se manifeste e lhe dê orientações sobre ela e como tratá-la dali em diante.

Agora, se em todo o lugar da natureza que você for, encontrar uma ou mais pedras que o atraiam intensamente, aí já se trata de uma coisa pessoal, e o melhor a fazer é tornar-se um colecionador de pedras ornamentais ou raras.

O Uso de Ervas na Umbanda

O uso de ervas na Umbanda teve início logo após as primeiras manifestações, quando os Guias espirituais incorporados em seus médiuns recomendavam para os consulentes e seus médiuns algumas ervas que tanto serviam para banhos de descarrego ou de fortalecimento energético quanto para a cura de doenças.

Os Guias, que já haviam aprendido sobre elas em suas últimas encarnações, cada um possuía o seu formulário mágico ou fitoterápico, mesmo que não possuíssem o conhecimento acadêmico já desenvolvido nas faculdades de botânica.

Eles possuíam um conhecimento prático e muito preciso sobre as propriedades energéticas ou curadoras e mágicas de cada uma delas e as recomendavam com convicção, porque delas já haviam se servido quando viveram na Terra.

Com o passar do tempo, algumas plantas da flora brasileira substituíram outras da flora africana, mas que não existiam aqui no Brasil, criando um formulário próprio da Umbanda.

Hoje, cem anos depois, estudando as propriedades mágicas e terapêuticas desse formulário desenvolvido dentro da Umbanda e comparando-o com as recentes descobertas científicas sobre os princípios ativos delas, vemos que o conhecimento popular existente há milênios não difere do conhecimento científico.

Quanto ao uso mágico dado às plantas, temos de crer em suas "receitas" porque são eles que manipulam com conhecimento de causa os "princípios mágicos" de cada uma delas, princípios esses que não se aplicam ao corpo biológico, e sim ao corpo energético ou espiritual das pessoas.

Sabendo disso, temos de entender os pedidos dos guias para que coloquem em suas oferendas determinadas partes de plantas apenas como recursos terapêuticos ou mágicos que eles manipulam em nosso benefício biológico ou espiritual.

Quanto às ervas indicadas por eles em amacis, temos de observar esse conhecimento deles e que difere de um guia para outro sobre quais devam ser usadas, porque um mesmo Orixá possui centenas ou milhares de espécies de plantas as quais rege.

Nós, na Umbanda, só sabemos o pouco que a espiritualidade já nos ensinou, daí o nosso limitado formulário ritualístico usado nos amacis, em que se destacam algumas plantas: arruda, alecrim, espada-de-são-jorge e espada-de-santa-bárbara, rosas, crisântemos, cravos, palmas, guiné, erva-cidreira, boldo, manjericão, folha de pitanga, folha de laranjeira, losna, folha de abacateiro, pata-de-vaca, folha-da-fortuna, cavalinha, alfazema, anis-estrelado, folha de aroeira, assa-peixe, hortelã, levante, bálsamo, sálvia, quebra-demanda, folhas de café, folhas de babosa, etc.

A seguir, algumas plantas para o uso em amacis e em banhos na Umbanda.

Obaluaiê: alfavaca roxa, anda-açu, aroeira, barba-de-velho, boldo, cajueiro, canema, capichingui, carrapateira, casadinho, cuscuta, erva de andorinha, manjericão roxo, panaceia, paracari, pingo de lacre, rabo-de-tatu, sálvia, tabacarana, tapirirá.

Ogum: angico, aroeira, arapoca branca, babosa, bico-de-papagaio, cambucazeiro, cunanã, carqueja, cunabi, dracena, espada-de-ogum, espada-de-são-jorge, eucalipto cidra, eucalipto murta, folhas de groselha, grumixameira, guarabu, jaboticabeira, jambo amarelo e jambo vermelho, limão-bravo, losna, mal-me-quer, nativo, ewé peregun, nitinga, sálvia, pitanga branca, pitangatuba, porangaba, salgueiro chorão, ubacaia (cana-do-brejo).

Oxalá: boldo, anis-estrelado, cravo-da-índia, flor-de-são-josé, folha-da-fortuna, funcho, rosa branca, alecrim-do-campo, angélica (flor), levante, hortelã verde, lírio-do-brejo, malva-cheirosa, malva-do-campo, manjerona, marcela, mastruço, nogueira, sálvia, poejo, saião, umbuzeiro.

Oxóssi: acácia, alecrim de caboclo, alfavaca-do-campo, alfavaquinha, alfazema de caboclo (parecida com a jureminha e jurema branca), araçá, aroeira, arruda, bredo de santo antonio, caapeba, caçatinga, camará, cambará, cinco-folhas, crista-de-galo (só a folha), erva-curraleira, goiabeira, guaco-cheiroso, guiné-pipi, malva-rosa, manacá, pega-pinto, pitanga branca (groselha), rabo-de-tatu, salgueiro-chorão, samambaia, taquara, tarumã.

Oxumaré: alcaparreira, araticum do brejo, cavalinha, condessa, dracena rajada, erva das serpentes, guaco, língua-de-vaca.

Xangô: alfavaca roxa, barbatimão, bilreiro, bradamundo, caapeba, caferana, carrapeta, erva grossa, erva das lavadeiras, erva-de-são--joão, eucalipto limão, folha de figo, folha-da-fortuna, gitó, levante, lírio-do-brejo, mãe-boa, manjericão roxo, manjerona, mulungu, nega mina, panaceia, para-raio.

Iansã: folhas de laranjeira, folhas de pitanguá, peregun, erva-santa, espada-de-santa-bárbara, espirradeira (flor-de-são-josé com flores vermelhas ou rosas), geneuna, gerânio, levante, macaçá, alteia, manjericão, pessegueiro, romã, dormideira.

Iemanjá: rosa branca, alfazema, alcaparreira, anis ou guabiraba, araçá-da-praia, araticum-do-brejo, cavalinha, colônia, corosol ou graviola, jasmim, jequitibá rosa, nenúfar, olhos-de-santa-lucia.

Nanã: cedrinho, cipreste, erva-cidreira, lágrima-de-nossa-senhora, manacá, alteia, quaresmeira, tradescância, alfavaca, assa-peixe, agapanto lilás, avenca.

Oxum: folhas de amora, açafrão, agrião-do-pará ou jambuaçu, aguapé, alfavaquinha, arnica, caferana, cajá-mirim, calêndula, macaçá, ipê-amarelo (flor), gengibre, cana fístula ou chuva-de-ouro, cambará, camomila, marcela, melissa ou erva-cidreira, manjericona, tinhorão.

O Amaci

Outro fundamento material da Umbanda é o amaci, que nada mais é que a maceração de ervas específicas, que têm as energias ou axés dos Orixás.

Essa característica da Umbanda não é encontrada no Espiritismo, que não trabalha com o mesmo material religioso e magístico da Umbanda.

O amaci é muito forte, tão poderoso quanto a energia ou axé do sangue de certas aves e animais usados em rituais de feitura de cabeça. Não é porque alguém teve de derramar na sua cabeça o sangue de algum animal, que se torna mais poderoso do que os outros, cujos Orixás foram firmados com ervas.

Isso é ignorância!

As divindades não partem desse princípio para atuar na nossa vida, elas não dão poder para nós a partir desses procedimentos. Esses são apenas procedimentos que são fundamentos da religiosidade das pessoas.

Então o amaci é também fundamento da Umbanda e foi desenvolvido desde o começo, quando era recomendado pelos Guias espirituais.

As lavagens de cabeça, o assentamento por meio do amaci, tudo isso é fundamento material da religião.

Temos de preservar esses fundamentos, aperfeiçoá-los cada vez mais e estimular o uso deles, porque quando uma pessoa com mediunidade aflorada faz determinado resguardo predispondo-se para receber o amaci, ela vai receber uma irradiação energética muito forte que, por meio do elemento vegetal colocado na cabeça dela, junto com aquela água naquele momento derramada, vai purificar todo seu mental, vai deixar sua coroa purificada; aí sim vai receber a irradiação do seu Orixá.

Temos dentro desse trabalho de lavagem de cabeça e do amaci um dos recursos mais bonitos da nossa religião para a purificação e fortalecimento do mental e da mediunidade das pessoas.

Ele não é usado constantemente, apenas anualmente. O amaci usa ervas específicas dos Orixás, curtidas após serem maceradas e que ficam diante do altar recebendo também a irradiação das divindades e, por meio dessas irradiações, elas vão recebendo um axé específico que, quando derramadas sobre a coroa dos filhos da casa, eles passam por uma energização que beneficia posteriormente a incorporação dos seus Guias espirituais.

Nós temos dentro das práticas da Umbanda tudo o que é necessário para que um médium se inicie e passe toda a sua vida praticando tudo que lhe foi determinado, sem que precise recorrer aos fundamentos alheios.

Temos visto alguns casos em que centros de Umbanda, que antes só tinham em uso os fundamentos ritualísticos da Umbanda, acrescentaram alguns fundamentos do Candomblé, mas, por esses fundamentos estarem desconectados do que ali é determinado pela espiritualidade, eram contraproducentes e, com o tempo, algumas pessoas se afastaram e outras ficavam perturbadas. E foi preciso seus dirigentes fecharem seus centros devido ao afastamento das pessoas, que antes acreditavam na força dos Orixás, mas que não aceitaram a miscelânea de fundamentos que as confundiram e as perturbaram mental e espiritualmente.

Os fundamentos da Umbanda estão aí, tanto os religiosos quanto os materiais, para usufruirmos deles com fé, amor e confiança, sempre baseados que, sem a fé pura e límpida, nenhuma prática religiosa traz benefícios.

Já vimos pessoas com a fé fragilizada pensarem que mudando para o Candomblé ou para o Espiritismo iriam solucionar seus problemas, quando o que precisavam era mudar seus íntimos.

O amaci preparado e vendido já pronto não serve para as iniciações, só serve para banhos.

Ele precisa ser feito com ervas frescas ou secas maceradas em água, e deve feito pelo pai ou mãe espiritual, que lhe passa seu axé, sua força vital, sua irradiação de fé. Depois de preparado, é deixado em repouso dentro de uma mandala do Orixá ao qual é consagrado, é iluminado com velas na cor dele diante do altar para receber o seu axé.

– Se uma pessoa fez a cabeça no Candomblé e passa a frequentar a Umbanda, perde-se o efeito da sua iniciação?

Não, pois se cultua o mesmo Orixá, apenas mudam seus antigos fundamentos para os da Umbanda e o que permanece é a fé, o maior fundamento que temos nela.

A partir da fé, todos somos iguais perante Deus e os Orixás, e é isso que nos proporciona o bem-estar na Umbanda.

Diante dos Orixás a fé é igualadora das pessoas e, se nós não entendermos a nossa religiosidade dessa forma, estaremos perdendo nosso tempo.

Temos dentro da Umbanda todo um Panteão Divino, no qual estão assentadas muitas divindades, algumas muito bem definidas, cultuadas e conhecidas, outras nem tanto. Conhecemos algumas como: Pai Ogum, Pai Oxalá, Pai Xangô, Mãe Iemanjá, Mãe Oxum, Mãe Iansã, Pai Oxóssi, que são muito cultuados mesmo!

Outros Orixás são menos cultuados, tais como: Omolu, Obaluaiê, Oxumaré, Oroiná, Logunan, Nanã Buruquê e Obá, talvez por desconhecimento dos seus fundamentos divinos, que os definem como divindades. Mas, porque são divindades, trazem em si o poder de atuarem na vida dos seres, de atuarem de forma decisiva, porque dentro do campo de cada uma dessas divindades, elas são em si onipotentes, são as potências divinas atuando naqueles campos.

Se acreditamos que o Pai Ogum é um ótimo Orixá para quebrar demandas, que ele é associado à Lei Divina, é porque Ele é essa potência divina de Deus, que atua quebrando demandas.

Se nós falarmos que a Mãe Oxum é ótima para os casos de conciliação, de harmonização, nos casos de amor, é porque ela é em si mesma esse mistério de Deus que chamamos Amor divino.

Cada divindade Orixá é um mistério de Deus, e nós temos de entender as divindades como seres divinos, que são em si essas qualidades de Deus.

Uma atua no campo da Lei, outra no campo do Amor e, se associamos Oxalá à imagem de Jesus Cristo, pois nos leva à fé, ótimo, Oxalá é em si a Fé em Deus. Essa fé conduz toda a humanidade!

Então temos de ter nas divindades algo muito específico, diferenciando-as, e quando temos a manifestação em terra de um Caboclo que se identifica como um Caboclo de Ogum, temos um manifestador espiritual e humano do Mistério Ogum, pois ele é um Guia aplicador da Lei, é um Guia que combate os procedimentos errôneos e contrários à Lei Divina. Com isso, a divindade chega até nós e fica à nossa frente por meio de sua hierarquia, que atua desde o Alto até o Embaixo e no nível terra.

Energias do Alto e do Embaixo

As pessoas que têm pensamentos bons estão sempre sentindo uma energia balsâmica, uma energia boa. Mas, aquela pessoa que tem pensamentos negativos ou vibra em seu íntimo sentimentos negativos, ela busca sua energia no embaixo.

Nós temos o nosso alto e o nosso embaixo, e as pessoas não puxam energias da direita ou da esquerda, elas puxam do alto e do embaixo por meio dos chacras coronário e básico.

Quando a pessoa puxa energia negativa do embaixo, dela começam a sair, como se fosse uma fumaça, energias escuras. E, se isso acontece, é porque a pessoa está com a mente negativa e a aura dela escurece e se torna como uma faixa preta em torno dela.

A pessoa puxa energia negativa do seu embaixo e essa energia sobe, inundando seu campo vibratório e mental. Derrama-se por todo o seu espírito e sai como se fosse uma fumaça escura, que vai ficando ao redor dela.

Agora, quando a energia se condensa e fica como uma casca escura em torno da pessoa, isso já é a abertura do embaixo dessa pessoa. Alguém assim é uma pessoa extremamente negativa e, por onde ela passa, todos se sentem mal, porque a energia que ela exala é ruim para quem chega perto dela.

Uma pessoa assim abre um "buraco negro" embaixo dela e por ali também sobem seres que são atraídos pelos sentimentos negativos vibrados por ela. E, se o sentimento dela é de ódio contra alguém que trabalha ao seu lado, a pessoa se sente mal, e com o tempo sobem seres por esse "buraco negro", que não são Exus nem Pombagiras, e sim, são seres que vêm de faixas vibratórias muito baixas.

Às vezes, são espíritos que regrediram conscienciálmente e desceram por causa de seus próprios negativismos. E eles veem naquele ser encarnado alguém que os puxará para cima. Mas esses espíritos vêm saturados da energia irradiada por eles e, se a pessoa negativada odeia alguém que trabalha ao seu lado, aqueles seres sobem sentindo ódio pela sua vítima.

Já vimos muitos casos em que não existe uma "demanda" real, e sim a pessoa está sendo vítima do ódio de alguém que não a esquece e vibra continuamente contra ela seus mais baixos sentimentos.

E, quando aquela pessoa que é odiada vai a algum terreiro para olhar de onde provêm aquelas perturbações espirituais, sempre aparece a imagem da pessoa que a odeia, mas que não fez nenhum trabalho para ela. Simplesmente está vibrando mentalmente sentimentos negativos contra essa pessoa.

Quando isso acontece, a pessoa que está sendo odiada sofre com perturbações horríveis e, quando ela descobre quem está emanando essas vibrações, em vez de anular seus próprios sentimentos negativos para com aquela pessoa, acentua-os ainda mais e então começa um a vibrar contra o outro e vice-versa. Tudo começa a partir do polo negativo das pessoas, que não é a Esquerda dela!

Para fechar esse círculo de sentimentos negativos, primeiro temos de refrear os nossos sentimentos negativos. Segundo, devemos solicitar o auxílio do Alto, para que desça uma irradiação que vai mexer com o nosso mental para positivá-lo, porque ele está negativado. Terceiro, temos de solicitar às divindades para que fechem esse "buraco negro" sob nossos pés, que, na verdade, é um portal para o embaixo.

Os espíritos trevosos que sobem por esse portal, com o tempo se postam atrás de suas vítimas e vão incorporando nelas sem tomar os seus mentais, passando a viver junto delas, e por meio das quais comem, bebem e "dormem" junto delas.

Quando formos firmar os nossos Orixás nos seus respectivos Pontos de Forças, temos de criar à nossa volta uma aura protetora, não a nossa aura, mas outra aura, porque diante da divindade ela nos isola das energias que nos são ruins.

Devemos vigiar nossos sentimentos e não dar abertura para esses sentimentos negativos, porque, desde que sejam negativos, são prejudiciais para nós. Primeiro eles atingem o nosso espírito; depois, a nossa carne.

Quando uma pessoa está odiando e consegue atingir sua vítima, é porque a outra deu abertura para esse ódio lhe atingir. Quando não damos aberturas a esses sentimentos, eles ficam à nossa volta, e quando não conseguem nos atingir, atingem as pessoas que vivem à nossa volta.

Isso sim é uma demanda sem o uso de "vela preta"! É uma demanda "mental", e essa é a pior das demandas, porque não tem identificação, exceto da pessoa que está odiando.

Com o auxílio da espiritualidade, isso é cortado na pessoa vitimada.

O Polo Negativo e o Positivo

Temos em nosso mental uma dupla polaridade: um polo é positivo e o outro é negativo. O polo positivo visa a nos dotar de recursos energéticos que vêm das faixas vibratórias positivas. Já o polo negativo visa a nos dotar de recursos energéticos que vêm das faixas vibratórias negativas.

Ocorre que temos a propensão de nos negativar muito facilmente; a negatividade vai se instalando em nós e tornando-se uma constante em nosso íntimo. As pessoas que são negativas, com o tempo, criam no próprio espírito deformações que se mostram em seus corpos plasmáticos, e tudo devido aos pensamentos e sentimentos negativos que a negativaram de dentro para fora.

Às vezes, esses pensamentos negativos vêm de sentimentos íntimos que vibramos com muita intensidade e provoca em nós algo semelhante a um derrame, um AVC! O derrame paralisa parcialmente o nosso corpo biológico; os sentimentos negativos paralisam o nosso mental, criando ao nosso redor uma aura escura, porque somente estamos absorvendo energias negativas, chegando a um ponto em que nosso mental se negativa por completo e o polo positivo se fecha.

Quando a alimentação do seu polo positivo cessa, a pessoa começa a receber "vibração energética" apenas do seu polo negativo. Essa vibração vai atingindo, a partir do mental, todo o corpo energético e, a partir daí, a pessoa se torna uma irradiadora de energias escuras, sombrias, que se assemelham a uma fumaça ao seu redor. Essa energia vai se condensando em volta da pessoa e, com o tempo, ela começa a endurecer, a se cristalizar e, quando alcança uma condensação muito grande, ela fica igual a uma casca em torno da pessoa.

Existem pessoas em que essa condensação é intensa, e não é ninguém que está enviando, é a própria pessoa que está puxando e irradiando, ela vai condensando na aura. Como é uma energia totalmente negativa, ela vai se tornando como uma couraça em torno da pessoa, tipo um cascão, que chega a parecer couro, porque o mental negativado da pessoa vibrou com tanta intensidade, que ela, por si mesma, não volta a vibrar positivamente.

Espaços Religiosos

Todo templo que se abre a qualquer prática religiosa é um espaço religioso. Não podemos realizar cerimônias religiosas fora dos templos, pois se forem realizadas em qualquer lugar, não sendo um lugar consagrado para tal fim, os espíritos de baixo nível espiritual podem entrar e causar algumas perturbações.

Todo templo é em si um espaço religioso, não importa qual seja a religião, ele é um espaço destinado a práticas religiosas, e cada templo tem um magnetismo só dele, diferente de todos os outros, mesmo sendo da mesma religião. As divindades que se fazem presentes nos templos de Umbanda no horário dos trabalhos estabelecem suas irradiações, irradiações essas que são iguais em todos eles.

No plano etérico, no horário dos trabalhos se forma uma tela vibratória, em que tudo que acontece dentro de um templo de Umbanda fica gravado nela, onde os atos de cada pessoa que frequenta ou é ligada àquele templo ficam gravados. É como se fosse um vídeo-tape que fica à disposição da Lei Maior e da Justiça Divina, na hora que elas acham que precisam expor a alguém alguma coisa.

Essa tela vibratória da religião é planetária, abrange todo o planeta, dentro do grau magnético dela, e onde houver um centro de Umbanda, a partir do momento que seu trabalho tem início, essa tela gravará.

Por que isso acontece? Porque tudo o que acontece dentro dos centros de Umbanda pertence à religião e é de responsabilidade da própria religião. Todas as religiões têm suas telas vibratórias porque cada uma delas flui em um grau específico. Esse grau é planetário e onde se abrir um templo de uma religião, dali em diante tudo o que acontecer dentro dele será gravado na tela vibratória específica dele.

Nós não temos interferências de vibrações de outras religiões na nossa. Podemos ter interferências de ações de pessoas, mas não do que está acontecendo nos templos das outras religiões, porque cada religião tem o seu grau magnético específico. Essa é uma forma que Deus estabeleceu para que todo o espaço dedicado às práticas religiosas se mantenha isolado de tudo que existe à sua volta, porque todos os cultos que acontecem nos templos acontecem em faixas vibratórias diferentes desta em que vivemos. É como se tudo o que acontece dentro dos templos ficasse dentro deles e não atingisse nem mesmo quem more ao lado de um deles.

Imaginem se todas as religiões que existem no mundo realizassem seus cultos dentro de uma mesma faixa vibratória? Seria como se ouvíssemos todas as rádios que existem ao mesmo tempo, não iríamos entender nada, seria um caos, porque todas estariam sendo irradiadas em um mesmo comprimento de onda ou em uma mesma frequência.

Essas telas vibratórias provêm de Deus e tudo o que acontece dentro de um templo é do conhecimento Dele. É por isso que Ele tem ciência de tudo que acontece em todas as religiões existentes no mundo. E tudo que as pessoas pedirem mentalmente ou de viva voz, dentro de um determinado tempo, elas obterão um retorno em acordo com seus merecimentos.

Então temos isto:

Nada do que acontece dentro dos templos religiosos, no etérico ou no lado espiritual, sai para fora deles. E, por isso, as pessoas que moram perto de templos religiosos ou de cemitérios não precisam ficar amedrontadas, pois nada sai de dentro desses lugares que possa prejudicar alguém, mesmo porque, dentro dos cemitérios, no lado etérico deles, existem paredes que impedem a saída dos espíritos que não têm permissão. Só saem de dentro dos cemitérios aqueles espíritos que tem permissão para tal.

Mediunidade

Muita gente diz que a mediunidade é uma missão bonita, mas dizem também que, se você não cumprir essa missão, será punido. Mas, se a mediunidade é uma missão bonita, então não pode haver punição para quem não praticá-la. Colocações que vão assumindo conotações de verdadeiras acabam virando falsas verdades que são espalhadas por todos por aí, que entendem mediunidade ora como uma missão, ora como um tormento, e isso é o que assusta as pessoas que têm mediunidade.

A punição do Orixá não é a de vir e nos bater, mas ele se recolhe e deixa a nossa vida correr por conta e risco de nós mesmos, pois entramos em caminhos errados e essa não era a opção do Orixá. A mediunidade tem isso, é muito dificultosa de se explicar para as pessoas; ela tem sido entendida como punição, como cobrança cármica, como algo difícil de ser levado adiante, algo tormentoso, algo que implica ao renunciar a muitas coisas da vida do médium, quando ele não renuncia a nada em verdade.

Por isso, vemos hoje muitos jovens com mediunidade e que não têm meios de se aproximar de um centro, não sabem como chegar, muitos caem numa conduta condenável, entregam-se a vícios, como bebidas e drogas. Muitas dessas pessoas que recorrem às drogas são pessoas que têm mediunidade. Geralmente, uma pessoa que tem mediunidade começa a ir mal na escola, pois ela puxa todas as coisas que tem de ruim para si e começa a perder a concentração, fica com muito sono... A pessoa dormiu a noite toda, e de manhã, que ela deveria estar no seu pique, está cansada sem saber o porquê. A pessoa fica mal do estômago, vomita, começa a ter reações. Quando ela está quieta e para de se mexer, o seu magnetismo puxa tudo que há de ruim em volta de si para ela; em consequência, pode-se observar as crianças que têm mediunidade quando acontecem essas reações.

Em casa, essas pessoas são intratáveis, pois muitas vezes o que perturba elas entra ou está com os pais dentro de casa. Esse jovem cresce perturbado, diferenciado dos outros. Em todas as camadas sociais temos pessoas com mediunidade; elas chegam dentro do centro desequilibradas, inseguras, temerosas, e nenhum psicólogo, analista, orientador sabe tratar com esse tipo de pessoa. Criança ou adolescente, quando essa pessoa vai bater na porta de um centro, nós vemos um tratamento que não está à altura. As pessoas falam da mediunidade de uma forma mal colocada e incompreensível para outras, pois deve se explicar o que é a mediunidade e o que está acontecendo com ela, o que é preciso fazer para ajudá-la, dar-lhe segurança, desenvolver na mente dela que mediunidade é um benefício, desde que tenha consciência para usá-la em benefício próprio. Mas isso não está sendo esclarecido direito, o que é dito é que você é um médium e precisa ser desenvolvido; depois não há mais informações para essa pessoa, falta a orientação segura, confiável, com palavras esclarecedoras em que ela possa ser trabalhada com segurança, pois quando a mediunidade está incomodando, é porque ela está desequilibrada de tal forma, perturbada, que as faculdades dela são bloqueadas e até o valor das palavras perdem o sentido. Então é preciso uma orientação segura para aquela pessoa que é médium, que está sofrendo por causa da mediunidade.

A Umbanda perde muitos dos seus adeptos por causa da falta de explicações sobre a mediunidade. Sendo mal explicada, ela sempre será vista como um tormento na vida da pessoa que a possui; mas se for bem explicada, será o recurso que essa pessoa precisa para desenvolver todo o seu potencial. Uma mediunidade mal trabalhada será a paralisação das faculdades para aquela pessoa, enquanto em outra, com ela bem trabalhada, será o recurso para que suas faculdades sejam bem desenvolvidas e ordenadas.

O que é trabalhar mal a mediunidade de uma pessoa? É quando ela chega a um centro, o Guia identifica-a e diz que ela tem mediunidade e é por isso que está sobrecarregada e sofrendo, sem lhe dar mais explicações. Lógico, mediunidade é magnetismo, é uma forma que Deus estabeleceu para que as pessoas não fujam de seu dever, pois não é missão, é dever para com Ele.

Primeiro, é preciso fazer o esclarecimento do médium e, antes de colocá-lo em uma gira de desenvolvimento, deve-se fazer um trabalho de limpeza espiritual muito profunda e tem de olhar se os Guias espirituais que lhe foram designados, se eles estão presentes ou se algum se perdeu pelo caminho por causa de algum choque. Observando tudo isso e vendo se as forças dele se aproximam, aí sim deve começar a desenvolver sua mediunidade.

Existem várias formas de se desenvolver a mediunidade, formas estas que tornam as pessoas ótimos médiuns, mas o começo deve ser este: primeiro o esclarecimento, porque a mediunidade está ali e mediunidade não se dá para alguém.

Não podemos tornar alguém não médium em médium e vice-versa. Temos de doutriná-lo, esclarecê-lo do benefício que a mediunidade trará para ele, pedir-lhe que modifique determinados comportamentos para que possa melhorar seu padrão vibratório.

Cobrar-lhe determinado comportamento dentro e fora do templo; esclarecer tudo que a mediunidade pode trazer de bom ou de ruim para ele. Após isso, deve-se limpar todos os seus campos vibratórios, e não é só em um trabalho espiritual que se consegue isso, pois as pessoas que são médiuns podem acreditar ou não que o são.

A pessoa tem o carma de outras encarnações que precisa ser resolvido nesta, e as pessoas ou os espíritos envolvidos nas discórdias de outras encarnações tentam bloqueá-lo, fazendo de tudo para impedir que sua mediunidade aflore, pois os primeiros a serem atingidos são eles.

Então, antes, é preciso olhar os campos mais profundos da pessoa, pois, se a desarmonia dentro do seu campo mediúnico é muito grande, o que a pessoa atrai e puxa para si naquele momento não é nada comparado a uma incorporação, que é gostosa de ser sentida.

E, sem fazer tudo isto aqui descrito, no seu primeiro dia de gira a pessoa já acha que a mediunidade é uma coisa ruim e estabelece bloqueios para as posteriores incorporações. Com isso, ela vai se afastando, e tudo por descaso dos outros médiuns.

Normalmente, nas giras de desenvolvimento, tem um dia específico para isso. Mas tem aqueles centros que abolem esse dia, achando-o desnecessário, e os médiuns vão com má vontade, não ajudam com uma vibração positiva para uma boa incorporação e ainda fazem observações depreciativas sobre aqueles que estão entrando, bloqueando-as ainda mais.

São essas coisas que afastam da Umbanda muita gente. Só que o dirigente que assim procede se esqueceu que também foi um novato, com erros e bloqueios iguais a todos. Saibam que, para um médium iniciante, esse é um momento único em sua vida, em que, totalmente fragilizado, se depara com coisas desconhecidas, ditas por aí como coisas demoníacas.

Nós temos sete campos magnéticos, e um bloqueio estabelecido em um desses campos impede a incorporação. E existem pessoas que não têm boa incorporação devido a esses bloqueios. Observamos pessoas possuidoras de mediunidade que só recebiam ou sentiam vibrações e ficavam irradiadas, mas, depois de passarem pela limpeza dos seus sete campos magnéticos, elas ficaram assustadas com o que lhes aconteceu.

Na verdade, não lhes acontece nada! Elas simplesmente passaram por uma limpeza espiritual e receberam os seus Guias, que estavam ali mesmo, bem ao lado delas, apenas aguardando que fossem removidas as cargas negativas que bloqueavam seus campos mediúnicos. Simplesmente, foram retiradas todas as cargas espirituais e energéticas que impediam a incorporação.

As pessoas precisam desenvolver a mediunidade de incorporação dentro de um centro e tomar o cuidado para não deixarem acontecer incorporações em casa, pois a família não sabe lidar com isso.

É preciso que todos os umbandistas, dirigentes e médiuns, tratem a mediunidade de incorporação com um dos recursos que a Umbanda tem para adquirir novos seguidores e adeptos e se expandir como religião espiritualista e espiritualizadora.

As Sete Linhas de Umbanda

Linhas de Santos ou de Orixás?

Algumas pessoas indagam se as "linhas de santo(s)" populares no início da Umbanda são as mesmas "sete linhas" atuais, totalmente fundamentadas nos Orixás em nossos livros. Sim, são as mesmas linhas, respondemos.

Hoje, um século depois da fundação da Umbanda por Pai Zélio de Moraes, os tempos são outros e muito conhecimento foi incorporado às Sete Linhas de Umbanda originais trazidas ao meio religioso umbandista pelo senhor Caboclo das Sete Encruzilhadas e demais Guias espirituais semeadores da nova religião.

Quem primeiro falou sobre as "sete linhas" foi esse Caboclo mensageiro e, graças ao forte sincretismo dos Orixás com os santos católicos, fato esse acontecido durante o período escravagista, quando os negros eram obrigados a cultuar suas divindades africanas sincretizando-as com os santos católicos, todo um sincretismo já existia, ainda que variasse um pouco nas diversas regiões do Brasil. Esse foi um fator que influenciou a associação das Sete Linhas de Umbanda com sete Orixás, com esses já sincretizados com santos católicos.

O outro fator foi o fato de a Igreja Católica Apostólica Romana ser a religião dominante e todos os médiuns umbandistas virem dela. A espiritualidade de então viu que seria muito mais fácil acolher médiuns com formação religiosa cristã, caso ao entrar nos centros de Umbanda eles vissem em seus altares os mesmos santos católicos que viam em sua antiga religião.

A transição de uma religião para outra, espiritualista, seria mais fácil, caso os altares dos centros umbandistas tivessem ícones religiosos comuns com os da Igreja Católica e como no sincretismo Oxalá é Jesus Cristo, ter sua imagem cristã no topo dos altares criou ambientes religiosos afins com a formação religiosa dos novos médiuns umbandistas.

Tudo isso, mais a pujante doutrina espírita cristã, facilitou o crescimento da nova religião fundada por Pai Zélio, que deu o nome de santos católicos aos terreiros que formaram a base inicial da Umbanda.

Portanto, nesse ambiente bastante cristão, as Sete Linhas de Umbanda foram assumindo o nome de "Linhas de Santo" e entre as muitas que se popularizaram destacamos algumas, tais como:

- Linha de Jesus a Oxalá;
- Linha de São Jorge a Ogum;
- Linha de São Sebastião a Oxóssi;
- Linha de São Cipriano a Omolu;
- Linha de São Cosme e Damião a Crianças;
- Linha de São Benedito a Pretos-Velhos;
- Linha de Nossa Senhora da Conceição a Oxum;
- Linha de Santa Bárbara a Iansã;
- Linha de Santa Ana a Nanã;
- Linha de Nossa Senhora dos Navegantes a Iemanjá;
- Linha de São Jerônimo a Xangô.

Os nomes das Linhas de Santos aqui citados eram populares em São Paulo, sendo que, em outros estados ou regiões, alguns nomes mudavam.

Como o sincretismo dos Orixás com os santos católicos era a regra no início da Umbanda, os pontos cantados também os invocavam no início dos trabalhos e durante as giras de trabalhos espirituais e desenvolvimento mediúnico, assim como os altares os possuíam (e ainda os possuem), criando um ambiente bem receptivo aos médiuns e aos consulentes, todos com formação religiosa cristã.

O sincretismo é um recurso muito antigo; basta dar uma olhada nos antigos panteões greco-romanos, e destes com os posteriores santos católicos, que verão que tudo se repetia há dois milênios, tal como aconteceu com o sincretismo entre os Orixás e os santos católicos aqui no Brasil e nos demais países centro-americanos, onde a "Santeria" também recorreu ao sincretismo.

Na verdade, existem apenas sete hierarquias de divindades.

Fundamentação desse Mistério na Umbanda

Logo no início da Umbanda, o senhor Caboclo das Sete Encruzilhadas falava no Mistério das Sete Linhas e, em 1933, Leal de Souza publicou um livro intitulado *O Espiritismo, a Magia e as Sete Linhas de Umbanda*. Entre elas, destacava-se a linha branca de Umbanda (de Orixá) e a linha de demanda, para cortar trabalhos de magia negra. Falava-se em sete linhas brancas (as positivas), em linha de demanda (as da esquerda) e linha de santo.

A Umbanda fundamentava-se no mistério das "sete linhas" e a forma de ensiná-las era prática, ainda pouco elaborada e totalmente voltada aos trabalhos que eram desenvolvidos pelos Guias espirituais, todos ligados às Sete Linhas de Umbanda e de Demanda.

Esse conhecimento e a forma bem terrena de abordar e explicar esse mistério que começa em Deus, e chega até nós aqui no plano material, foi trazido pelo senhor Caboclo das Sete Encruzilhadas e pelos outros Guias espirituais de Pai Zélio de Moraes, e foi popularizado pelos seus filhos de santo por meio das tendas fundadas por eles, que também formaram muitos outros médiuns que, posteriormente, fundaram muitas outras tendas de Umbanda, fato esse que as popularizou, tanto que, em 1933, Leal de Souza, um dos filhos de santo de Pai Zélio, escreveu o primeiro livro abordando o Mistério das Sete Linhas de Umbanda.

Devemos lembrar que era o início de uma religião e que, nessa época, pouco se sabia sobre o mundo espiritual fora do Espiritismo e muito menos sobre a própria religião umbandista, na época ainda sendo implantada no plano material pela Espiritualidade.

Posteriormente, outros umbandistas desdobraram o Mistério das Sete Linhas e publicaram livros, com elas explicadas mais a fundo e de forma a hierarquizá-las, nomeando-as com estes nomes:

- Linha de Oxalá;
- Linha de Xangô;
- Linha de Ogum;
- Linha de Oxóssi;
- Linha de Iemanjá;
- Linha do Oriente;
- Linha das Almas, etc.

Cada autor deu sua interpretação e, pouco a pouco, esse mistério foi adquirindo vida própria dentro da nova religião, pois cada Guia espiritual revelava que fazia parte de uma delas.

Dois autores umbandistas devem ser destacados e imortalizados pelos umbandistas porque eles, em suas épocas e em acordo com o tempo em que viveram a Umbanda, divulgaram esse mistério. O primeiro é Leal de Souza por seu pioneirismo. O segundo é Lourenço Braga, pelo avanço na interpretação desse mistério aberto dentro da Umbanda por Pai Zélio e pelo senhor Caboclo das Sete Encruzilhadas.

Que nenhum umbandista se esqueça disso ou isso desconheça, para que não venha a negar esse fato aos seus verdadeiros semeadores, que são Pai Zélio e o espírito fundador da Umbanda, o Caboclo das Sete Encruzilhadas.

Muitos outros autores, posteriormente, publicaram novos livros abordando o Mistério das Sete Linhas de Umbanda, dando-lhes os mais variados nomes, fato esse que, se por um lado enriquecia o estudo da Umbanda, por outro lado confundia a grande legião de médiuns umbandistas ávidos por conhecimentos sobre os fundamentos da Umbanda.

Essa confusão perdurou até o fim do século XX, quando Pai Benedito de Aruanda, orientado pelos espíritos mentores da Umbanda e amparado pelo senhor Caboclo das Sete Encruzilhadas, finalmente fundamentou nas Sete Irradiações Divinas as Sete Linhas de Umbanda e nos trouxe suas regências divinas originais, esclarecendo de vez esse mistério, desde sua origem em Deus até nós, encarnados, aqui na Terra, mas também regidos e influenciados por elas o tempo todo.

Hoje, posso revelar que nossa obra mediúnica, fundamentadora dos mistérios de Umbanda, foi amparada pelos espíritos mentores da Umbanda, entre eles o senhor Caboclo das Sete Encruzilhadas.

O fato é que foi Pai Zélio de Moraes e o senhor Caboclo das Sete Encruzilhadas que abriram para a Umbanda e todos os umbandistas, os Mistérios das Sete Linhas de Umbanda. Justiça lhes seja feita!

Os Fundamentos Divinos das Linhas de Umbanda Sagrada

A **Umbanda, ainda que não evidencie isso à primeira vista, é uma religião muito rica em fundamentos divinos. E, se isso acontece, é porque é nova, não foi decodificada totalmente e não tínhamos um indicador seguro que nos auxiliasse na decodificação dos seus mistérios.**

Atualmente, um século após sua fundação por Zélio Fernandino de Moraes e o senhor Caboclo das Sete Encruzilhadas, espíritos mensageiros têm transmitido algumas chaves-mestras que têm aberto vastos campos para decodificarmos seus mistérios e iniciarmos sua verdadeira fundamentação, tornando-a tão bem fundamentada, que, talvez no futuro, outras religiões recorram a essas chaves para interpretarem seus próprios mistérios.

Se não, vejamos:

1º) Na Umbanda, as linhas de trabalhos espirituais, formadas por espíritos incorporadores, têm nomes simbólicos.

2º) Os guias incorporadores não se apresentam com outros nomes e só se identificam por nomes simbólicos.

3º) Todos eles são magos consumados e têm na magia um poderoso recurso, ao qual recorrem para auxiliarem as pessoas que vão aos templos de Umbanda em busca de auxílio.

4º) Um médium umbandista recebe em seus trabalhos vários guias espirituais cujas manifestações ou incorporações são tão características que só por elas já sabemos a qual linha pertence o espírito incorporado.

5º) As linhas são muito bem definidas e os espíritos pertencentes a uma linha falam com o mesmo sotaque, dançam e gesticulam mais ou menos iguais e realizam trabalhos mágicos com elementos definidos como deles, e mais ou menos da mesma forma.

6º) Cada linha está ligada a algum Orixá e podemos identificar no nome simbólico dos espíritos de uma mesma linha a qual Orixá estão ligados.

7º) Isso acontece tanto com as linhas da direita quando com as da esquerda, todas regidas pelos sagrados Orixás.

Com isso, temos chaves importantes para avançar no estudo dos fundamentos da Umbanda até chegarmos ao âmago do mistério dos seus nomes simbólicos.

Mas para chegarmos ao âmago, antes temos de saber qual é o meio ou a diretriz que nos guiará nesta busca, já que temos linhas de Caboclos, Pretos-Velhos, Crianças, Baianos, Boiadeiros, Marinheiros, Exus, Pombagiras, etc.

E essa chave-mestra se chama "Fatores de Deus".

Antes de falarmos sobre os fatores ou sobre o que eles significam, precisamos abrir um pouco mais o leque de assuntos desse nosso comentário para fundamentarmos os mistérios da Umbanda.

Voltemo-nos para a Bíblia Sagrada e nela vamos ler algo semelhante a isto:

➢ E no princípio havia o caos.
➢ E Deus ordenou que do caos nascesse a luz, e a luz se fez.
➢ E Deus ordenou tudo e tudo foi feito segundo suas determinações verbais e o "verbo divino", realizados por sua excelência sagrada. Identificou nas determinações dadas por Deus a essência de suas funções ordenadoras e criacionistas.

Assim explicado, o "verbo divino" é uma função e cada função é uma ação realizadora.

Mas, se assim é, tem de haver um meio pelo qual o verbo realizador faça sua função criadora. E esse meio não pode ser algo comum, mas sim extraordinário, divino mesmo, já que é por meio dele que Deus realiza.

E, se cada verbo é uma função criadora em si mesmo, e muitos são os verbos, então esse meio usado por Deus tem de ter em si o que cada verbo precisa para se realizar enquanto função divina, criadora de ações concretizadoras do seu significado excelso.

Nós sabemos que a alusão ao "Verbo Divino" na Bíblia Sagrada não teve até agora uma explicação satisfatória pelos estudiosos dela e pelos seus mais renomados intérpretes, relegando-o apenas às falas ou pronunciamentos de Deus.

Mas isso também se deve ao fato de seus intérpretes não terem atinado com a chave-mestra que abre o mistério do "verbo divino", mas que agora, com a chave dos Fatores de Deus de posse da Umbanda, explica-nos tudo, desde o caos bíblico até o *Big-Bang* dos astrônomos e desde o surgimento da matéria até o estado primordial da Criação, tão buscado atualmente pela física quântica.

Sim, o Verbo Divino e o seu meio de realizar suas ações tanto está na concretização da matéria quanto no mundo rarefeito da física quântica. E está desde a reprodução celular até na geração dos corpos celestes.

O Verbo Divino é a ação!

E o meio que ele usa para realizar-se, enquanto ação, denominamos de "Fatores de Deus".

Por fatores entendam as menores partículas energéticas criadas por Deus e elas são vivas e são o meio do verbo divino realizar-se enquanto ação, já que cada fator é uma ação realizadora em si mesmo e faz o que o verbo que o identifica significa.

Assim, se o verbo acelerar significa agilizar o movimento de algo, o fator acelerador é o meio usado por Deus para acelerar o movimento ou o deslocamento do que Ele criou e que deve evoluir daí em diante.

E o mesmo acontece, ainda que em sentido contrário, com o verbo desacelerar e com seu fator identificador que é o fator desacelerador.

Já o verbo movimentar, cujo significado é dar movimento a algo, tem como meio de realizar-se, enquanto ação, o fator movimentador.

O mesmo acontece com verbo paralisar, cuja função é oposta e que tem como meio de se realizar como ação o fator paralisador.

E o verbo abrir tem como meio de se realizar como ação o fator abridor.

Já o verbo fechar, cuja função é oposta ao verbo abrir, tem como meio de se realizar como ação o fator fechador.

E o verbo trancar, cujo significado é o de prender, tem como meio de se realizar enquanto ação o fator trancador.

E o verbo abrir, cujo significado é o de liberar, tem como meio de se realizar enquanto ação o fator abridor.

E o verbo direcionar, cujo significado é dar rumo a algo, tem como meio de se realizar enquanto ação o fator direcionador.

Já o verbo desviar, cujo significado é o de desviar do alvo, tem como meio de se realizar enquanto ação o fator desviador.

E o verbo gerar, cujo significado é fazer nascer algo, tem como meio de se realizar enquanto ação realizadora o fator gerador.

E o verbo esterilizar, cuja função é oposta, tem como meio para se realizar enquanto ação o fator esterilizador.

E o verbo magnetizar, cujo significado e função é dar magnetismo a algo, tem como meio para se realizar enquanto ação o fator magnetizador.

Já o verbo desmagnetizar, cuja função e significado são opostos, tem como meio para se realizar enquanto ação o fator desmagnetizador.

E o verbo cortar, cujo significado e função é partir algo, tem como meio para se realizar enquanto ação o fator cortador.

Já o verbo unir, cujo significado e função é juntar algo, tem como meio para se realizar enquanto ação o fator unidor.

Muitos são os verbos e cada um é em si a ação que significa, e muitos são os meios existentes no que denominamos por fatores de Deus.

Aqui, neste comentário, já citamos os verbos:

➢ Acelerar e Desacelerar;
➢ Movimentar e Paralisar;
➢ Abrir e Fechar;
➢ Trancar e Abrir;
➢ Direcionar e Desviar;
➢ Gerar e Esterilizar;
➢ Magnetizar e Desmagnetizar;
➢ Cortar e Unir.

São poucos verbos se comparados aos muitos que existem, mas são suficientes para os nossos propósitos.

Tomemos como exemplo o verbo trancar e o fator trançador e vamos transportá-los para uma linha de trabalhos espirituais e mágicos de Umbanda, a dos Exus trancadores, em que temos estes nomes simbólicos:

➢ Exu Tranca-Ruas, ligados a Ogum.
➢ Exu Tranca-Tudo, ligados a Oxalá.
➢ Exu Tranca-Giras, ligados a Oiá.
➢ Exu Sete Trancas, ligados a Obaluaiê.
➢ Exu Tranca-Fogo, ligados a Xangô.
➢ Exu Tranca-Rios, ligados a Oxum.
➢ Exu Tranca-Raios, ligados a Iansã.
➢ Exu Tranca-Matas, ligados a Oxóssi.

Se o verbo trancar significa prender, e se o fator trancador é o meio pelo qual ele se realiza enquanto ação, então todo Exu que tenha em seu nome simbólico a palavra tranca é um gerador desse fator e que, quando o irradia, tranca algo, certo?

E se tomarmos o verbo abrir e o fator abridor, temos uma linha de trabalhos espirituais e mágicos de Umbanda, a dos Exus abridores, em que temos estes nomes simbólicos:

- Exu abre tudo – ligado a Oxalá.
- Exu abre caminhos – ligado a Ogum.
- Exu abre portas – ligado a Obaluaiê.
- Exu abre matas – ligado a Oxóssi.
- Exu abre tempo – ligado a Oiá.

E se tomarmos o verbo romper, aqui não citado, e o fator por meio do qual sua ação se realiza, temos estas linhas de trabalhos espirituais e mágicos:

- Ogum rompe tudo – ligado a Oxalá.
- Ogum rompe matas – ligado a Oxóssi.
- Ogum rompe nuvens – ligado a Iansã.
- Ogum rompe solo – ligado a Omolu.
- Ogum rompe águas – ligado a Iemanjá.
- Ogum rompe ferro – ligado a Ogum.

E temos linhas de Caboclos e de Exus com estes mesmos nomes:

- Caboclos e Exus rompe tudo.
- Caboclos e Exus rompe matas.
- Caboclos e Exus rompe nuvens.
- Caboclos e Exus rompe solo.
- Caboclos e Exus rompe águas.
- Caboclos e Exus rompe ferro.

Muitos são os verbos e cada um tem um meio ou fator por meio do qual se realiza enquanto ação.

Por isso, afirmamos que a Umbanda é riquíssima em fundamentos e não precisa recorrer aos fundamentos de outras religiões para explicar suas práticas ou os nomes simbólicos dados aos Orixás, que são as divindades realizadoras do verbo divino ou suas linhas de trabalhos espirituais e mágicos, que são manifestadores espirituais dos mistérios do verbo divino. Se atinarem bem para a riqueza contida no simbolismo da Umbanda Sagrada, poderão dispensar até as interpretações antigas herdadas do culto ancestral aos Orixás praticado em solo africano, porque Deus, ao criar uma religião, dota-a de seus próprios fundamentos divinos e espera que seus adeptos os descubram e aplique-os à sua Doutrina e suas práticas, aperfeiçoando sua concepção do poder divino existente nos seus mistérios sagrados.

As Diferenças entre Umbanda e Candomblé

Nós temos na Umbanda muitos Orixás. Temos sete linhas ou irradiações bipolarizações, temos 14 Orixás regentes desses polos, que regem os sete níveis vibratórios positivos e os sete negativos. E, se multiplicarmos os 14 pelos sete níveis que cada um rege, chegaremos a 98 Orixás.

Não existe religião que esteja fundamentada de forma errada e nós temos de ter o nosso "universo religioso" bem definido para poder sustentar uma discussão. Existem muitas diferenças entre a Umbanda e o Candomblé, e uma delas é o mistério das suas Sete Linhas, trazendo uma Teogonia e uma Gênese para a Umbanda que não se fundamenta nas mesmas dos antigos e tradicionais cultos aos Orixás, preservados parcialmente aqui no Brasil.

Assim, por meio das Sete Linhas da Umbanda, já temos condições de ordenar todo um universo religioso. E precisamos nos unir para estabelecer o que e quais são elas, quem as rege de uma forma lógica, uma forma bem fundamentada e fácil de ser entendida pelos seus seguidores. Não podemos explicar a nossa religião a partir de fundamentos e de valores alheios.

A Umbanda foi difundida para todas as classes sociais, mas primeiro alcançou as mais baixas, as mais necessitadas de socorro. Logo depois, ela alcançou as classes sociais mais altas, que precisam ter à disposição uma forma mais elaborada e mais culta de apresentação dos seus fundamentos, de sua Teogonia e de sua Gênese.

Se o analfabetismo no século passado era muito grande e as coisas tinham de ser apresentadas de forma bem simples para serem entendidas, o fato é que devemos ordenar de forma racional e bem elaborada o nosso universo religioso Umbandista, sem nos preocuparmos com o

Candomblé, com o Espiritismo, com o Catolicismo, com o Judaísmo, etc., e sim temos de ter os nossos próprios valores religiosos.

Na concepção antiga e mítica, um Orixá é um ser humano excepcional, fundador de cidades e de impérios, que foi divinizado. Ele não é o ser divino que foi descrito de forma humana. Ele é o inverso, é um ancestral mítico que passou pela carne, marcou época, foi rei ou rainha, conquistou territórios, fundou cidades, desencarnou e passou a ser adorado.

Esse é um recurso muito antigo, ao qual as pessoas recorrerem, divinizando aqueles que fizeram uma caminhada excepcional na face da Terra e que, quando morreram, foram divinizados e transformados em deidades. Vide Jesus Cristo e Sidarta Gautama, seres excepcionais que, após morrerem, tornaram-se objeto de culto, primeiro pelos seus seguidores, depois, pelos convertidos por eles. Vejam a história e as lendas sobre os Orixás que nos foram trazidas da África.

Temos de proceder de forma inversa: as divindades devem vir de um mistério maior, precisam ser preexistentes e anteriores aos seres humanos. No Candomblé, as pessoas adoram todos os Orixás, mas o de cabeça é o mais importante para o médium. O Candomblé é uma religião que cultua os Orixás individualmente, com cada um tendo o seu, enquanto na Umbanda são os guias espirituais que tomam a frente dos seus médiuns, conduzindo-os passo a passo.

Na Umbanda, são os guias que dão as consultas e orientações às pessoas que frequentam suas sessões de trabalhos espirituais. Já o Candomblé possui dinâmica própria, na qual não se utiliza dos guias para dar consultas; quem o faz é o próprio pai ou mãe de santo da Casa, que têm nos búzios um recurso para dar consultas para as pessoas necessitadas, pois seus médiuns incorporam somente Orixás, e estes não dão consultas, eles apenas vêm em terra para participar do culto e para realizar suas danças sagradas, estas sim, muito realizadoras!

O Candomblé tem sua dinâmica própria, e a Umbanda tem a dela, ainda que ambas estejam fundamentadas no culto aos Orixás. Temos muitas interpretações diferentes para as Sete Linhas de Umbanda, porque desde seu início estabeleceram o sincretismo dos Orixás com os santos católicos e os trabalhos eram realizados de forma muito parecida com as sessões espíritas, pois só esses trabalhos eram tolerados em virtude da perseguição religiosa de então. Mas, desde o começo, a Umbanda criou uma forma diferente da do Espiritismo e da do Candomblé.

O Espiritismo, o Candomblé e a Umbanda possuem faixas vibratórias próprias para cada uma e, na época em que foi fundada, suas

Sete Linhas não estavam muito bem definidas e fundamentadas, porque foram sincretizadas com santos católicos, pois se podia cultuar os santos de forma aberta, sem tanto medo de serem perseguidos pela polícia daquela época, mas não era possível cultuar e falar ou escrever abertamente sobre os Orixás.

Temos de respeitar as condições da época se quisermos ser justos com os fundadores da Umbanda. E, se os umbandistas de então não podiam ir à praia e cultuar Iemanjá, cultuavam Nossa Senhora dos Navegantes. Se não podiam cultuar abertamente Ogum, cultuavam São Jorge. Se não podiam cultuar abertamente Oxalá, cultuavam Jesus Cristo, e assim sucessivamente com todos os Orixás, sempre sincretizados com os santos católicos, amortecendo e amenizando a intolerância religiosa de então.

- São Jorge, para Ogum;
- São Sebastião, para Oxóssi;
- Santa Bárbara, para Iansã;
- Nossa Senhora, para Oxum;
- Jesus Cristo, para Oxalá;
- São Jerônimo, para Xangô;
- Nossa Sra. da Conceição, para Oxum;
- São Lázaro, para Omolu;
- São Cosme e São Damião, para os Ibejis;
- Santa Ana, para Nanã Buruquê;
- São Pedro, para Exu;
- São João Batista, para a Linha do Oriente;
- Etc.

Devemos lembrar que, naquela época (1908), pessoas não cristãs ainda eram presas por manifestarem sua religiosidade de forma aberta, mas como elas vinham do Catolicismo e entravam na Umbanda, o sincretismo dos Orixás com os santos católicos facilitou a aceitação da religião.

As pessoas tinham uma formação cristã muito forte e, se hoje, na quaresma, não temos nenhum problema em realizar nossos trabalhos, antigamente muitos dos centros de Umbanda ficavam fechados durante ela, apenas retornando na Sexta-Feira Santa, quando os médiuns voltavam ao centro para firmarem seus Exus e na semana seguinte recomeçarem os trabalhos.

A formação católica era tão forte naquela época que precisava ter um amortecedor para os Orixás. E o sincretismo deles com os santos católicos foi uma forma de amortecer o começo da Umbanda para melhor aceitação dela pelas pessoas.

Esse era um recurso que existia naquela época e foi usado pela espiritualidade para a transição dos seguidores da Igreja Católica para a Umbanda. Se no início isso foi feito por meio das imagens dos santos católicos, hoje já não temos necessidade disso, porque a liberdade religiosa no Brasil é grande e o direito de opção religiosa está escrito na Constituição.

Hoje, a espiritualidade trouxe uma forma mais ordenada e elaborada de explicarmos o que são as Sete Linhas. E, se cultuamos Orixás, nos diferenciamos do Candomblé porque nele não existem as Sete Linhas, porque elas são um dos mistérios da Umbanda. Desde que ela começou, a maioria das pessoas tem dificuldade em entender isto:

A Umbanda não é melhor do que as outras religiões. Ela é mais uma religião com seus próprios valores, com seus fundamentos e com seus conhecimentos. A Umbanda dá uma explicação do Setenário Sagrado mais fácil de ser entendida, mas esse Setenário Sagrado não pertence a uma única religião, basta estudar as religiões mais antigas para ver que ele já existia nelas.

Antigamente, já se falava em Sete Raios, Sete Anjos, Sete Arcanjos, porque o sete é um número que acompanha a humanidade em um aspecto superior, um número cabalístico! O Setenário Sagrado é formado pelos sete Tronos Divinos, e tudo que acontece neste nosso planeta vem das irradiações deles, que dão sustentação a tudo que foi criado neste planeta por Deus.

Encontramos esse setenário em tudo o que existe, e ele está dentro da Umbanda em suas Sete Linhas, mas não são apenas sete os Orixás cultuados na Umbanda, porque cada linha tem dois polos a regê-la. Toda irradiação tem dois polos equilibradores, um positivo e outro negativo, um ativo e outro passivo. Mas tudo foi explicado segundo a capacidade de cada um, no seu tempo, entender.

No começo da Umbanda, não se podia falar de magnetismo, energias, elementos, etc., porque naquela época a ciência era muito fechada e limitada a uma elite, e a pessoa que falasse sobre isso dentro de um centro seria taxada de lunática, porque não entenderia esse assunto.

Os Orixás dão qualidades às pessoas, e os santos católicos foram pessoas. Então eles têm qualidades que herdaram dos Orixás. Os Orixás dão suas qualidades a cada coisa que existe na Criação, dando-as até para as Sete Irradiações Divinas, ou Sete Linhas de Umbanda, que regem nossa vida. As Sete Irradiações Divinas estão presentes em nossa vida sem que nos apercebamos.

A Umbanda é uma religião complexa, porque trabalhamos com muitas Linhas de Espíritos e não somente com as Linhas de Orixás. Então, o nosso "universo religioso" é muito complexo e não é com pouco estudo ou pouca leitura que conseguimos explicar nossa religião. Somente a partir de informações básicas, bem elaboradas e bem fundamentadas, abrangendo todo esse universo, é que ele se torna compreensível e o entendimento se solidifica.

Não precisamos decorar o nome de todas as linhas de trabalhos, e sim estudar nossa religião para percebermos que, por trás de cada uma, existe sempre um Orixá e os Guias são seus manifestadores religiosos dentro dos centros de Umbanda, porque são eles que incorporam em seus médiuns.

Temos de saber que tem um Orixá regendo cada linha de Guias Espirituais de Umbanda. Toda manifestação espiritual é regida por um Orixá e antigamente as pessoas faziam confusão sobre eles, porque não sabiam onde colocar tantos Orixás dentro das Sete Linhas. Então alguns falavam que Iansã, Oxum e Nanã eram Caboclas de Iemanjá, confundindo Linhas de Orixás com Linhas de Guias espirituais.

As Divindades não ligam muito para essas coisas, o que elas querem é que as pessoas sejam movidas pela fé e com isso evoluam. Essas colocações de Orixás como Caboclas eram uma tentativa de colocar todos dentro das Sete Linhas, mas como essa colocação não era verdadeira, não deu para resolverem o problema entre o grande número de Orixás e o de se ter somente sete linhas para todos eles.

Para aquela época, essas explicações serviram, porque não se tinha outro esclarecimento para a discrepância entre tantos Orixás e apenas sete linhas. Mas, hoje, graças às informações que nos foram trazidas por Pai Benedito de Aruanda, um espírito mensageiro, temos explicações racionais para entender as Sete Linhas de Umbanda, nas quais cabem todos eles, diferenciando-as das Linhas de Guias espirituais de Umbanda.

As Sete Irradiações Divinas

Existem sete Irradiações Divinas, nas quais estão assentados os Orixás regentes deste nosso planeta, com cada um deles possuindo sua tela refletora planetária. As Sete Linhas de Umbanda são, na verdade, as sete irradiações vivas de Deus, que são estas: Irradiação da Fé, do Amor, do Conhecimento, da Justiça, da Lei, da Evolução e da Geração. Quando pensamos nas Sete Linhas de Umbanda, não devemos pensar em linhas de trabalho, pois muitos confundem as irradiações divinas com as linhas de trabalho, linhas de Caboclos, linhas de Pretos-Velhos, etc.

Não é assim. Se continuarmos a ensinar os novos umbandistas desta forma, vamos continuar no mesmo nível de interpretação do passado, quando, sem informações bem fundamentadas, as pessoas tentavam ordenar um pouco esse mistério.

Pessoas movidas por bons sentimentos e pela boa vontade tentaram ordenar esse caos, mas não conseguiram, pois uns davam determinados nomes a essas sete linhas e outros davam outros nomes de Orixás para elas, aumentando a confusão.

Quando deixamos de pensar em linhas de trabalho, linhas de santo ou Orixás e elevamos isso ao seu verdadeiro nível, chegamos à raiz desse mistério que está em todas as religiões, e que são as Sete Irradiações Divinas.

Muitos autores umbandistas deram às Sete Linhas de Umbanda suas interpretações pessoais, já diferentes daquela trazida inicialmente pelo Caboclo das Sete Encruzilhadas por meio de Pai Zélio de Moraes, mas com todas elas baseadas no sincretismo, conciliando os santos católicos com os Orixás.

O assentamento dos santos católicos nos templos de Umbanda facilitou e facilita a transmigração religiosa, pois o novo fiel vê neles ícones tidos como sagrados na sua antiga religião, e isso torna o ambiente mais familiar, receptivo e assimilável. Os Orixás, sabedores da delicadeza dessa religiosidade, até estimularam esses ícones cristãos no centro de Umbanda.

Os Cultos de Nação têm alguns espíritos humanos em seus panteões, que são os ancestrais fundadores de suas nações que, após o desencarne, foram divinizados, tal como acontece no Catolicismo. Não há contradição nesse sincretismo, pois se um rei yorubá pode ser elevado à condição de Orixá, um santo cristão, que foi uma pessoa incomum em seu tempo, também pode!

Se a Teogonia Yorubá ou a cristã está povoada por seres humanos que se divinizaram na carne ou foram divinizados após desencarnarem, não há contradição no sincretismo. Lendo livros sobre o Candomblé, alguns dos Orixás cultuados nele são pessoas que passaram pela carne, que fundaram cidades e nações, porque esses seres excepcionais traziam uma missão divina naquilo que estavam fazendo. Logo, não importa a época e o lugar, porque isso é algo comum na história da humanidade. Nós vimos isso no velho testamento, em que os profetas assumiram um grau de importância tão grande que são venerados até hoje.

Enquanto a humanidade é formada por milhões de pessoas e de espíritos fazendo suas evoluções neste planeta, seres excepcionais encarnam e abrem em determinados lugares algo novo que auxilia a evolução de todos os alcançados pelas suas obras.

Então o sincretismo tem sua validade, ele não foi feito apenas para ocultar os Orixás, mas para amparar aqueles nossos irmãos de 100, 200 ou 300 anos atrás. E eles encontraram nos santos os similares que ecoaram nos seus íntimos e nas suas memórias como seres também excepcionais e, ao reverenciarem um santo católico como alguém análogo ao seu Orixá, eles não estavam cometendo nenhuma inverdade, mas sim cultuando um ícone religioso análogo e, por cultuá-los, surgiu a linha de São Lázaro, linha de São Sebastião, linha de São Cipriano, linha de São Jerônimo, etc., dando seus nomes às Sete Linhas de Umbanda.

Então nós temos de diferenciar as sete linhas de santo de qualquer coisa e elevarmos isso a um nível divino, de onde, a partir dessas sete irradiações, saem seres excepcionais com missões que visam ao benefício da humanidade, pois chamam para si parte da responsabilidade que compete a Deus, que é amparar as pessoas a partir da fé que elas têm Nele.

O que está predominando e sempre predominará na Umbanda será o panteão da Teogonia Yorubá. Embora existam pessoas dentro da Umbanda que conservam suas raízes angolanas, o que está predominando são os nomes nigerianos dos Orixás.

E chegará um dia em que a Teogonia Yorubá predominará em toda a Umbanda e os nomes das divindades Orixás tomarão conta em definitivo da religião. O restante das outras heranças religiosas será guardado como algo a ser conservado, uma herança guardada, mas só isso!

Muita gente dentro da Umbanda recorria à gênese judaico-cristã, outros iam para a do culto angola, etc.. Mas isso não é o que precisamos, porque, se temos no Brasil religiões, com umas independentes das outras, não praticamos a religião católica nem a judaica em nossos centros. Mas não praticamos um culto puro a um Orixá, como ele é feito na África.

Existem diferenças entre os cultos praticados na África e os praticados no Brasil, porque aqui se adaptou e se recolheu no mesmo espaço vários Orixás. Lá existem templos específicos, temos templo de Iansã, templo de Obaluaiê, templo de Ogum, porque lá o culto a um Orixá é separado do culto aos outros.

- Na Gênese Yorubá, o Deus criador é chamado de Olodumaré, que confiou aos Orixás poderes para participarem da criação do mundo, criarem as pessoas, as plantas, etc.
- Se raciocinarmos um pouco, veremos que a Cosmogênese Yorubá tem uma lógica mais aceitável do que a que conhecemos, que é a de Deus ter feito o mundo em seis dias e no sétimo ter descansado.
- Temos de separar Teogonia e Cosmogênese.
- Teogonia: refere-se ao lado mais religioso de uma religião, ao seu panteão divino.
- Cosmogênese: é a própria Criação Divina do mundo, dos seres, etc.
- Devemos separar esses dois significados.
- Quando duas ou mais teogonias se conflitam dentro de uma religião, com é o caso da Umbanda, em que uns se referem a Deus como Tupã, outros como Zamby e outros como Olorum, ela se mostra com muita coisa confusa e de difícil compreensão e seus conhecimentos e doutrina são difíceis de serem retransmitidos.
- E hoje temos várias Umbandas, com cada um achando que a dele é a certa e é a melhor.

- Temos Umbanda Nagô, Angola, Mina, Cristã, Branca, Cruzada, Iniciática, Esotérica, Carismática, etc., mas quando vamos assistir aos seus cultos, todos cantam para os Orixás Nagôs! Todos têm suas tronqueiras, onde assentam outro Orixá Nagô, que é Exu!
- Eu já vi pessoas que se orgulham de suas *djinas* e de suas formações, tais como este exemplo: Mãe Tal de Oiá, feita ou seguidora do Culto da Nação Angola, que ela diz ser Umbanda Angola.
- Bem, o nome das divindades no Culto Angola é "Inkices" (Nkice), que não é o mesmo das divindades do Culto Nagô ou Nigeriano, onde são denominadas Orixás.
- É um contrassenso, mas temos de respeitar os seguidores dessas "Umbandas", porque, mesmo que seus conhecimentos sobre "Religião" sejam parcos, no entanto todos são movidos pela fé e pelo amor aos Orixás. Não devemos culpá-los por nada, porque já aprenderam errado, com quem também havia aprendido errado, que havia aprendido com quem não sabia nada de Religião, ainda que também fossem médiuns maravilhosos que dedicaram suas vidas ao auxílio dos seus semelhantes, amparados pelos seus Guias e pelos Orixás.
- Tudo por causa da confusão que os "sincretismos religiosos" geraram, porque eles aconteceram de formas diferentes em várias partes deste país continental.
- Existem pessoas que não possuem informações nenhuma, a não ser as dos seus Guias espirituais. Mas no plano astral a religião está bem organizada.
- Só que aqui, no plano material, há muito desleixo por parte dos seguidores da nossa religião. Em outras religiões existe a união em torno da sua Doutrina, da sua Teogonia e da sua Gênese.
- Como se consertar isso? É muito difícil, porque ninguém abre mão do seu legado, mesmo ele sendo confuso e fruto de um sincretismo entre os diversos Cultos de Nação.
- Devemos espalhar mais cursos de Doutrina e Teologia de Umbanda, pois existem pessoas completamente desinformadas e isso nos entristece muitos. O umbandista está em busca de conhecimentos doutrinários, teológicos e sacerdotais. Mas isso não esta à disposição de todos em todas as cidades brasileiras onde existem centros de Umbanda, hoje presentes na maioria delas.

- O que as pessoas querem é mais do que prática, elas precisam ser alimentadas por um conhecimento maior. Então, temos de multiplicar o nosso conhecimento para ampliarmos mais nossa religião.
- No Candomblé, não existe o Mistério das Sete Linhas, porque elas foram trazidas até nós pelo Caboclo das Sete Encruzilhadas.
- Elas surgiram dentro da Umbanda, e esse é um mistério e um conhecimento nosso! A partir deles, temos a base de uma teologia para nós.
- Cada religião ensina sua doutrina e sua teologia ao seu modo. No Espiritismo, aprende-se com os livros de Alan Kardec; na Umbanda, não existe isso, não existe um ensinamento unificado para que todos falem a mesma língua em qualquer lugar do mundo.
- As sete linhas não são linhas de santos católicos, mas sim se referem ao Setenário Sagrado, doador de todas as religiões e de todas as divindades que formam suas teogonias.
- Quando nos referimos aos doadores dessas sete linhas, estamos nos referindo ao mistério anterior a todas as religiões existentes e todas estão sob a irradiação desse Setenário Sagrado.
- Essa doação de divindades é oriunda de uma única fonte, as divindades cultuadas nas muitas religiões vêm da mesma origem, vem desses sete Tronos, desses sete Orixás, que são doadores das suas qualidades para tudo o que existe em nosso planeta e em todo o Universo.
- Encontramos as qualidades deles não somente na natureza. Nós as encontramos no nosso arquétipo físico, no nosso jeito de ser, etc. Eles nos doam suas energias e suas características, que alimentam nossos sentidos.
- O Setenário está em tudo e todos são regidos pelos Orixás assentados nas suas sete irradiações divinas. Temos sete Tronos que são associadas a fé, amor, conhecimento, justiça, lei e evolução. Temos sete energias ligadas a esses Tronos. Temos em nós os sete sentidos capitais. Temos o sentido religioso que nos guia, ou seja, um sentido da fé. Mas só a fé não é suficiente para preencher a vida de um ser.
- Então temos um segundo sentido, que é o sentido do Amor.

- E temos um terceiro sentido, que é o sentido do Conhecimento, que, aguçando a nossa vontade de saber mais, a busca do conhecimento é constante em nossa vida.
- Temos um quarto sentido, que é o sentido da Justiça.
- E temos o quinto sentido que nos direciona, que é o sentido da Lei, que nos amolda, desenvolve o nosso caráter e a nossa moral.
- Temos um sexto sentido que transmuta o nosso íntimo, que é o sentido da Evolução, porque o conhecimento humano está evoluindo o tempo todo.
- Temos um sétimo sentido, que é o da Geração, que é a criatividade, no seu aspecto mais amplo na vida do ser.
- O Setenário Sagrado também dá origem às sete telas refletoras, e se elas têm esse nome é porque tudo o que acontece no planeta reflete nelas e ali fica registrado. Todos os pensamentos emitidos e todas as palavras faladas pelos seres humanos estão registrados nessas telas. Nada escapa a elas, pois são em si os sete Orixás, que não têm formas humanas, e sim são mentais divinos que envolvem tudo e todos, não deixando nada nem ninguém de fora.
- Existem várias dimensões paralelas à nossa, de onde vêm as entidades espirituais que incorporam em nós.

As Dificuldades do Início das Sete Linhas

No começo, muitas pessoas queriam decifrar o mistério das Sete Linhas de Umbanda e isso deu muita confusão, porque todos achavam que estavam certos em suas interpretações sobre elas. Mas quando estudamos as classificações criadas no decorrer dos anos, vimos que o enfoque de todos estava na contramão, porque as Sete Linhas de Umbanda não são sete linhas de trabalho ou sete Orixás, e sim sete irradiações divinas.

Esse assunto das sete linhas é um dos que, futuramente, poderá ser resolvido, mas agora o que interessa é estudarmos para saber o que está revelado até agora sobre isso.

Como já dissemos, no Candomblé não existe esse mistério das sete linhas, isso surgiu dentro da Umbanda, trazido pelo Caboclo das Sete Encruzilhadas. Antes de ele ter aberto esse Mistério da Umbanda não existia nada escrito sobre as sete linhas e, se observarmos com atenção, veremos que a nossa religião tem seus fundamentos e tem uma forma de exteriorizar seu conhecimento oculto, que está sendo aberto, sem depender de explicações alheias, por meio dos livros enviados até nós por Pai Benedito de Aruanda.

Podemos explicar muitos dos nossos fundamentos a partir do Setenário Sagrado, que existe e está presente em quase todas as religiões e não somente na Umbanda.

Mas temos hoje uma explicação lógica para esse Setenário Sagrado, em que ele é associado às sete irradiações divinas, aos sete sentidos capitais da vida, aos sete símbolos sagrados, aos sete elementos formadores do planeta, às sete essências, aos sete fatores, aos sete poderes originais exteriorizados por Deus, etc.

Os sete Orixás ancestrais são absorvedores dos sete fatores e das sete essências originais, vivas e divinas, que estimulam os sete sentidos e dão origem aos sete símbolos sagrados, etc., tudo comandado pelas sete irradiações divinas.

Hoje temos uma forma de explicação lógica e racional, mas é preciso que cada umbandista aprenda-a, para mantermos a coerência existente nela e para que amanhã ou depois não sofra, por meio de novas interpretações pessoais, mudanças de nomes e dos termos usados para fixar de vez esse mistério dentro da Umbanda.

Nós temos de nos apegar em certos termos para que eles sejam discutidos em profundidade, porque já temos dentro da "Gênese Divina de Umbanda" as explicações de como todos os poderes se irradiam, mantendo sempre uma coerência, porque é uma chave interpretativa.

Uma mesma chave se aplica a todos os conhecimentos, senão ela não seria verdadeira e, quando associamos o elemento mineral a Oxum, Oxum ao amor e amor à concepção, tem todo um fundamento porque o elemento mineral é um elemento que nos dá uma energia conceptiva e multiplicadora das espécies.

Essa energia não atua somente no ser humano, atua em todos os vegetais, em todas as espécies de animais, etc. Nada é desordenado na Criação.

As Sete Linhas e Suas Irradiações

Já sabemos que temos as Sete Irradiações Divinas e temos de saber os seus nomes, que são estes: Irradiações da Fé, do Amor, do Conhecimento, da Justiça, da Lei, da Evolução e da Geração.

Essas irradiações, ao se materializarem, dão origem a tudo o que existe no Universo e em nosso planeta.

Uma boa parte da crosta terrestre é formada por rochas e minérios (o elemento mineral). Outra parte é formada por cristais (o elemento cristalino). Dois terços do planeta são formados por líquidos (o elemento aquático). Os gases estão distribuídos tanto por dentro quanto por fora do planeta (o elemento ar). O fogo ou calor está contido no magma (o elemento ígneo). A erosão e o tempo criaram os solos, áridos ou férteis (o elemento terra).

Grande parte do planeta é coberta por vegetações, ou seja, o elemento vegetal, imprescindível para a vida e para nossa evolução, porque temos uma essência vegetal que circula ao redor de todo o planeta em seu lado etéreo, que entra pelos nossos chacras e estimula o raciocínio, auxilia o aprendizado e a abertura das nossas faculdades mentais.

É um erro associar as Sete Linhas de Umbanda apenas a sete Orixás. Temos de nos munir de conhecimentos fundamentais que tenham uma lógica, para podermos discutir sobre nossa religião.

Repetimos: as Sete Linhas não existem no Espiritismo nem no Candomblé, é um fundamento da Umbanda.

As religiões antigas já falavam que o número 7 é um número sagrado, mágico e cabalístico, enfim, esse número 7 relaciona-se ao Setenário Sagrado e, desde a Antiguidade, já se falava no Setenário Sagrado, que são os Sete Tronos de Deus, dentro da Umbanda, conhecidos como os Sete Orixás Ancestrais. O Setenário Sagrado rege este planeta e todas as religiões.

Devemos nos fixar nos detalhes para que a mente construa uma linha de discussão para, quando começarmos um discurso ou entrarmos em um debate, comentarmos de forma coerente a nossa religião, não ficando limitados a uma única frase, que diz isto: "A Umbanda é a prática da caridade!".

Umbanda não é Candomblé, e quem tenta misturá-lo com a Umbanda faz uma mistura incompreensível. Nas duas religiões se cultua os Orixás, mas, na Umbanda, o trabalho de atendimento é com a espiritualidade, porque os Orixás apenas são evocados nos cantos de abertura, louvações e encerramento. E essa diferença distingue a Umbanda do Candomblé.

Há pessoas que vêm para a Umbanda apenas por curiosidade.

Existem muitos templos que ensinam os médiuns a incorporarem os seus Guias e quase nada mais. A associação dos Orixás às energias elementares, quando usamos os elementos para identificar o simbolismo de Umbanda, nos fornece uma chave interpretativa muito boa.

Quando possuímos uma chave interpretativa correta, conseguimos decifrar os mistérios dos Orixás.

O importante é termos uma base sólida para os nossos estudos doutrinários e teológicos.

Identificação dos Guias Espirituais

Temos dentro da Umbanda alguns dos recursos usados pelos Guias para a identificação dos seus nomes simbólicos. Eles adotam as cores ou os elementos da natureza para identificar sob qual irradiação eles atuam. Eis alguns desses simbolismos:

- Cachoeira — Oxum
- Montanhas — Xangô
- Matas — Oxóssi
- Mar — Iemanjá
- Caminhos — Ogum
- Cemitério — Obaluaiê
- Campos — Oxalá
- Lagoas — Nanã Buruquê
- Pedreiras — Iansã e Xangô
- Lagos — Obá
- Cemitérios — Omolu
- Raios, Chuvas e Tempestades — Iansã

Quer dizer, quando um Guia se identifica e diz seu nome simbólico, temos de interpretá-lo para descobrirmos em que campos ele atua, assim como sob qual irradiação ele trabalha.

Quando um Guia diz: "Eu sou um Caboclo Sete Pedreiras", devemos decodificar seu nome: O "Sete" é por estar sob a irradiação do Setenário ou das sete irradiações divinas e indica que ele está na irradiação de Oxalá e, quanto à Pedreira, indica que ele está sendo regido por Iansã. Portanto, é um Caboclo de Oxalá que atua na irradiação de Iansã.

Dentro do simbolismo de Umbanda devemos associar os elementos às divindades. Assim, se pegarmos o elemento "flecha", estamos falando de Oxóssi; se pegarmos o "ouro", estamos falando de Oxum, e assim por diante, cada elemento tem um Orixá que o rege e se destaca.

Eles também podem vir de uma irradiação e estar trabalhando em outra.

Exemplo: Caboclo Rompe Mato: Caboclo de Ogum atuando na irradiação de Oxóssi.

Existem os que usam nomes indígenas e primeiro devemos traduzi-los do tupi para o português, para saber os seus significados. O mesmo acontece com os índios de outros países americanos e africanos; em ambos os casos, a maioria dos nomes está ligada aos elementos formadores da Natureza ou da Criação.

Temos uma forma de explicação do nome dos nossos Guias por meio da interpretação do simbolismo: a associação dos elementos da natureza com as divindades, revelando-nos o que esses nomes querem dizer. A dificuldade pode surgir quando fizermos a interpretação dos nomes dos Pretos-Velhos, Crianças, Boiadeiros e Marinheiros e outras linhas de trabalho, mas basta estudar um pouco do simbolismo umbandista por meio do sincretismo, associando os nomes dos Orixás aos dos santos católicos, para desenvolver nossa mente nesse campo.

Quanto aos Exus, é mais fácil descobrir sob qual irradiação ou irradiações eles atuam, porque alguns possuem nomes tão explícitos que dispensam comentários.

Mas tem outros Guias cujos nomes são em alguma língua africana, e então é preciso desenvolver o estudo delas para sabermos seus significados.

Os Orixás

O que é um Orixá?

Na Umbanda, cultuamos o Divino Criador Olodumaré ou Olorum, o nosso Divino Criador e Senhor dos nossos Destinos. E, logo abaixo dele, cultuamos os Sagrados Orixás como suas potências Divinas que governam a Criação, sendo que os identificamos apenas por alguns dos seus aspectos ou qualidades que os distinguem, que os diferenciam, que os individualizam, separando-os como as partes de um todo Divino.

Essa ideia, sinteticamente, define o panteão umbandista e fundamenta sua cosmogonia, sua teogonia, sua androgênese e sua teologia, fornecendo aos estudiosos da Umbanda um manancial de informações inesgotável. Esse manancial, se já era inesgotável, esperamos ampliá-lo para que tanto os estudiosos quanto os médiuns umbandistas avancem um pouco mais na identificação e compreensão do vastíssimo "universo" oculto por trás dos Orixás.

O fato é que estou conduzindo dois grupos de estudos do Sacerdócio Umbandista no Colégio de Umbanda Sagrada Pai Benedito de Aruanda, grupos estes que, espiritualmente, são conduzidos por um espírito que se apresenta como "Caboclo Pena Branca", sendo que outros já foram conduzidos pelo "Caboclo Arranca Tocos". E, durante as iniciações dos médiuns, que são internas e realizadas dentro do nosso centro-escola, o Senhor Pena Branca surpreendeu a todos nós porque alterou toda a nossa compreensão do Universo espiritual umbandista, expandindo-o de tal forma que nossa visão atual é outra, muito mais ampla que a que tínhamos antes.

O nosso entendimento anterior era este: temos a linha dos Caboclos, das Crianças, dos Boiadeiros, dos Exus, das Pombagiras, dos Exus Mirins, etc.

Na iniciação perante Iemanjá, depois de os médiuns incorporarem suas Mães Iemanjás pessoais, que são Orixás naturais regidas pela Mãe maior Iemanjá, ele nos transmitiu isto:

"Filhos, o vosso entendimento atual lhes ensina que vocês possuem um Caboclo regido por um Orixá; possuem um Preto-Velho regido por outro Orixá; possuem um Baiano regido por outro Orixá; possuem uma Criança regida por outro Orixá; etc., e isso é certo, mas não é toda a verdade sobre as linhas de forças espirituais, porque cada Orixá possui sob sua irradiação todas as linhas espirituais. Isso quer dizer o seguinte:

Que Iemanjá possui ou rege linhas de trabalhos espirituais formadas por Caboclos (as) de Iemanjá; de Pretos-Velhos (as) regidos por Iemanjá; de Baianos (as) regidos por ela; de Crianças regidas por ela; de Boiadeiros regidos por ela; de Marinheiros regidos por ela; de Exus, Pombagiras e Exus Mirins regidos por ela, além das Sereias e outros povos do mar.

Ela rege linhas de trabalhos espirituais com os graus que conhecemos dentro da Umbanda, mas também rege muitas outras linhas (ou hierarquias) de trabalhos espirituais que são totalmente desconhecidas pelos médiuns umbandistas.

Ela, uma única Mãe Orixá, seria capaz, ou melhor, é capaz de sustentar toda uma religião apenas com seu poder Divino e seus Mistérios Sagrados, que são universais e são aplicados na vida de todos os seres (espirituais ou não) gerados por Deus.

Tal como o Mestre Jesus ou o Mestre Sidarta Gautama (o Buda) dão sustentação ao Cristianismo e ao Budismo, Iemanjá poderia sustentar uma religião tão grande quanto essas duas. Mas, o mesmo poderia fazer cada um dos outros Orixás cultuados na Umbanda".

E, para provar o que dissera na aula, todos os médiuns incorporaram suas Iemanjás pessoais e a seguir incorporaram seus Pretos-Velhos (as), Caboclos (as), Crianças e Baianos (as) regidos por Iemanjá.

Paramos com a incorporação da linha dos Baianos regidos por Iemanjá, com todos os médiuns incorporando cada linha invocada, mas poderíamos ir prosseguido na incorporação das demais linhas que todos as incorporariam.

E, na semana seguinte, durante a iniciação perante a Sagrada Mãe Oxum, o Senhor Pena Branca repetiu as mesmas incorporações, com os médiuns incorporando guias dessas linhas de trabalhos acima citados, mas agora regidos por Oxum.

Ao final ele nos deu esta explicação:

"Filhos de Umbanda, saibam que cada um de vocês possui nas suas linhas de forças espirituais guias de uma mesma linha, para cada um dos 14 Orixás regentes das Sete Irradiações Divinas, mas em cada uma delas apenas um é ativo, pois os outros são passivos e atuam como auxiliares do que é ativo.

O guia ativo incorpora sempre que a linha dele é invocada, e vocês o chamam de 'meu Caboclo', ou de 'meu Preto-Velho', ou de 'meu Baiano', etc., mas eles estão ligados a outros 13 espíritos do mesmo grau (Caboclo, Preto-Velho, Baiano, etc.,) que vocês não conhecem, mas que também estão ligados a vocês e fazem parte do vosso enredo ou trama espiritual".

Cada Orixá cultuado na Umbanda ampara com seu poder Divino todas as linhas de Umbanda, porque nela o termo Preto-Velho, Caboclo, Erê, Baiano, Boiadeiro, Marinheiro, Exu, Pombagira, Exu Mirim são "graus" que distinguem as Correntes ou Hierarquias espirituais, e cada Orixá sustenta suas correntes espirituais com esses graus.

Logo, existem Caboclos, Pretos-Velhos, Erês, Baianos, Boiadeiros, Marinheiros, Sereias, Exus, Pombagiras e Exus Mirins de Oxalá, de Logunan, de Oxum, de Oxumaré, de Oxóssi, de Obá, de Xangô, de Oroiná, de Ogum, de Iansã, de Nanã, de Obaluaiê, de Iemanjá e de Omolu, mas em cada grau apenas um é ativo em um médium; todos os outros são passivos e atuam como seus auxiliares nas outras irradiações.

Portanto, se o Caboclo de "frente" ou de trabalho de um médium é de Oxóssi (regido por Oxóssi), esse Caboclo "carrega" outros 13 Caboclos, com cada um deles regido por outro Orixá diferente.

E, se o Preto-Velho de frente ou de trabalho de um médium é regido por Nanã, esse Preto-Velho "carrega" outros 13 Pretos-Velhos, com cada um deles regido por outro Orixá.

E assim, sucessivamente, o mesmo acontece com todos os Guias espirituais de "trabalhos" dos médiuns umbandistas. A soma dos Guias ativos e seus auxiliares é grande e nos mostra o quanto é importante que os médiuns umbandistas se doutrinem, aprendam e evoluam praticando caridade aos seus semelhantes com fé, amor e racionalidade.

Afinal, se as forças espirituais de um médium são muitas e estão à sua volta, distribuídas em um enredo muito bem organizado, essas forças exigem o comprometimento dele perante Deus e os Orixás, buscando o aprendizado e o aperfeiçoamento consciencial, senão o abandonam e deixam-no exposto aos espíritos inferiores, denominados Kiumbas, que são grandes mistificadores e enganadores de médiuns relapsos.

Esperamos ter deixado clara a grandeza Divina dos Sagrados Orixás. Também, que um único Orixá pode dar sustentação a uma religião e, justamente por isso, em cada centro de Umbanda o Orixá de frente do dirigente sempre se destaca sobre os demais que o amparam.

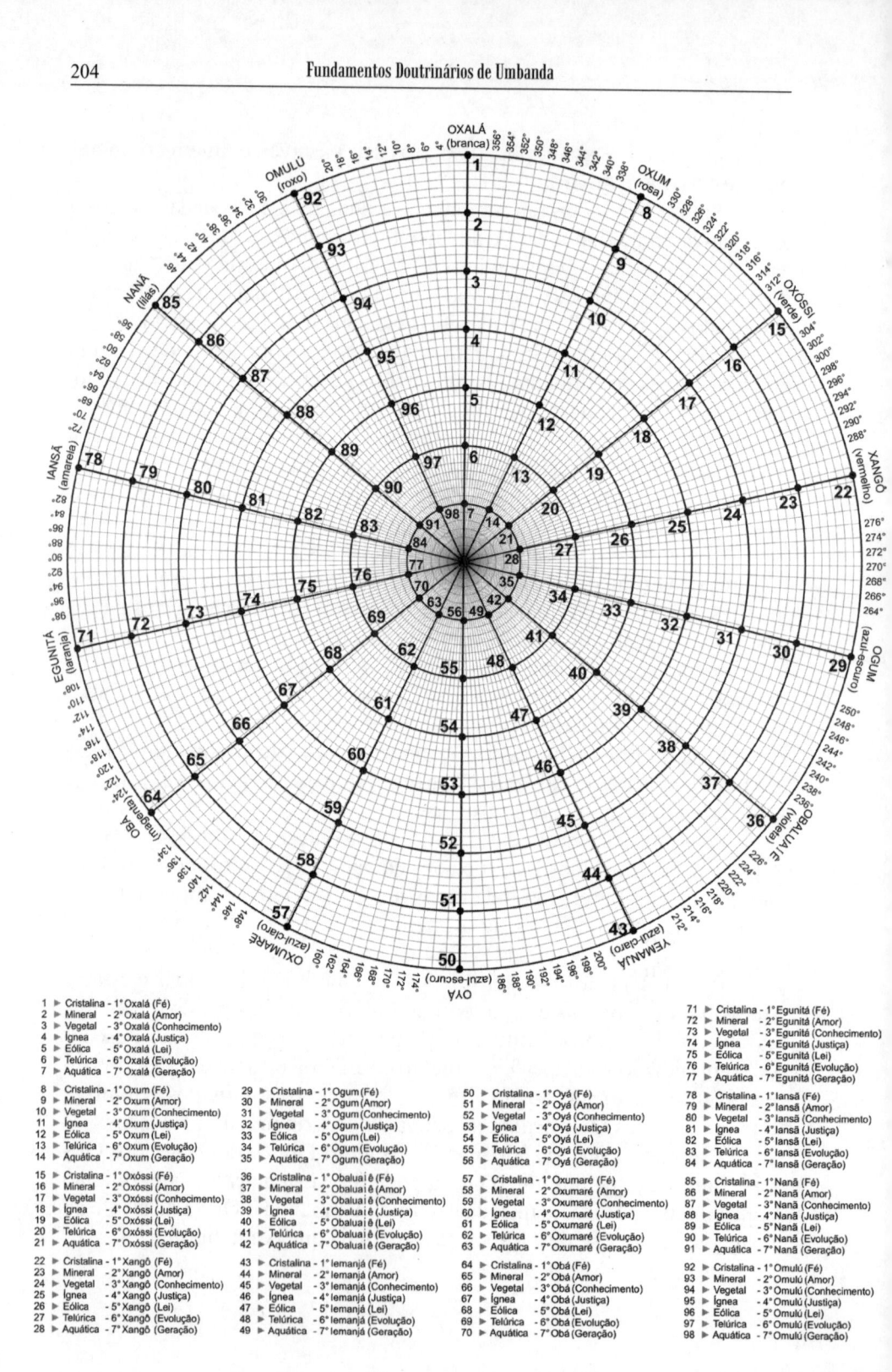

#				#				#				#		
1	▶	Cristalina	- 1° Oxalá (Fé)									71	▶	Cristalina - 1° Egunitá (Fé)
2	▶	Mineral	- 2° Oxalá (Amor)									72	▶	Mineral - 2° Egunitá (Amor)
3	▶	Vegetal	- 3° Oxalá (Conhecimento)									73	▶	Vegetal - 3° Egunitá (Conhecimento)
4	▶	Ígnea	- 4° Oxalá (Justiça)									74	▶	Ígnea - 4° Egunitá (Justiça)
5	▶	Eólica	- 5° Oxalá (Lei)									75	▶	Eólica - 5° Egunitá (Lei)
6	▶	Telúrica	- 6° Oxalá (Evolução)									76	▶	Telúrica - 6° Egunitá (Evolução)
7	▶	Aquática	- 7° Oxalá (Geração)									77	▶	Aquática - 7° Egunitá (Geração)
8	▶	Cristalina	- 1° Oxum (Fé)	29	▶	Cristalina	- 1° Ogum (Fé)	50	▶	Cristalina	- 1° Oyá (Fé)	78	▶	Cristalina - 1° Iansã (Fé)
9	▶	Mineral	- 2° Oxum (Amor)	30	▶	Mineral	- 2° Ogum (Amor)	51	▶	Mineral	- 2° Oyá (Amor)	79	▶	Mineral - 2° Iansã (Amor)
10	▶	Vegetal	- 3° Oxum (Conhecimento)	31	▶	Vegetal	- 3° Ogum (Conhecimento)	52	▶	Vegetal	- 3° Oyá (Conhecimento)	80	▶	Vegetal - 3° Iansã (Conhecimento)
11	▶	Ígnea	- 4° Oxum (Justiça)	32	▶	Ígnea	- 4° Ogum (Justiça)	53	▶	Ígnea	- 4° Oyá (Justiça)	81	▶	Ígnea - 4° Iansã (Justiça)
12	▶	Eólica	- 5° Oxum (Lei)	33	▶	Eólica	- 5° Ogum (Lei)	54	▶	Eólica	- 5° Oyá (Lei)	82	▶	Eólica - 5° Iansã (Lei)
13	▶	Telúrica	- 6° Oxum (Evolução)	34	▶	Telúrica	- 6° Ogum (Evolução)	55	▶	Telúrica	- 6° Oyá (Evolução)	83	▶	Telúrica - 6° Iansã (Evolução)
14	▶	Aquática	- 7° Oxum (Geração)	35	▶	Aquática	- 7° Ogum (Geração)	56	▶	Aquática	- 7° Oyá (Geração)	84	▶	Aquática - 7° Iansã (Geração)
15	▶	Cristalina	- 1° Oxóssi (Fé)	36	▶	Cristalina	- 1° Obaluaiê (Fé)	57	▶	Cristalina	- 1° Oxumaré (Fé)	85	▶	Cristalina - 1° Nanã (Fé)
16	▶	Mineral	- 2° Oxóssi (Amor)	37	▶	Mineral	- 2° Obaluaiê (Amor)	58	▶	Mineral	- 2° Oxumaré (Amor)	86	▶	Mineral - 2° Nanã (Amor)
17	▶	Vegetal	- 3° Oxóssi (Conhecimento)	38	▶	Vegetal	- 3° Obaluaiê (Conhecimento)	59	▶	Vegetal	- 3° Oxumaré (Conhecimento)	87	▶	Vegetal - 3° Nanã (Conhecimento)
18	▶	Ígnea	- 4° Oxóssi (Justiça)	39	▶	Ígnea	- 4° Obaluaiê (Justiça)	60	▶	Ígnea	- 4° Oxumaré (Justiça)	88	▶	Ígnea - 4° Nanã (Justiça)
19	▶	Eólica	- 5° Oxóssi (Lei)	40	▶	Eólica	- 5° Obaluaiê (Lei)	61	▶	Eólica	- 5° Oxumaré (Lei)	89	▶	Eólica - 5° Nanã (Lei)
20	▶	Telúrica	- 6° Oxóssi (Evolução)	41	▶	Telúrica	- 6° Obaluaiê (Evolução)	62	▶	Telúrica	- 6° Oxumaré (Evolução)	90	▶	Telúrica - 6° Nanã (Evolução)
21	▶	Aquática	- 7° Oxóssi (Geração)	42	▶	Aquática	- 7° Obaluaiê (Geração)	63	▶	Aquática	- 7° Oxumaré (Geração)	91	▶	Aquática - 7° Nanã (Geração)
22	▶	Cristalina	- 1° Xangô (Fé)	43	▶	Cristalina	- 1° Iemanjá (Fé)	64	▶	Cristalina	- 1° Obá (Fé)	92	▶	Cristalina - 1° Omulú (Fé)
23	▶	Mineral	- 2° Xangô (Amor)	44	▶	Mineral	- 2° Iemanjá (Amor)	65	▶	Mineral	- 2° Obá (Amor)	93	▶	Mineral - 2° Omulú (Amor)
24	▶	Vegetal	- 3° Xangô (Conhecimento)	45	▶	Vegetal	- 3° Iemanjá (Conhecimento)	66	▶	Vegetal	- 3° Obá (Conhecimento)	94	▶	Vegetal - 3° Omulú (Conhecimento)
25	▶	Ígnea	- 4° Xangô (Justiça)	46	▶	Ígnea	- 4° Iemanjá (Justiça)	67	▶	Ígnea	- 4° Obá (Justiça)	95	▶	Ígnea - 4° Omulú (Justiça)
26	▶	Eólica	- 5° Xangô (Lei)	47	▶	Eólica	- 5° Iemanjá (Lei)	68	▶	Eólica	- 5° Obá (Lei)	96	▶	Eólica - 5° Omulú (Lei)
27	▶	Telúrica	- 6° Xangô (Evolução)	48	▶	Telúrica	- 6° Iemanjá (Evolução)	69	▶	Telúrica	- 6° Obá (Evolução)	97	▶	Telúrica - 6° Omulú (Evolução)
28	▶	Aquática	- 7° Xangô (Geração)	49	▶	Aquática	- 7° Iemanjá (Geração)	70	▶	Aquática	- 7° Obá (Geração)	98	▶	Aquática - 7° Omulú (Geração)

Telas Refletoras

Telas refletoras, tudo reflete nelas, tudo fica gravado nelas para um posterior acerto de contas, ou seja, vamos gerando ações, positivas e negativas, que ficam gravadas nelas. As nossas ações positivas geram reações positivas, que recebemos como reações dessas telas. Quanto às nossas ações negativas, ou elas retornam rapidamente ou ficam retidas para uma futura descarga e, mais dia menos dia, recebemos uma descarga daquilo que ficou preso nessas telas refletoras; às vezes, demora séculos para haver essa descarga. É o famoso carma!

Em nível planetário multidimensional, Orixás são onipotentes, onipresentes e onipotentes, podendo interferir vibratoriamente na vida de um ser ou de uma dimensão inteira. Quando dizemos que em determinada faixa vibratória um Orixá é onipotente, onisciente e onipresente, é porque nela ele é a manifestação de Deus na vida dos seres que vivem dentro dela.

Temos uma divindade, como o nosso Pai Ogum, que é o Trono da Lei, cuja hierarquia está em todo o Universo, desde o nosso nível vibratório mais baixo dentro do planeta até o mais elevado. E, assim como ele transcende o nosso planeta e atua em níveis solar, galáctico e universal, em cada um desses níveis vibratórios da Criação ele possui sua hierarquia divina.

Temos um Trono Ogum planetário, ordenador de tudo que aqui existe. Ele é a própria Onipotência Divina manifestada, pondo ordem em tudo o que existe. Então esse Orixá que cultuamos como Ogum, o Senhor das demandas e dos choques, é onipresente, ou seja, tudo que acontece dentro deste nosso planeta acontece dentro do campo vibracional dele e fica registrado em sua tela vibratória divina para um posterior acerto de contas ou recompensa.

Ele é onisciente porque, sobre tudo acontece dentro da sua vibração, Ele tem ciência e não importa que milhões de ações estejam acontecendo ao mesmo tempo. Por meio de sua tela refletora ele tem ciência de tudo o que acontece

E ele é onipresente porque, onde estivermos, se o invocarmos, ele se manifestará. Ou seja: ali acontecerá uma condensação de vibrações e energias divinas ao nosso redor, que será a resposta dele ao nosso chamamento, à nossa invocação e ao nosso clamor.

Toda Divindade de Deus, no nível vibratório em que atua, também é onisciente, onipotente e onipresente, porque ela é a manifestadora Dele e a aplicadora de suas Leis Divinas sobre nós, os seres humanos, e sobre todos dentro de sua faixa de atuação. Uma divindade não castiga, ela simplesmente paralisa o ser para benefício dele, pois se sua caminhada era improdutiva, melhor que fique paralisado onde está e em todos os sentidos.

A Associação dos Orixás com a Natureza

Os Orixás, cultuados em diversas religiões espalhadas pelo mundo, são associados a campos vibratórios da natureza que são seus santuários naturais. Essa associação dos Orixás a determinados campos vibratórios da natureza tem suas razões, porque são seus reinos naturais e é por meio dos elementos formadores desses reinos que devemos procurar compreender suas atuações em nossas vidas.

Exemplo: Todos nós sabemos que o reino de Iemanjá é o mar e seu santuário ou local de culto é na faixa de areia que faz divisa com ele. Se observarmos a importância do mar para o nosso planeta, chegaremos a muitas das funções divinas exercidas por Iemanjá:

1ª – O mar, por meio das algas cianofíceas (algas azuis) é que gera o oxigênio continuamente.

2ª – O mar é um viveiro que dá sustentação a todas as formas de vida marinha, assemelhando-se a um útero que gera vidas incessantemente.

3ª – O mar recebe todos os sedimentos trazidos até ele por incontáveis rios, que, ao lançá-los nos oceanos, estão se descarregando.

4ª – O mar atua como equilibrador do movimento planetário, e os movimentos da imensa quantidade de água dos oceanos serve para dar estabilidade aos movimentos de rotação e translação, mas também as marés têm funções de inspiração e expiração planetárias, porque, quando a maré sobe, a aura planetária fica mais luminosa e iridescente, e quando a maré abaixa, a aura planetária reflui parcialmente em um movimento semelhante ao nosso aparelho respiratório. Na maré alta, há a irradiação de energias etéreas; na maré baixa, há a absorção delas.

5ª – O mar tem dentro de si importantíssimas correntes marinhas quentes e frias, que, circulando por dentro dos oceanos, os aquecem ou os refrigeram, amenizando a alta temperatura emitida pelo magma. Além de que, as correntes também servem para distribuir nutrientes de uma região para outra, alimentando toda a vida marinha.

6ª – O mar é um contínuo gerador de alimentos para os seres humanos, para as aves e várias outras espécies de vidas.

Sintetizando, o mar equilibra os movimentos planetários, aquece ou refrigera o planeta, distribui os nutrientes, produz oxigênio (algas: ver texto adiante), recolhe todos os segmentos trazidos pelos rios, gera uma imensa quantidade de alimentos para o ser humano e outras espécies.

Trazendo tudo isso para o campo de Iemanjá, então podemos afirmar que ela é, genuinamente, a mãe da vida neste nosso planeta, porque suas funções em nosso organismo são análogas às do mar, regidas por ela, ou seja, ela dá sustentação à geração do ser ainda no útero materno, está relacionada à respiração e à circulação em nosso organismo, funções essas que se assemelham às marés e às correntes marinhas.

Em nível espiritual, a própria fluidez do nosso perispírito, que é um corpo fluídico, se deve a ela. Já no campo religioso, suas funções são múltiplas sendo que, desde a descarga de acúmulos energéticos negativos até a renovação de nossas esperanças e expectativas, ela realiza.

Concluindo, a visão que devemos ter dos Orixás é esta:

Eles são em si Mistérios Divinos que deram origem aos seus campos vibratórios na natureza, abrigam dentro de seus campos muitas formas de vida e, por comparação elemental, atuam no nosso organismo ou corpo biológico, no nosso espírito e em nossa religiosidade, mantendo-nos em sintonia direta com a criação de Deus.

A visão dos umbandistas sobre os Orixás tem de ser expandida muito além do que já sabemos, porque até as funções de uma célula podem ser relacionadas a eles e podemos, inclusive, relacionar cada tipo de célula com algum deles, assim como podemos relacionar cada um deles a determinado órgão ou aparelho do nosso corpo.

A mesma comparação pode ser feita entre um campo vibratório completo e cada parte dele com os Orixás que nele atuam. Por exemplo, no mar temos:

A temperatura dos oceanos (Xangô e Oroiná);
As correntes marítimas (Ogum e Iansã);
Os sedimentos depositados no fundo dos oceanos (Nanã e Obaluaiê);
Os movimentos de inspiração e expiração (Oxalá e Logunan);
A gestação das espécies e a renovação contínua delas (Oxum e Oxumaré);
A proliferação contínua das algas (Oxóssi e Obá);
Os movimentos das águas e a contenção dos oceanos (Iemanjá e Omolu);
A transformação contínua (Obaluaiê);
A neutralização de sobrecargas (Oxalá), etc.

Algumas funções dos Orixás no nosso corpo:

Ovulação, artérias – Oxum;
Fertilização – Oxumaré;
Linfa – Iemanjá;
Respiração – Oxalá;

Tempo entre a inspiração e expiração – Logunan;
Oxigênio – Ogum;
Raciocínio – Oxóssi;
Temperatura – Xangô.

Outras funções dos Orixás (Fatores e Funções):

Orixás	Fatores	Funções
• Oxalá	• Magnetizador e Congregador	• Sustentar o magnetismo mental dos seres e congregá-los ou reuni-los por meio do sentido da Fé e direcioná-los para Deus.
• Logunan	• Temporizador e condutor	• Estabelecer os ciclos de cada ser e conduzi-los para Deus.
• Oxum	• Agregador e Concebedor	• Agregar as partes de um todo e conceber novos sentimentos
• Oxumaré	• Diluidor e Renovador	• Diluir o que perdeu suas funções e renovar os sentimentos e expectativas.
• Oxóssi	• Expansor e Raciocinador	• Expandir as faculdades mentais e a capacidade de raciocinar para solucionar dificuldades.
• Obá	• Concentrador e Fixador	• Concentrar o ser em um objetivo e fixá-lo em uma linha de evolução.
• Xangô	• Graduador e Equilibrador	• Graduar o magnetismo mental e equilibrar entre si as faculdades de um ser.
• Oroiná	• Energizador e Reequilibrador	• Energizar as faculdades de um ser e reequilibrar as que entraram em desequilíbrio.
• Ogum	• Ordenador e Potencializador	• Ordenar os procedimentos dos seres e potencializar ou dar força àqueles que são corretos.
• Iansã	• Movimentador e Direcionador	• Dar movimento aos seres e direcioná-los em suas evoluções.
• Nanã	• Decantador e Racionalizador	• Decantar a emotividade dos seres e desenvolver a razão neles.
• Obaluaiê	• Transmutador e Decantador	• Transmutar os sentimentos íntimos e decantar os sentimentos que estão paralisando a evolução do ser.

• Iemanjá	• Gerador e Mobilizador	• Gerar sentimentos positivos no íntimo dos seres e lhes dar mobilidade para se afastarem daquilo que está paralisando-os.
• Omolu	• Paralisador e Estabilizador	• Paralisar a vida do ser que está regredindo conscriencialmente e estabilizá-lo num ponto que possa retomar sua evolução.

As Algas
Texto para confirmar a importância dos Orixás para a Vida

Fonte: <www.algosobre.com.br/biologia/algas-marinhas.html>.

"O termo Alga engloba diversos grupos de vegetais fotossintetizantes, pertencentes a reinos distintos, mas tendo em comum o fato de serem desprovidos de raízes, caules, folhas, flores e frutos. São plantas avasculares, ou seja, não possuem mecanismos específicos de transporte e circulação de fluidos, água, sais minerais, e outros nutrientes, como ocorre com as plantas mais evoluídas. Não possuem seiva. São, portanto, organismos com estrutura e organização simples e primitiva. As algas podem ser divididas didaticamente em dois grandes grupos: microalgas e macroalgas.

As microalgas são vegetais unicelulares, algumas delas com algumas características das bactérias, como é o caso das cianofíceas ou algas azuis, as quais têm núcleos celulares indiferenciados e sem membranas (carioteca). A maioria delas tem flagelos móveis, os quais favorecem o deslocamento.

Existem vários grupos taxonômicos de microalgas marinhas, no entanto, as principais são as diatomáceas e os dinoflagelados. Esses são os principais componentes do fitoplâncton marinho, ou plâncton vegetal. Essas microalgas se desenvolvem na água do mar apenas na região onde há a penetração de luz (zona fótica), ou seja, basicamente até os 200 metros de profundidade. São responsáveis pela bioluminescência observada ao se caminhar na areia das praias durante a noite. As marés vermelhas na verdade são explosões populacionais de certos tipos de algas (dinoflagelados), as quais mudam a coloração da água. Essas algas liberam toxinas perigosas inclusive para o ser humano.

As algas marinhas são o verdadeiro pulmão do mundo, uma vez que produzem mais oxigênio pela fotossíntese do que precisam na respiração, e o excesso é liberado para o ambiente. A Amazônia libera muito menos oxigênio para a atmosfera em termos mundiais, pois a maior parte do produzido é consumido pela própria floresta.

As microalgas pertencentes ao fitoplâncton marinho são basicamente as algas azuis, algas verdes, euglenofíceas, pirrofíceas, crisofíceas, dinoflagelados e diatomáceas. A classificação desses grupos é bastante problemática devido ao fato de apresentarem características tanto de animais como de vegetais.

As macroalgas marinhas são mais populares por serem maiores e visíveis a olho nu. As várias centenas de espécies existentes nos mares ocorrem principalmente fixas às rochas, podendo, no entanto, crescer na areia, em cascos de tartarugas, recifes de coral, raízes de mangue, cascos de barcos, pilares de portos, mas sempre em ambientes com a presença de luz e nutrientes. São muito abundantes na zona entre marés, onde formam densas faixas nos costões rochosos. Essas algas são representadas pelas algas verdes, pardas e vermelhas, podendo apresentar formas muito variadas (foliáceas, arborescentes, filamentosas, ramificadas, etc.). As laminárias (*Kelp beds*) são algas verdes gigantes, que podem chegar a várias dezenas de metros de comprimento. Todas essas macroalgas mantêm uma fauna bastante diversificada, a qual vive protegida entre seus filamentos. Essa fauna habitante das algas é chamada de Fital.

As algas marinhas têm uma função primordial no ciclo da vida do ambiente marinho. São chamados organismos produtores, pois produzem tecidos vivos a partir da fotossíntese. Fazem parte do primeiro nível da cadeia alimentar e por isso sustentam todos os animais herbívoros. Estes sustentam os carnívoros e assim por diante. Portanto, as características mais importantes das algas são: consomem gás carbônico para fazer fotossíntese, produzem oxigênio para a respiração de toda a fauna, são utilizadas como alimento pelos animais herbívoros (peixes, caranguejos, moluscos, etc.), filtradores (ascídias, esponjas, moluscos, crustáceos) e animais do plâncton (zooplâncton). Formam um grupo muito diverso, contribuindo significativamente para elevar a biodiversidade marinha."

N.A.: Observem que mesmo as algas são regidas por diferentes Orixás!

O Magnetismo dos Orixás

Aqui na Terra entendemos por magnetismo a propriedade física dos ímãs, que faz com que puxem para si determinadas partículas ou pequenos objetos que são afins com eles. Servindo-se dessa propriedade magnética dos ímãs, os espíritos mentores nomearam uma propriedade divina inerente a cada um dos Orixás como seus magnetismos e que tanto atraem os seres que lhes são afins quanto repelem os que lhes são opostos.

Essa propriedade magnética divina é mental e serve para dar polaridade às coisas criadas por Deus, sendo que as afins se juntam, ligam-se, fundem-se, gerando uma terceira coisa, etc. As opostas se repelem, afastam-se, distanciam-se, antagonizam-se, anulam-se, mas também servem para separar tudo o que existe na Criação em positivos e negativos.

Essa classificação obedece unicamente ao magnetismo das coisas e dos seres e não tem nada a ver com bom ou ruim, pois essa classificação foi desenvolvida por nós para diferenciarmos o que nos é benéfico do que nos é maléfico.

No estudo dos Orixás, descobriu-se que Deus exteriorizou-se de sete formas diferentes ou em sete graus magnéticos ou em sete irradiações ou em sete planos, que, para sintetizar tudo, denominamos essas sete exteriorizações como Sete Mistérios de Deus, sendo que são estes:

1) Mistério da Fé;
2) Mistério do Amor;
3) Mistério do Conhecimento;
4) Mistério da Justiça Divina (ou Razão);
5) Mistério da Lei Maior;
6) Mistério da Evolução;
7) Mistério da Geração.

Esses sete mistérios deram origem ou serviram como meio divino para Deus dar início à sua Criação exterior. Cada um desses sete mistérios ao ser exteriorizado por Ele trouxe consigo uma divindade-mistério, que tanto dá sustentação a tudo que foi criado no seu grau magnético quanto é em Si o próprio Mistério e Poder manifestado por Deus.

Esses sete mistérios, por possuírem suas Divindades, são passíveis de identificação, formando uma Coroa Divina Sustentadora de tudo que existe no exterior de Deus, e cada uma recebeu um nome:

1) Orixá da Fé;
2) Orixá do Amor;
3) Orixá do Conhecimento;
4) Orixá da Justiça;
5) Orixá da Lei;
6) Orixá da Evolução;
7) Orixá da Geração.

Esses sete Orixás ou divindades-mistérios, por serem exteriorizações diretas de Olorum, não são masculinos nem são femininos, não são positivos ou negativos, porque são indiferenciados. Mas por trazerem seus magnetismos, ao irradiarem-se o fizeram de forma bipolarizada, gerando, a partir de cada um, duas hierarquias divinas já diferenciadas em masculina e feminina, positiva e negativa, irradiante e concentradora, etc.

Essa bipolarização dos sete Orixás originais aconteceu no primeiro plano da vida denominado Fatoral e gerou sete pares de Orixás denominados Fatorais, que são estes:

1) Orixá da Fé	Oxalá
	Logunan
2) Orixá do Amor	Oxum
	Oxumaré
3) Orixá do Conhecimento	Oxóssi
	Obá
4) Orixá da Justiça	Xangô
	Oroiná
5) Orixá da Lei	Ogum
	Iansã
6) Orixá da Evolução	Obaluaiê
	Nanã
7) Orixá da Geração	Iemanjá
	Omolu

Essa bipolarização obedece aos magnetismos específicos de cada um dos Orixás e faz com que surja na Criação sete irradiações bipolarizadas que são descritas com muitos nomes, mas que, na Umbanda, recebe o nome de Sete Linhas. As Sete Linhas de Umbanda são bipolarizadas e cada Orixá ocupa nelas o seu polo magnético, distinguindo-o pelas suas funções na Criação, tais como Polo Magnético Positivo da Irradiação ou linha da Geração ocupado por Iemanjá.

Polo Magnético Negativo da mesma Irradiação ou linha ocupado por Omolu

• Função de Iemanjá enquanto mistério em si mesma: gerar a Vida no exterior de Olorum.

• Função de Omolu enquanto mistério em si mesmo: paralisar todas as coisas geradas que entraram em desequilíbrio.

Estudando esses dois Orixás por meio dos elementos que formam aqui no plano material seus Pontos de Força ou Santuários Naturais, vemos Iemanjá associada à água e Omolu associado à terra. Observamos que nas Sete Irradiações um diferencia-se do outro pelo elemento, mas devemos entender a complementariedade existente tanto entre suas funções quanto entre seus elementos, pois onde algo gerado entra em desequilíbrio, o seu polo oposto imediatamente paralisa o processo de degeneração de algo gerado por ela.

Estudando-os como elementos da natureza terrestre vemos que água e terra são indissociados, pois onde um termina o outro começa; onde um torna árido o outro umidifica; onde um gera algo o outro dá sustentabilidade para que o que foi gerado se desenvolva e adquira estabilidade.

Se estudarmos esses dois Orixás pelos seus magnetismos (gerador/paralisador), vemos que formam um par perfeito, pois caso o Mistério Gerador de Iemanjá não tenha no seu outro polo um magnetismo paralisador que interrompa ou paralise momentaneamente sua capacidade de gerar continuamente, com certeza a Criação entraria em desequilíbrio porque algo que começasse a ser gerado não pararia nunca mais de sê-lo e sobrecarregaria de tal forma o meio onde estaria sendo gerado que afetaria tudo o mais que ali existisse.

Portanto, as bipolarizações das Sete Linhas de Umbanda não são puramente por elementos, e sim por funções na Criação, porque os magnetismos dos 14 Orixás Fatoriais podem ser opostos (positivo/negativo), mas são complementares entre si.

Então, devemos entender esse magnetismo dos Orixás como fundamentais para a estabilidade da Criação Divina, desde o macro até o microcosmo, porque encontramos essa diferenciação magnética até em nós. Observe isto:

- Oxalá é o espaço e Logunan é o tempo;
- Oxum é a agregação e Oxumaré é a diluição;
- Oxóssi é expansor e Obá é concentradora;
- Xangô é a temperatura e Oroiná é a energização;
- Ogum é a potência e Iansã é o movimento;
- Obaluaiê é a transmutação e Nanã é a decantação;
- Iemanjá é a geratividade e Omolu é a estabilidade.

Mais uma vez a complementariedade se mostra nas funções dos Orixás que pontificam os 14 Polos Magnéticos das Sete Linhas de Umbanda. Essas complementariedades são encontradas em cada um com todos os outros 13, pois se no mistério ou função concebedora de Oxum algo que está sendo concebido desequilibrar-se em relação ao seu meio, é função de Omolu paralisar essa concepção antes que ela se complete e torne-se algo fora de controle ou em desacordo com o meio onde foi concebido.

Nesse exemplo, vemos que a função de Omolu paralisa tudo em todas as sete Irradiações e não se restringe somente à da Geração. É preciso entender que um Orixá traz em si funções que transcendem o campo distinguido pela irradiação onde está assentado. Os 14 Magnetismos Divinos dos 14 Orixás assentados nas Sete Irradiações Divinas ou Sete Linhas de Umbanda sempre atuam entre si por complementariedade e um não pode fazer nada sem que os outros 13 participem também, e isso nos mostra a complexidade existente na Criação.

Portanto, quando estudamos os magnetismos dos Orixás e suas funções divinas na Criação, começamos a compreender uma das formas de Olorum (Deus) atuar, pois se Ele é único, no entanto tudo o que criou Ele o fez servindo-se sempre dos seus sete Orixás, que pontificam as Sete Linhas de Umbanda.

Um Pouco Mais sobre os Orixás

Recorrendo às lendas africanas dos Orixás, estaremos pegando parte de um todo que não é nosso, mas que herdamos.

No passado, se alguém perguntava quem era Iansã, apenas respondiam que ela é a Senhora dos Raios, das Tempestades, dos Trovões e do Tempo, não sabendo dizer muito mais sobre ela, pois isso é o que todo mundo sabia dentro da Umbanda.

Nós estávamos limitados a essas informações, porque elas não eram especificadas.

Na Umbanda, o entendimento sobre os Orixás é que eles nunca encarnaram, não são seres que desencarnaram e foram divinizados.

Para o umbandista a divindade é algo superior, capaz de realizar por si mesma algo em nosso benefício.

O princípio da nossa fé tem ser Deus!

E Dele provêm os Orixás que cultuamos, cada um com seus fundamentos.

Se acendermos velas para Ogum e pedirmos que ele atue em nossa vida, ele atuará em sentido bem amplo, pois ele é, em si, um dos mistérios de Deus, e assim ocorre com os outros mistérios.

Os Orixás são mistérios de Deus e doam as suas qualidades divinas aos seres regidos por eles.

Assim, se o Orixá Ogum assumiu minha ancestralidade, minha natureza íntima é análoga à Dele, ainda que limitada a mim, um ser espiritual regido por Ogum.

A divindade é doadora das qualidades dela, que individualizam os seres e regem todos nós.

Todos nós somos herdeiros de uma qualidade de Deus, já que Ele possui todas, mas só estamos aptos a ser distinguidos por uma.

Estudando as qualidades, estaremos estudando a parte interna do Orixá. Temos na Umbanda sete fatores compostos, que são:

- FATOR CONGREGADOR   COMPARTILHADO POR OXALÁ E LOGUNAN
- FATOR AGREGADOR   COMPARTILHADO POR OXUM E OXUMARÉ
- FATOR EXPANSOR   COMPARTILHADO POR OXÓSSI E OBÁ
- FATOR EQUILIBRADOR   COMPARTILHADO POR XANGÔ E OROINÁ
- FATOR ORDENADOR   COMPARTILHADO POR OGUM E IANSÃ
- FATOR EVOLUTIVO   COMPARTILHADO POR OBALUAIÊ E NANÃ BURUQUÊ
- FATOR GERADOR   COMPARTILHADO POR OMOLU E IEMANJÁ

Todos os fatores acima descritos possuem outras duas divindades que geram os fatores negativos opostos de cada um deles, mas seus nomes não foram revelados a nós. Possivelmente foram abertos em outras épocas, quando se cultuavam divindades consideradas destrutivas.

Não sabemos seus nomes, mas sabemos que não são demônios nem Exus. Tudo na Criação tem seus polos positivo e negativo.

Exemplo: Ogum não pode gerar potência e impotência ao mesmo tempo!

Então é preciso ter outra divindade oposta para gerar impotência, pois ele gera somente a potência.

Se estivermos positivos, estaremos recebendo a energia de Ogum, mas, se por qualquer motivo passamos a vibrar negativamente, passamos a receber uma energia negativa da divindade oposta a Ogum, pois o nosso mental precisa de uma carga contínua de energia, venha ela de onde vier, seja ela positiva ou negativa.

Orixás:
Saudação, Assentamento e Símbolo

Exu:
Saudação "KOBÁ LAROYÊ, EXU MOJUBÁ".
Assentamento: tridente de ferro, imagem de barro e pedra.
Dia da semana: segunda-feira.
Cor da Guia: vermelho e preto.
Símbolo: OGO (de madeira).

Ibeji: (IBI é nascimento e EJI é dois, duplo).
Saudação: "ONI IBEJADA".
Assentamento: três moringas pequenas de barro.
Dia da semana: domingo.
Cor da guia: todas as cores.
Símbolos: brinquedos.

Pombagira:
Saudação: "SARAVÁ, POMBAGIRA".
Assentamento: com seus elementos.
Dia da semana: sexta-feira.
Cor da guia: vermelha.
Símbolo: tridente e adaga curvos.

Exu Mirim:
Saudação: "LAROYÊ, EXU MIRIM".
Assentamento: tridentes e punhais.
Dia da semana: segunda-feira.
Símbolo: brinquedos.

Pombagira Mirim:
Nota: segue com as cores e os elementos da Pombagira.

Oxalá e Logunan

Oxalá:
Saudação: "BABÁ XIRÊ" e na Umbanda "EPA BABÁ".
Assentamento: quartzos.
Dia da semana: domingo.
Cor da guia: branco leite e brajá.
Símbolo: cajado de alumínio enfeitado "Opaxorô".

Logunan: Orixá do Tempo (Oiá).
Saudação: "Olha o tempo, minha mãe".
Assentamento: vara de bambu (1,20 metro) com uma cabaça amarrada no alto dela com duas fitas (preta e branca). A firmeza do Tempo tem que ser feita em lugar aberto.
Dia da semana: domingo.
Cor da guia: azul-escuro ou cristal fumê.
Símbolo: laço enrolado simbolizando a espiral do tempo.

Quando falamos desses Orixás, podemos evocá-los pelos nomes que estão aqui, porque têm o poder de realização, ou seja, de Oxalá o que nós conhecemos segundo a tradição oral africana: temos Oxalufã, que é Oxalá no seu aspecto de ancião ou velho e Oxaguiã, que é Oxalá em seu aspecto jovem ou Oxalá Novo.

Oxalufã é aquele que se mostra curvado, Oxaguiã é aquele que se mostra como um guerreiro armado de espada.

Na Umbanda, por ter em seus fundamentos divinos uma forma de interpretação dos Orixás feita por meio das Sete Irradiações, desdobramos cada um deles por cada uma delas ou pelos campos de cada um dos outros Orixás na Criação, e vemos surgirem as hierarquias divinas de cada deles.

Vamos ver nas hierarquias de Oxalá o seu desdobramento nas sete Irradiações Divinas, cada uma para um dos Sete Sentidos:

- 1º Oxalá – é denominado de Oxalá Cristalino ou Oxalá da fé, pois está assentado no polo magnético da fé no 1º nível vibratório.
- 2º Oxalá – é denominado de Oxalá Mineral ou Oxalá da fé e do amor.
- 3º Oxalá – é denominado de Oxalá Vegetal ou Oxalá da fé e do conhecimento.
- 4º Oxalá – é denominado de Oxalá Ígneo ou Oxalá da fé e da justiça.

> 5º Oxalá – é denominado de Oxalá Eólico ou Oxalá da fé e da lei.
> 6º Oxalá – é denominado de Oxalá Telúrico ou Oxalá da fé e do saber.
> 7º Oxalá – é denominado de Oxalá Aquático ou Oxalá da fé e da vida.

Oxalá é a divindade regente da Irradiação da Fé. É classificado como Orixá universal, porque suas vibrações são contínuas e estão chegando a todos o tempo todo e é uma irradiação passiva, que não é percebida.

Já a irradiação de Logunan, porque suas vibrações divinas são movimentadoras dos seres, quando é direcionada para nós, sentimos que alguma coisa está acontecendo. Ela movimenta o ser na sua religiosidade!

Oxalá magnetiza nosso sentido de fé, Logunan cristaliza a nossa religiosidade.

Para se firmar à mãe Logunan, é preciso um pedaço de bambu, fincá-lo no solo, amarrar nele com uma fita branca e outra preta uma cabaça com a ponta do seu gargalo cortada. Depois se deve colocar água na cabaça e acender e firmar ao lado do bambu uma vela branca e uma vela preta antes do início dos trabalhos. Invocar a mãe Logunan e pedir sua proteção para que tudo transcorra em paz.

A oferenda para ela deve ser feitas em campo aberto: levar sete velas brancas, sete velas azuis-escuras e sete velas pretas e acendê-las em círculos concêntricos, primeiro as brancas, depois as azuis e as pretas.

Ou em triângulo, com a branca na ponta de cima, a preta na esquerda e a azul na direita da pessoa. Depois que ascender as velas, deve furar um coco verde e colher sua água; depositar uma parte da água do coco misturada com licor de anis e deixar o restante dentro dele.

Após isso feito, basta firmarmos o pensamento e fazermos os nossos pedidos, que, se formos merecedores, seremos atendidos.

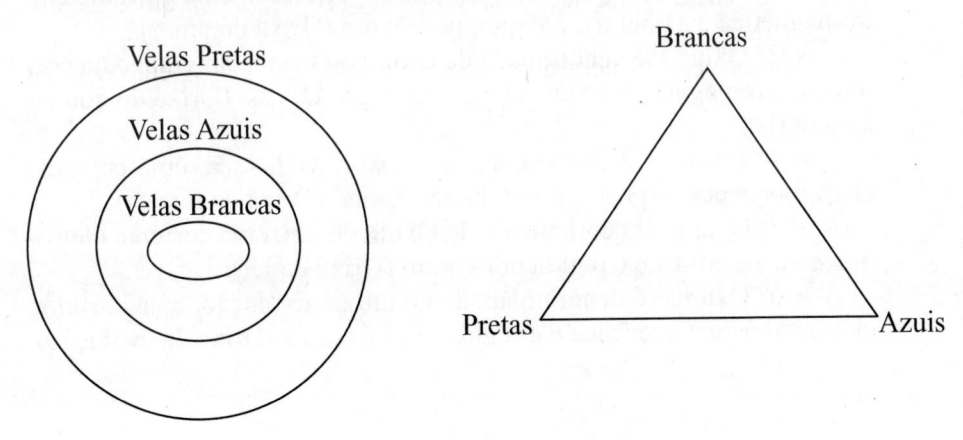

Oxum e Oxumaré

Oxum:
Saudação: "ORA YEYÊ YEYÊ Ô".
Assentamento: pedra de rio e búzios.
Dia da semana: sábado.
Cor da guia: amarelo-ouro, azul ou rosa (azul é Oxum da cachoeira).
Símbolo: leque e espada (no leque também tem espelho).

Oxumaré:
Saudação: "ARÔ BOBOÍ" (arrôboboí).
Assentamento: duas serpentes enroscadas numa árvore.
Dia da semana: quinta-feira.
Cor da Guia: preta e amarela + brajá de búzios.
Símbolos: Ebiri (lança com a cobra entrelaçada).

O amor é uma qualidade de Deus e Oxum é a sua divindade unigênita, pois é em si mesmo esse amor divino que agrega tudo e todas.

Quando falamos de Orixás, falamos das qualidades de Deus, pois um Orixá, por si só, não existiria.

Nós temos que descrevê-los como mistérios de Deus.

➢ OXUM AGREGA E CONCEBE.
➢ OXUMARÉ DILUI E RENOVA.
➢ Ela gera o amor e concebe a vida e Oxumaré a renova, assim como dilui todas as agregações não estáveis.

Temos no Mistério do Amor um mistério de Deus que está sendo irradiado o tempo todo para toda a Criação.
Então temos:

➢ 1º Oxum – é denominada de Oxum da Fé, cuja corrente eletromagnética é cristalina e é regida por Oxalá (Orixá da fé).

➢ 2º Oxum – é denominada de Oxum do Amor, cuja corrente eletromagnética é Mineral e é regida por Oxum (Orixá do amor).

➢ 3º Oxum – é denominada de Oxum do Conhecimento, cuja corrente eletromagnética é vegetal e é regida por Oxóssi (Orixá do conhecimento).

➢ 4º Oxum – é denominada de Oxum da Justiça, cuja corrente eletromagnética é Ígnea e é regida por Xangô (Orixá da justiça).

➢ 5º Oxum – é denominada de Oxum de Lei, cuja corrente eletromagnética é eólica e é regida por Ogum (Orixá da lei).

➢ 6º Oxum – é denominada de Oxum da Evolução, cuja corrente eletromagnética é telúrica e é regida por Obaluaiê (Orixá da evolução).

➢ 7º Oxum – é denominada de Oxum da Geração, cuja corrente eletromagnética é aquática e é regida por Iemanjá (Orixá da geração).

As oferendas para Oxum devem ser depositadas ao pé de uma cachoeira com velas brancas azuis e amarelas; flores, frutas e essências ou perfumes; champanhe e licor de cereja.

O amaci de Oxum é feito com água de cachoeira, folhas de amoreira, pétalas de rosas cor-de-rosa, maceradas.

Nós podemos evocar as divindades por meio de seus nomes simbólicos, tornando-as conhecidas. Confiando e sabendo evocá-las com fé, elas nos responderão e nos atenderão.

Oxumaré é o Orixá que rege a renovação da vida e o seu campo preferencial de atuação é o da renovação dos seres.

Mas também atua na renovação da fé, do amor, do conhecimento, etc., e dilui o que não está em acordo com a Criação porque se degenerou.

Oxóssi e Obá

Oxóssi:
Saudação: "ODÉ KOKÊ", "OKÊ ARÔ", "OKÊ BAMBI Ô KLIME".
Assentamento: arco com flecha de ferro – OFÁ.
Dia da semana: quinta-feira.
Cor da Guia: verde (no Candomblé é azul-claro).
Símbolo: rabo de cavalo e chifre de boi.

Obá:
Saudação: "AKIRÔ OBÁ YÊ".
Assentamento: panela de barro com areia de rio coberta com argila e com uma pequena vara de angico (70 centímetros no máximo) fincada no centro. Tudo deve ser consagrado antes, pedir licença. Seu mestre vai pedir para colocar outros elementos por baixo da argila. Envernizar a panela para que ela não absorva umidade.
Dia da semana: terça-feira.
Cor da guia: colar de ágata (as coloridas são todas tingidas, a cor é meio cinza), magenta ou vermelha.
Símbolo: espada e escudo.

Oxóssi e Obá regem a Irradiação do Conhecimento e auxiliam nossa evolução, expandindo ou concentrando as nossas faculdades mentais.

Enquanto Oxóssi expande nossas faculdades, Obá concentra o ser naquilo que está sendo positivo para sua evolução terrena ou espiritual.

A abertura de novas faculdades é regida por Oxóssi e Obá e refere-se à abertura dentro do nosso mental do próprio código genético que herdamos de Deus.

Existem as sete hierarquias:

➢ 1ª – Oxóssi da fé
➢ 2ª – Oxóssi do amor
➢ 3ª – Oxóssi do conhecimento
➢ 4ª – Oxóssi da justiça
➢ 5ª – Oxóssi da lei
➢ 6ª – Oxóssi da evolução
➢ 7ª – Oxóssi da geração

Essas sete irradiações dispensam explicações, pois o processo de entrecruzamento ocorre com todos os Orixás de uma mesma maneira.

A oferenda deve ser feita em bosque e matas com velas brancas e verdes, cerveja, vinho doce, flores do campo e frutas variadas.

O amaci de Oxóssi é feito de água da fonte com guiné macerada e curtida por três dias.

No Mistério de Obá também existem as sete hierarquias, cujo procedimento de entrecruzamento é o mesmo de Oxóssi.

O amaci de Obá é feito com água de rio, com pétalas de rosa branca e folhas de alecrim maceradas.

A oferenda para Obá deve ser feita com velas magentas ou vermelhas, flores vermelhas, melancia, mamão, pêssegos, peras, ameixas, etc., e sua bebida são os licores.

Xangô e Oroiná

Xangô:
Saudação: "OBÁ NIXÉ KAWO KABIESILÊ".
Assentamento: pedra de raio ou de fogo dentro de uma gamela.
Dia da semana: quarta-feira.
Símbolos: machado duplo.

Oroiná:
Saudação: "KALI YÊ, MINHA MÃE!", "KALI YÊ".
Assentamento: gamela com hematitas roladas e seixos de rio (rolados) ágatas.
Dia da semana: quinta-feira.
Cor da guia: laranja ou vermelha.

Xangô e Oroiná são Orixás do Fogo.

Xangô é a razão, despertando nos seres o senso de equilíbrio.

Oroiná é o Orixá aplicador da justiça divina nos seres racionalmente desequilibrados.

Xangô também possui suas hierarquias, como todos os outros Orixás. **Sua oferenda é feita com velas brancas, vermelhas e marrons; cerveja escura, vinho tinto; flores diversas, tudo depositado em uma montanha ou pedreira.**
Seu amaci é feito com água de cachoeira, hortelã macerada e curtida por três dias.

Sobre a mãe Oroiná, devemos alertar o leitor que, no Candomblé, ela é descrita como uma das qualidades de Iansã. Mas por causa de não termos um nome em yoruba para o Orixá feminino do fogo, tomamos por empréstimo o de Oroiná para designar um Orixá não nomeado na teogonia Nagô, porque faz parte dos que cujos nomes não foram revelados.

Sabemos que muitos usam deste nosso empréstimo do nome Oroiná para tentarem desclassificar nossos livros sobre os Orixás na Umbanda. Mas isso é assim mesmo!

Sempre haverá os que preferem se fazer de desentendidos para não terem que analisar novas revelações sobre o universo divino que se abriu por meio da Umbanda.

A este, só temos a dizer-lhes isto: Paciência, não conseguimos agradar a todos!

Logo, se quiserem aceitá-la, está bem, mas se não quiserem também está bem.

Para nós, que a aceitamos com esse nome e a ela recorremos, louvando-a como nossa amada Mãe Oroiná!

O seu nome foi revelado na Índia e é chamada de Kali, onde é muito adorada, por ser a divindade que executa os demônios, os espíritos malignos.

Podemos invocá-la, quando necessário, para cortar magias negativas e outras formas de magias, que ela responde imediatamente.

Seu fogo consumidor e purificador é temido pelos seres que habitam nas faixas vibratórias negativas.

As pessoas que quiserem firmá-la em seus templos devem fazer uma oferenda e consagrarem nela uma hematita, um jaspe vermelho, um olho de tigre, um quartzo rutilado transparente e uma ágata de fogo, todas lavadas antes em água de cachoeira. Depois de consagrá-las dentro de sua oferenda ritual no campo aberto ou em uma pedreira, envolvam-nas em um pano vermelho e levem-nas para o templo, onde assentarão sobre uma chapa de cobre ou de ferro.

Devem colocar as pedras em círculos e firmar uma vela laranja de sete dias. Feito isso uma vez, nas aberturas de trabalho podem acender uma vela palito de cor laranja e pedir proteção a essa mãe Orixá, que terão seu amparo divino durante todo o trabalho.

Sua oferenda é feita com velas de cor laranja, flores de cores alaranjadas ou vermelhas, licores, frutas ácidas.

Seu amaci é feito com água de rio, flores de hibiscus, folhas de pitangueira e alecrim, macerados.

Ogum e Iansã

Ogum:
Saudação: "PATA KORI, OGUM".
Assentamento: ferramentas de ferro.
Dia da semana: terça-feira.
Cor da Guia: azul-marinho ou vermelho e branco.
Símbolo: espada e coroa (Akoro).

Iansã:
Saudação: "EPARREYI".
Assentamento: pedra de raio ou de fogo e búzios.
Dia da semana: quarta-feira.
Cor da guia: coral ou vermelha e amarela.
Símbolo: chicote de fios de crina ou de rabo de cavalo e espada.

Ogum é o Orixá gerado na qualidade ordenadora do Divino Criador Olorum.

Ele é um mistério em si mesmo e rege a Lei Maior.

Sua energia gera o fator ordenador.

Tem as suas hierarquias, que atuam nas faixas vibratórias positivas:

➢ Ogum cristalino – Ogum da fé e da lei, regido pelo Orixá Oxalá.
➢ Ogum mineral – Ogum do amor e da concepção, regido pelo Orixá Oxum.
➢ Ogum vegetal – Ogum do conhecimento, regido pelo Orixá Oxóssi.
➢ Ogum do Fogo – Ogum da justiça, regido pelo Orixá Xangô.
➢ Ogum eólico – Ogum do Ar, regido pelo Orixá maior Ogum.
➢ Ogum telúrico – Ogum da Evolução, regido pelo Orixá Obaluaiê.
➢ Ogum aquático – Ogum da geração, regido pelo Orixá Iemanjá.

Possui também a hierarquia de Oguns Tripolares, eles atuam nas faixas neutras onde se inicia os estágios de evolução, são eles:

➢ Ogum tripolar – Cristal – Ogum Matinata.
➢ Ogum tripolar – Mineral – Ogum das Cachoeiras.
➢ Ogum tripolar – Vegetal – Ogum Rompe Matos.
➢ Ogum tripolar – Fogo – Ogum de Lei.

- Ogum tripolar – Ar – Ogum Ventania.
- Ogum tripolar – Terra – Ogum Megê.
- Ogum tripolar – Água – Ogum Marinho.

E possuem também a hierarquia de Ogum Cósmico que atua nas faixas negativas, são eles:

- Ogum cósmico – Ogum do Tempo, regido pelo Orixá Oiá-Logunan.
- Ogum cósmico – Ogum Sete Cobras, regido pelo Orixá Oxumaré.
- Ogum cósmico – Ogum Rompe Nuvens, regida pelo Orixá Iansã.
- Ogum cósmico – Ogum Corta Fogo, regido pelo Orixá Oroiná.
- Ogum cósmico – Ogum Sete Lagoas, regido pelo Orixá Nanã Buruquê.
- Ogum cósmico – Ogum Naruê, regido pelo Orixá Omolu.
- Ogum cósmico – Ogum Rompe Solo, regido por Obá.

Esses Oguns assumiram, na Umbanda, a missão de formarem linhas de Exus de Lei, compostos por espíritos humanos caídos nas trevas humanas.

As oferendas para eles são feitas com velas brancas, azuis e vermelhas, cerveja, flores diversas e cravos, depositadas em campos, caminhos, encruzilhadas, etc.

O amaci é feito com água de rio ou nascente e folhas de espada-de-são-jorge, alecrim do campo, rubi, macerados.

Iansã, ela se irradia de formas diferentes, ela é cósmica e é o Orixá que ocupa o polo magnético negativo da linha elementar pura do ar, onde polariza com Ogum.

Já em seu segundo elemento, ela polariza com Xangô e atua como o polo ativo da linha da justiça divina.

Possui vinte e uma hierarquias de Iansãs intermediárias, que são distribuídas assim:

- Sete atuam nos polos magnéticos irradiantes (polos positivos).
- Sete atuam nos polos magnéticos absorventes (negativos).
- Sete atuam nas faixas neutras das dimensões planetárias.

As outras assumem os nomes dos elementos que lhe chegam por meio do estre cruzamento das irradiações divinas, assim temos: Iansã do Ar, Cristalina, Mineral e assim por diante.

Nossa mãe Iansã é muito conhecida por Senhora dos Ventos.

Sua oferenda é feita com velas brancas, amarelas e vermelhas, champanhe branca, rosas e palmas amarelas, tudo depositado no campo aberto, pedreira, beira-mar, cachoeiras etc.

O amaci é feito com água de cachoeira, rio, fonte ou chuva, com rosas amarelas, folhas de guiné e folhas de laranjeira macerados.

Obaluaiê e Nanã Buruquê

Obaluaiê:
Saudação: "ATOTÔ AJUBERÔ"
Assentamento: cuscuzeiro de barro, lanças e búzios.
Dia da semana: segunda-feira.
Cor da guia: preto, vermelho e branco.
Símbolos: Xaxará feito com palha-da-costa e búzios.

Nanã Buruquê:
Saudação: "SALUBÁ SALÚ SI" (no Candomblé) e "SALUBÁ, NANÃ BURUQUÊ (na Umbanda).
Assentamento: ouriço do mar, pedra do mar e búzios.
Dia da semana: sábado.
Cor da Guia: lilás e branco.
Símbolo: Ibirin feito com palha da costa.

Obaluaiê rege a evolução dos seres e muitos outros aspectos da nossa vida.

Ele tem funções múltiplas na Criação divina, pois é o próprio mistério evolutivo de Deus, mistério esse que dá o aperfeiçoamento a tudo que é criado.

Uma divindade de Deus é um mistério que transcende o entendimento terra que temos sobre os Orixás que cultuamos em nossa religião.

O mistério Obaluaiê, quando atua no reencarne de um espírito, antes do seu nascimento reduz o corpo plasmático do espírito até que fique do tamanho do corpo carnal alojando no útero materno.

Nessa redução, o corpo plasmático do espírito assume todas as características e feições de seu novo corpo carnal, já em franco crescimento.

Obaluaiê é o Orixá que rege a evolução dos seres, é o senhor das passagens, dos estágios e dos planos da vida.

As oferendas para Obaluaiê são feitas com velas brancas, vinho branco licoroso, água potável, coco fatiado coberto com mel e pipocas, margaridas e crisântemos, tudo depositado no cruzeiro do cemitério, à beira-mar ou à beira de um rio.

Seu amaci é feito com água de rio, capim rosário, folhas de guiné, folhas de arruda, macerados.

Nanã Buruquê é a Orixá que rege sobre a maturidade, decanta os seres de seus vícios e desequilíbrios e os adormece, preparando-os para a reencarnação. Sua hierarquia segue a mesma linha dos outros Orixás.

O seu amaci de Nanã é feito com água de fonte, rio ou lago, com folhas de louro e manjericão maceradas.

As oferendas para Nanã Buruquê são feitas com velas lilás, champanhe *rosé*, calda de ameixa ou de figo, melancia, uva, figo, ameixa e melão, tudo depositado à beira de um lago ou mangue.

Iemanjá e Omolu

Iemanjá:
Saudação: "ODÔ IYÁ", "ODÔ FI ABA", "ODÔ CY YABÁ".
Assentamento: pedra do mar, conchas e búzios.
Dia da semana: sábado.
Cor da guia: azul-claro.
Símbolo: leque (com espelho) e espada.

Iemanjá é uma divindade aquática pura e Omolu uma divindade telúrica pura, os dois elementos, se combinados, encadeiam os processos genéticos, processos criativos.

Iemanjá é muito conhecida por todos como mãe de todos os Orixás.

Ela é o próprio princípio gerador feminino e é associada à matriz geradora divina. Ela faz com que toda criação divina se multiplique.

O mistério da geração e seu campo de atuação amparam a maternidade.

Sua oferenda é feita com velas brancas e azuis, champanhe, calda de ameixa ou de pêssego, manjar, arroz-doce e melão, rosas e palmas brancas, tudo depositado à beira-mar.

O amaci é com água da fonte com pétalas de rosas brancas e erva--cidreira maceradas e curtidas.

Omolu:
Omolu é uma energia que dá estabilidade no que está sendo gerado.

Mas também rege sobre a morte, o instante da passagem do plano material para o plano espiritual.

Não devemos temê-lo, mas respeitá-lo, pois ele não pune ninguém, apenas conduz cada um para o seu lugar.

Enquanto Iemanjá estimula a geração, Omolu nos paralisa sempre que desvirtuamos os atos geradores.

Logo as atribuições dos Sete Omolus são as de acolherem todos os espíritos que, no momento que se desligam do corpo material, em vez de serem atraídos para os polos positivos da linha da geração, são atraídos por seus polos negativos.

Os sete Omolus, regentes nos níveis vibratórios negativos da Linha da Geração, são estes:

- 1º Omolu – Cristalino,
- 2º Omolu – Mineral,
- 3º Omolu – Vegetal,
- 4º Omolu – Eólico,
- 5º Omolu – Ígneo,
- 6º Omolu – Aquático,
- 7º Omolu – Terra.
- A oferenda para Omolu deve ser feita com muita atenção, concentração e seriedade.

O amaci é feito com água da fonte com pétalas de crisântemos brancos maceradas.

O Orixá Omolu é aquele que cuida do desencarne, equivalente ao "anjo da morte", e sempre foi muito mal compreendido. Omolu é o senhor do espírito no momento do desencarne, assim como nossa amada mãe Iemanjá é a senhora que rege os Mistérios da Vida.

Omolu rege o polo negativo da linha da vida, mas linha da na morte Ele é o regente do polo positivo.

Hereditariedade Divina dos Seres Humanos

As características hereditárias de uma divindade são encontradas em todos os seres humanos, não importa sua cor, religião, raça ou cultura. Assim temos alguns exemplos superficiais. Mais detalhes no livro *Orixás Ancestrais – A hereditariedade divina dos seres*.

Ogum e Iansã
Ogum – Fator Ordenador
Iansã – Fator Direcionador

Filhos de Ogum	Negativo	Positivo
	São possessivos, rigorosos, insensíveis, aguerridos, briguentos, encrenqueiros, etc.	São leais, vigorosos no amparo ao próximo, protetores, espontâneos, etc.
Filhas de Iansã	**Negativo**	**Positivo**
	São bravas, emotivas, falantes, briguentas, intolerantes, impacientes, explosivas, etc.	São envolventes, risonhas, alegres, amorosas, amigas, companheiras, leais, ágeis, objetivas, lutadoras, etc.

Xangô e Oroiná
Xangô – Fator Equilibrador
Oroiná – Fator Consumidor

Filhos de Xangô	Negativo	Positivo
	São reclusos, calados, rancorosos, implacáveis, intransigentes, intragáveis, etc.	São passivos, racionais, meditativos, observadores, atentos, etc.

Filhas de Oroiná	Negativo	Positivo
	São egoístas, briguentas, intrigantes, vingativas, insensíveis, teimosas, etc.	São ativas, emotivas, impulsivas, dominadoras, determinadas, firmes,etc.

Oxum e Oxumaré
Oxum – Fator Agregador
Oxumaré – Fator Diluidor/Renovador

Filhas de Oxum	Negativo	Positivo
	São ciumentas, agressivas, insuportáveis, vingativas, etc.	São amorosas, delicadas, meigas, sensíveis, cuidadosas, maternais, protetoras, etc.

Filhos de Oxumaré	Negativo	Positivo
	São apáticos, mórbidos, fechados, sombrios, solitários, venenosos, etc.	São extrovertidos, envolventes, comunicativos, criativos, amáveis, educados, alegres, etc.

Oxóssi e Obá
Oxóssi – Fator Expansor
Obá – Fator Concentrador

Filhos de Oxóssi	Negativo	Positivo
	São críticos, ácidos, fofoqueiros, respondões, vingativos, etc.	São galanteadores, confiáveis, leais, sensíveis, prestativos, etc.

Filhas de Obá	Negativo	Positivo
	São intrigantes, cruéis, traiçoeiras, vingativas, etc.	São humildes, boas ouvintes, conselheiras, esperançosas, etc.

Oxalá e Oiá
Oxalá – fator Magnetizador
Oiá – Fator Desmagnetizador

Filhos de Oxalá	Negativo	Positivo
	São ranzinzas, briguentos, frios, perigosos, agressivos, vaidosos, etc.	São amorosos, fraternos alegres, compenetrados, persistentes, etc.
Filhas de Oiá	**Negativo**	**Positivo**
	São retraídas, ciumentas, possessivas, desconfiadas, descrentes, etc.	São simpáticas, discretas, observadoras, emotivas, lutadoras, sinceras, etc.

Iemanjá e Omolu
Iemanjá – Fator Gerador
Omolu – Fator Paralizador

Filhas de Iemanjá	Negativo	Positivo
	São respondonas, irritantes, intoleráveis, briguentas, desrespeitosas, etc.	São alegres, leais, fiéis, generosas, trabalhadoras, ativas, etc.
Filhos de Omolu	**Negativo**	**Positivo**
	São perigosos, violentos, intolerantes, cruéis, insensíveis, rancorosos, etc.	São alegres, reservados, observadores, perspicazes, orientadores, etc.

Obaluaiê e Nanã Buruquê
Obaluaiê – Fator Evolutivo
Nanã Buruquê – Fator Decantador

Filhos de Obaluaiê	Negativo	Positivo
	São prepotentes, autoritários, mesquinhos, vaidosos, desleais, intrigantes, vingativos, mulherengos, etc.	São cordiais, corteses, falantes, criativos, elegantes, generosos, fiéis, etc.
Filhas de Nanã Buruquê	**Negativo**	**Positivo**
	São, insuportáveis, intragáveis, tagarelas, fuxiqueiras, vingativas, perigosas, etc.	São calmas, conselheiras, orientadoras, religiosas, simpáticas, etc.

Os Fundamentos das Oferendas

Como já comentamos anteriormente, o hábito de se fazer oferendas não é novo e não foi criado ou inventado por nenhuma das religiões atualmente existentes na face da Terra, por mais velhas que sejam algumas delas.

Esse costume é inerente à humanidade e vem de eras remotas, lá nos primórdios das civilizações humanas.

Muito antes das atuais religiões existirem, outras já extintas as precederam e foram elas que desenvolveram nos seus seguidores o hábito de recorrer às forças da natureza e aos poderes divinos para serem auxiliados e protegidos.

Devemos nos colocar no lugar dos povos dessas eras remotas, que não possuíam nossa atual medicina e ainda, para piorar suas vidas, habitavam regiões inóspitas e cheias de feras perigosas, de serpentes venenosas, etc.

Então, nada mais lógico que fossem inspirados pelos espíritos e forças da natureza sobre certos procedimentos para se protegerem ou se curarem de doenças.

Mediante o desconhecimento sobre o plano divino, o natural e o espiritual, tudo era acompanhado por um medo do mundo sobrenatural, atribuindo-lhe o poder de vida e de morte na vida dos seres humanos.

Isso, essa superstição terrível, acompanhou a humanidade por muitos milênios, e só recentemente, com o surgimento de uma ciência avessa aos misticismos, é que a terrivibilidade das forças e dos poderes sobrenaturais diminuiu e o racionalismo começou a se impor, influenciando as doutrinas religiosas, até então opressoras dos seus seguidores, ameaçados pelos seus líderes religiosos, sempre a atemorizá-los com os horrores das trevas caso fossem contrariados ou desobedecidos pelos seus fiéis.

Se bem que esse hábito perdura até hoje e o que mais vemos por aí afora é líder religioso ameaçando com o inferno quem não se converte à sua religião ou quem o desobedece ou dele se afasta, como se tivessem o dom da vida e da morte sobre as pessoas ou, pior ainda, como se fossem seus juízes e algozes, oprimindo-as com ameaças.

A estes o inferno os aguarda, para mostrar-lhes que só há um Senhor da vida e da morte, e que não autorizou ninguém a usar do Seu Nome, dos seus poderes e mistérios para ameaçar a quem quer que seja e muito menos para tirar-lhes o livre-arbítrio.

Pois bem! O fato é que, desde eras remotas, a humanidade vem se servindo do mistério das oferendas para se socorrer junto às forças e aos poderes superiores, geralmente na natureza, em locais altamente vibrantes, tidos como santuários naturais ou em locais previamente escolhidos para fazê-las.

Como tudo isso começou? Tudo começou com pessoas, já naquela época, possuidoras de vidência e clarividência, vendo e ouvindo determinados seres e forças da natureza ou espirituais, interpretados por elas como seres sobrenaturais, transmitindo-lhes ordens para realizarem determinados procedimentos para afastar feras e bichos peçonhentos ou surtos de doenças contagiosas, ou mesmo, para afastar certos eventos climáticos extremamente perigosos para quem vivia no meio hostil de então.

Tudo foi acontecendo em acordo com a época e os costumes de então, inclusive o dos mais fortes e hábeis liderarem seus clãs ou tribos. Cada povo, em cada região do globo terrestre, isoladas umas das outras, foi recebendo dos planos superiores as necessárias orientações, ritos e procedimentos para suas sobrevivências, e organização social, fundamental para a sobrevivência das tribos.

Enquanto as pessoas mais fortes e hábeis assumiam a condução "política e social" das suas tribos, as pessoas com fortes faculdades mediúnicas, posteriormente denominadas "profetas", assumiam a orientação religiosa e moral dentro delas.

Não raro, uma mesma pessoa dotada de todos esses atributos assumiu a liderança total dos seus povos, assumindo a condição de semideuses ou de "heróis nacionais", passando a ser objeto de culto após desencarnarem.

Vejam a história dos profetas e dos "santos" cristãos para confirmarem o que aqui afirmamos.

O fato é que, ainda na pré-história da humanidade, os povos mais antigos aprenderam a recorrer a muitas forças e poderes naturais para se socorrerem nos mais diversos aspectos de suas vidas.

Hoje, milhares de anos depois, é comum ouvirmos pessoas com formação acadêmica afirmarem que os povos do passado eram supersticiosos, animistas ou panteístas em seus ensaios científicos, atribuindo-lhes uma insignificância que beira o desrespeito para com os colonizadores antigos da inóspita natureza terrena.

Observem que ainda hoje, com todos os avanços científicos, ninguém consegue impedir que as calamidades naturais aconteçam (terremotos, tsunamis, ciclones, furacões, secas, inundações, incêndios, vendavais, pragas e pandemias) e só o que sabem é recorrerem aos recursos desenvolvidos atualmente para amenizar ou mitigar seus efeito, nefastos para quem for atingido por alguma ou várias delas.

Logo, sem os recursos científicos atuais, a quem ou ao que poderiam recorrer nossos antepassados, que éramos nós mesmos, encarnados naquelas eras remotas?

Ao mundo sobrenatural, é claro!

O fato é que surgiram, mais ou menos organizados, muitos cultos às forças e poderes naturais, surgindo várias classes de deuses, tais como:

- Deuses das Doenças ou Pestes.
- Deuses da Morte.
- Deuses da Vida.
- Deuses das Gestações e da Natividade.
- Deuses dos Raios e dos Trovões.
- Deuses das Chuvas, Tempestades e Vendavais.
- Deuses da Guerra.
- Deuses do Fogo, dos Mares, dos Rios, dos Vulcões, dos Abismos, das Serpentes, dos Roedores, das Moscas, dos Insetos, etc.
- Deuses dos Casamentos.
- Deuses da Agricultura.
- Deuses da Fortuna, da Prosperidade.
- Deuses da Pobreza e da Miséria.
- Deuses das Crianças, das Famílias, dos Lares, etc.

Enfim, foram desenvolvidos no decorrer dos milênios tantos cultos e ritos com seus sacramentos e procedimentos quantos foram necessários, e sempre com alguma força ou poder natural dando sustentação a eles e, por meio deles, auxiliando a todos que acreditaram neles e os oferendaram segundo seus líderes religiosos determinaram.

Se tudo isso aconteceu e foi o recurso para auxiliar os povos no decorrer dos milênios, então precisamos desvelar e revelar o mistério por trás das oferendas feitas às forças e aos poderes naturais.

A Criação divina está estabelecida de tal forma que três "lados" dela se destacam:

• Lado ou Plano Divino da Criação, habitado pelos seres divinos irradiares dos poderes de Deus.

• Lado ou Plano Natural da Criação, habitado por seres naturais regidos pelas Potências divinas, aplicadores dos poderes na vida de todos os que nele vivem e evoluem.

• Lado ou Plano Espiritual, habitado pelos seres espirituais, regidos pelos aplicadores espirituais dos poderes divinos na vida dos seus habitantes.

Esses três lados ou planos são isolados uns dos outros, mantendo a separação das muitas formas de Vida criadas por Deus.

Esses três lados, ainda que isolados entre si, podem interagir caso o habitante de um recorra aos habitantes de um ou dos dois outros.

Isso é Lei Divina e é o princípio sustentador do equilíbrio da criação.

Essa Lei ou princípio está na origem de todos os procedimentos magísticos.

Ela, por ser Lei, aplica-se automaticamente sobre tudo e todos indistintamente, regendo desde o nível vibratório mais elevado da Criação até o mais baixo que existir, ainda que nos seja desconhecido.

Por ser Lei Divina, é obedecida e seguida por todos e quem não a conhece e não sabe da sua existência, muitas vezes, sofre ou deixa de ser beneficiado justamente porque a desconhece e dela não sabe como se servir e se beneficiar.

Se não, então vejamos:

1º – Se uma pessoa está sofrendo e não clamar com fervor a Deus, não será ajudada por Ele, e isso prega todas as religiões, corretamente, porque essa orientação foi transmitida a todos os fundadores encarnados delas pelos espíritos mensageiros.

2º – Se uma pessoa pecadora desencarna, é atraída para faixas vibratórias negativas e escuras, nelas permanece até que alguém ou alguma força ou algum poder for em seu auxílio, resgatando-a se a ação for positiva. Ou a desloca de onde se encontra e dela se serve se a ação for negativa.

Nesses dois exemplos, assim tem sido e assim sempre será, porque tanto as forças quanto os poderes conhecem essa lei e não a desobedecem nunca, só entrando em ação (positiva ou negativa) se alguém lhes solicitar o auxílio.

Se a pessoa que está sofrendo não clamar de forma correta, seu sofrimento não cessará e isso é Lei Divina!

Se o espírito sofredor do pecador não for resgatado por uma ação positiva ou deslocado por uma nação negativa, não sairá de onde encontra, e isso porque essas ações acontecem à sua revelia. E isso é Lei Divina!

As religiões supriram as necessidades dos seus fiéis com orações e procedimentos morais e comportamentais que, se seguidos à risca por eles, seus clamores são aceitos e respondidos, operando verdadeiros milagres em suas vidas.

Mas, se não forem seguidos à risca, deixam de ser aceitos e respondidos. E, por mais que o fiel relapso clame, não é atendido.

Isso é Lei Divina e realiza-se por si, própria e independente de qualquer outra Lei.

Mas se a pessoa sofredora for até outra, apta para interferir em seu favor e essa outra clamar corretamente por ela, com certeza algum benefício lhe virá, porque quem está clamando em seu benefício está alinhada com as forças e os poderes divinos, naturais e espirituais. E isso é a Lei Divina, que distingue as pessoas que estão alinhadas, graduando-as como sustentadoras e reorientadoras das pessoas que se encontram desalinhadas com essas forças e poderes.

Daí surge o grau de sacerdote ou de intermediador das pessoas e dos espíritos em desequilíbrio, podendo clamar por eles, pois seus clamores serão atendidos e o auxílio virá segundo as necessidades reais e o merecimento deles.

Essa é uma das funções do exercício do sacerdócio e, junto com a orientação moral e religiosa, tem respondido às necessidades das pessoas, não as desamparando nunca e sempre renovando suas esperanças e reajustando-as, desenvolvendo nelas o caráter, a paciência, a resignação, a humildade e a autoconfiança, mesmo nos momentos mais dolorosos ou desesperadores.

Desde os seus primórdios, a humanidade tem sido amparada e orientada pelos sacerdotes sobre como proceder para se manter em equilíbrio e, quando só as palavras não bastam, aí entra a busca de auxílio junto às forças e aos poderes naturais, já que só o auxílio que está vindo do lado ou plano divino da Criação não está sendo suficiente para socorrer os necessitados.

E Deus, na sua infinita bondade e misericórdia, concedeu aos seres humanos o direito de se dirigirem às Suas divindades naturais e obterem delas o auxílio de que precisarem ou o merecerem.

Mas a obtenção deste auxílio só é possível se o pedido for feito de forma correta.

E, mais uma vez, o sacerdote cumpre sua função orientadora e, ou faz todo o rito em benefício dos necessitados junto às forças e aos poderes naturais, ou os ensina a fazê-lo para serem ajudados.

Daí surgiu os ritos ofertatórios, desenvolvidos junto às mais diversas forças e poderes naturais, com cada uma tendo o seu "santuário" bem identificado e delimitado, separando-o das outras forças e poderes naturais.

Sempre orientados pelos mensageiros espirituais, rituais específicos foram elaborados, desenvolvidos e fundamentados para servir todos os seguidores de todas as religiões no decorrer dos milênios.

Dessa necessidade de todos, em algum momento de suas existências surgiu a magia religiosa, acompanhada de todo um cerimonial específico para funcionar e auxiliar os necessitados.

Sempre instruídos pelos espíritos mensageiros, os sacerdotes elaboraram os ritos ofertatórios e os padronizaram, tornando-os repetitivos e funcionais, bastando aos necessitados a realização ou a participação neles.

Cada ritual ofertatório, desenvolvido a partir das orientações dos espíritos mensageiros, foi sacralizado pela Lei do Equilíbrio na Criação e tornou-se um ato sagrado realizado pelas pessoas nos Santuários Naturais das forças e dos poderes divinos, com o necessitado postado diante delas e realizando a oferenda de algum elemento.

Daí surgiram as listas de elementos mais eficazes para as muitas necessidades, mesmo com muitos não sabendo por que com eles seus clamores eram atendidos e com outros elementos não eram.

Os ritos e as listas passaram de boca a boca antes do surgimento da escrita, criando a transmissão oral dos rituais, dos elementos a serem usados, da forma de colocá-los e a quem ofertá-los, para realmente ser ajudado pelas forças e pelos poderes naturais.

Posteriormente, com o surgimento da escrita, primeiro em placas de argila ou barro cosido e depois em peles ou pergaminhos e papiros, foram criados os formulários dos ritos "mágico-religiosos" ou sagrados que poderiam ou deveriam ser realizados nos Santuários Naturais.

A posse do conhecimento mágico religioso via transmissão oral criou as castas de "iniciados nos segredos" ou nos "mistérios da natureza", com a maioria desses iniciados só sabendo como realizar os rituais, que elementos deviam usar e a quem ofertá-los.

Cada casta sacerdotal se assenhoreou dos seus "segredos ou mistérios", padronizou-os como seus, envolveu-os com o manto do silêncio e preservou-os dos profanadores até onde e quando lhes foi possível.

Erigiram construções dentro do perímetro de cada ponto de forças ou Santuários Naturais, dando início à construção de templos, onde os necessitados se reuniam para serem auxiliados e os fiéis em geral, mesmo sem necessidade, se reuniam para orar e cantar em louvor e agradecimento às forças e aos poderes naturais que ali se manifestavam para eles e os inundavam de eflúvios energéticos e vibracionais extremamente benéficos, mantendo-os saudáveis, prósperos e confiantes quanto ao futuro.

Os templos começaram a surgir com o aumento populacional das tribos, atendendo às necessidades coletivamente, facilitando o serviço religioso prestado pelos sacerdotes iniciados nos segredos e mistérios das forças e poderes naturais ou da natureza.

Como cada tribo pré-histórica possuía suas características, seus hábitos, sua língua, seus ritos e sua organização social que a mantinha coesa, surgiram os povos e, posteriormente, as nações que englobaram e unificaram várias tribos sob um comando político e religioso únicos, padronizando a vida de grandes contingentes populacionais, facilitando a criação de regras e leis morais, comportamentais, cíveis e religiosas, com todos obedecendo-as ou sendo punidos se as transgredissem.

Daí surgiram os grandes reinos nacionais, com suas castas muito bem divididas e separadas por funções, sendo que as castas religiosas ficaram responsáveis pela orientação e formação moral e religiosa de enormes contingentes populacionais, com todos os seus procedimentos padronizados e transformados em dogmas ou leis religiosas, que deviam ser obedecidas por todos.

Como acontece com todas as castas, as pessoas mais fortes e mais hábeis foram suplantadas pelas mais astutas e mais espertas, que passaram a se servir da força e da habilidade dos menos astutos e menos espertos, criando o servilismo político e militar.

Já com os sacerdotes, os com faculdades ou dons naturais mais sensíveis e mais fortes, ou se enquadraram ou passaram a ser recolhidos em claustros para não atrapalharem o enriquecimento e o aumento de poder por parte dos astutos líderes das castas religiosas.

Posteriormente, surgiram as dissidências políticas, fazendo surgir os partidos de oposição e as dissidências religiosas, surgido os reformadores e as novas religiões, com as mais antigas defendendo seus domínios e feudos e com as mais novas fazendo de tudo para tomá-los delas, fazendo surgir as guerras religiosas, com todos se dizendo possuir o verdadeiro Deus e acusando os adversários de adorarem "falsos deuses" ou um "deus falso".

E isso não mudou nada desde então, desde uns cinco ou seis mil anos atrás até hoje, quando os fundadores de novas religiões mercantilistas se apresentam como ungidos por Deus como salvadores da humanidade, perdida nos pecados até suas chegadas, mas com eles fazendo exatamente a mesma coisa que aqueles que acusam de pecadores e seguidores de falsos deuses ou de um deus falso.

Essa é a verdadeira história da humanidade resumida em poucas palavras, porque não é preciso muitas para se descrever algo que vem se repetindo o tempo todo, só mudando os lugares, o tempo e seus participantes, todos arredios às Forças e aos Poderes Naturais, não manipuláveis pela astúcia e pela esperteza dos sacerdotes autoungidos como salvadores da humanidade.

Paralelamente, e sem muita organização, os realmente dotados de fortes faculdades mediúnicas transitam meio perdidos por dentro ou por fora das religiões organizadas e, ou são expulsos ou são segregados ou são tachados de loucos, de adoradores de falsos deuses ou de um falso deus, etc.

E isso só porque, mesmo sem o saber, são as reencarnações dos antiquíssimos mediadores entre as pessoas e as forças e os poderes naturais, sempre à espera que retomem suas antigas e já esquecidas funções de amparadores e orientadores dos necessitados, tanto no lado material quanto no etérico do plano dos espíritos humanos, afastados do convívio equilibrado e equilibrador com as forças e os poderes do plano natural, acessado por meio dos seus Santuários Naturais, localizados nos pontos de forças da natureza.

As forças e os poderes naturais estão assentados no plano natural da Criação e muito podem fazer por nós se soubermos nos dirigir até seus santuários naturais, se soubermos como interagir espiritualmente com suas forças espirituais, constituídas por seres da natureza, e se soubermos como nos servir dos seus poderes, irradiados o tempo todo por seus manifestadores naturais e condensáveis em determinados elementos denominados como elementos mágicos ou possuidores do axé das Divindades Naturais.

Sim, porque o hábito de se fazer oferendas é tão antigo quanto a humanidade e não começou com nenhuma das religiões existentes atualmente na face da Terra.

E os elementos colocados dentro dos espaços mágicos abertos dentro dos pontos de forças naturais são condensadores de vibração e energias provenientes do plano natural, que são direcionadas para nós ou para quem queremos ajudar com esse ato mágico-religioso, que, se feito com amor, respeito e reverência e de forma correta, com certeza trará grandes benefícios.

Uma bebida com determinado **teor de álcool** ou determinado **teor de açúcar** ou com determinado **grau de acidez** são condensadores de vibrações energéticas divinas que se elementarizam e projetam-se para a pessoa que fez a oferenda, envolvendo-a toda e, inundando seu corpo energético, começa a purificá-la, limpá-la descarregá-la, reenergizá-la e, caso possua algum foco de doença no corpo físico, concentra-se na sua contraparte espiritual e começa um processo de regeneração e cura.

Mas, se o foco da doença está localizado só no corpo espiritual, aí tudo é mais fácil e rápido, e pouco depois a pessoa deixa de sentir dores e volta a se sentir saudável e bem disposta.

Tudo isso e muito mais acontece a partir do ato de se realizar uma simples oferenda, um ato magístico religioso, no santuário natural de determinadas forças e poderes naturais.

Os teores citados acima, acompanhados dos **"princípios mágicos"** dos elementos usados. Para obter-se **o teor alcoólico, o teor de açúcar e o teor de acidez**, quando ativados dentro de uma oferenda ritual, tornam-se poderosos e realizadores, auxiliando de tal forma a pessoa necessitada que logo ela comece a se sentir melhor.

Isso que comentamos pertence a uma ciência espiritual, muito parecida com a ciência terrena, mas se esta é recente, aquela é muito antiga, anterior à existência de seres humanos na face do planeta Terra.

E, por conhecê-la e dominá-la, foi que os espíritos mensageiros ensinaram os seres humanos a fazer oferendas nos santuários das divindades naturais.

Nada aconteceu por acaso e tudo obedeceu às determinações do poder divino para que as forças e os poderes naturais auxiliassem as pessoas necessitadas.

Mesmo sem as pessoas saberem como as forças e os poderes "trabalham" magística e energeticamente os elementos a eles oferendados, e com todos acreditando que estavam "dando de comer" aos Orixás, no entanto todos vêm sendo auxiliados desde eras remotas por eles e por suas forças naturais e espirituais.

O hábito de algum guia espiritual pedir um copo de alguma bebida obedece a este fundamento:

Cada espírito precisa de certo teor de álcool, de açúcar e de acidez para realizar determinadas ações mágicas e energéticas, sem os quais não as realiza porque, após absorvê-los, incorpora-os à sua energia pessoal e os irradia nos seus passes dados nos consulentes, muitos deles tão sobrecarregados de energias negativas e miasmas que, ou se adota o recurso dos "teores", ou não se consegue ajudá-los de fato.

Descontados os excessos de médiuns "viciados" em bebidas alcoólicas, tudo pode ser explicado sob a luz da ciência divina, que conhece muito bem sobre esses três teores aqui citados e conhece muito sobre os outros que não citamos.

Observem que para cada linha de Orixá é oferendado um tipo de bebida, com cada uma possuindo seus teores e seus "princípios ativos" ou princípios mágicos e energéticos.

Não se oferenda cerveja "branca" a Xangô e não se oferenda cerveja "preta" a Ogum. Já para Oxóssi, pode-se oferendar uma ou outra ou ambas ao mesmo tempo, assim como, também pode-se oferendar vinho branco ou tinto para ele.

Essas oferendas de bebidas, colocadas nos pontos de forças recomendados pelos Guias espirituais incorporados nos seus médiuns, obedece à ciência sobre os teores e seus princípios mágicos e energéticos.

E, mesmo que o Guia espiritual não tenha estudado essa ciência divina, no entanto aprendeu com seus superiores hierárquicos sobre qual bebida deve recomendar que os consulentes "entreguem" ou coloquem dentro do espaço mágico de suas oferendas rituais realizadas nos pontos de forças da natureza.

De fato, um Orixá não bebe e não come, mas que ele conhece na sua íntegra a ciência dos teores e dos princípios mágicos e energéticos, isto sim é um fato, pois foram os Orixás mensageiros que transmitiram essa ciência aos espíritos humanos há muitos milênios.

E, desde então, os "homens" aprenderam os segredos das fermentações e passaram a elaborar bebidas com os mais diversos teores de álcool, de açúcar e de acidez, tanto para colocarem nas oferendas rituais quanto para reequilibrarem nos seus próprios organismos possíveis quedas desses teores, muito benéficos se em equilíbrio e nocivos se muito baixos ou elevados.

Saibam que, se muito baixos, afetam a circulação, a imunidade e a criatividade.

E, se muito altos, afetam a pressão arterial, o raciocínio e a digestão.

Afetam muitas outras funções, é claro, mas aqui só citamos algumas para que compreendam porque às vezes um Guia recomenda que o consulente "entregue" para Iansã laranjas, abacaxi, uvas e champanhe, além das velas que fornecem a energia ígnea necessária para a perfeita elaboração dos teores e graduação dos princípios mágicos e energéticos.

Observações: A quantidade de velas que devem ser acesas e a forma como devem ser distribuídas (em triângulo, em cruz, em pentágono, hexágono, heptágono, octógono ou em círculo) obedece à ciência divina existente por trás de cada oferenda ritual.

O médium umbandista, e até o seu guia, podem não conhecer os fundamentos da Ciência das Oferendas, mas as forças e os poderes naturais os conhecem e deles se servem para auxiliarem quem lhes "entrega" uma oferenda ritual.

Três velas acesas em triângulo fornecem um "teor ígneo"; quatro velas acesas em cruz fornecem outro "teor ígneo", e assim é com todas as quantidades e formas de distribuição das velas em uma oferenda, inclusive, a cor da vela altera a "temperatura" do "teor ígneo".

Três velas brancas, acesas em triângulo, fornecem determinado grau de temperatura do "teor ígneo". Já três velas amarelas, também acesas em triângulo, fornecem outro grau de temperatura do "teor ígneo".

Assim o é com todas as outras velas coloridas, recomendadas para "iluminarem" as oferendas, porque, segundo muitos já afirmaram, não iluminar uma oferenda ou um altar com velas votivas (coloridas) é um desrespeito às divindades, enquanto outros pregam que esse hábito é sinal de atraso evolutivo, certo?

Só que, em ambos os casos, todos desconhecem a **"ciência dos teores e das gradações"** dos princípios mágicos e energéticos fornecidos pelos elementos e manipulados com "conhecimento de causa" pelas forças e pelos poderes naturais.

A ignorância permeia ambos os extremos e os excessos, ou as ausências devem ser atribuídas a ela, e nada mais. Um banho de "sal grosso", feito e irradiado por uma divindade, tem um efeito positivo para quem o tomar. Já o ato de comer sal em excesso pode ser muito prejudicial.

Pouco sal na alimentação não ajuda na graduação de certos teores e muito desregula outros tantos, indispensáveis, se em equilíbrio, para a saúde de uma pessoa, mas nocivos se desequilibrados. Tudo é uma questão de se conhecer os fundamentos por trás de cada prática e ato ritualístico, pois o não conhecimento deles abre espaço para a "achologia" que mais confunde que esclarece.

"Afinal, a 'achologia' é a ciência dos tolos e dos ignorantes", ciência essa manipulada habilmente por Exu, especialista em confundir ambos, e a quem mais cruzar suas encruzilhadas de forma errada.

O fato é que os teores podem ser fornecidos pelos alimentos "in natura", industrializados ou cozidos.

Citemos este exemplo: a cebola é um alimento importante para as pessoas e seu consumo, atualmente, é mundial.

Colocada "in natura" dentro de uma oferenda ritual, ela libera uma energia Elemental que realiza uma "limpeza" das energias negativas acumuladas no corpo energético das pessoas.

E se ela for colocada cozida, ela libera uma energia Elemental regeneradora e cicatrizante, capaz de regenerar partes do corpo energético que foram devoradas por larvas astrais, atraídas e direcionadas contra as vítimas de magias negras, feitas com partes de animais colocadas nas oferendas com fins destrutivos. Crua, ela limpa e purifica; cozida, ela regenera e cicatriza, se for colocada dentro de uma oferenda ritual.

É por isso que muitas vezes os guias espirituais que trabalham com seus "princípios mágicos ativos" e manipulam seus "teores energéticos" pedem aos seus médiuns ou aos consulentes que lhes façam umas oferendas cobertas com rodelas de cebola, cruas ou cozidas.

Tudo depende das finalidades, e isso sem contar que eles não manipulam esses "princípios e teores" só para ajudar aos médiuns ou aos consulentes, e sim também os usam para limpar e purificar, curar e regenerar muitos espíritos sofredores agregados ao carma deles pela Lei das afinidades.

E, muitas vezes, incorporam em seus médiuns, cruzam os alimentos ativando magisticamente seus "princípios e teores" e os comem, desenvolvendo em si e neles esses recursos, os quais passam a possuir em si e a usá-los dali em diante quando se fizer necessário, porque, de posse deles, se tornam seus geradores espirituais. E o mesmo acontece com todos os elementos mágicos, "in natura", industrializados ou cozidos.

O fato é que o hábito de se oferendar as forças e os poderes naturais é tão antigo quanto a humanidade e, em todas as épocas e em todos os lugares, pessoas dotadas de faculdades mediúnicas receberam informações sobre como fazê-las e delas se beneficiarem ou a terceiros.

Elas não surgiram com o culto aos Orixás lá na África ou aqui no Brasil, e muito menos com o surgimento da Umbanda, porque, entre todos os povos da Antiguidade, as oferendas eram indissociadas de suas práticas religiosas e mágicas. E a espiritualidade que atua na Umbanda como Guias espirituais sabe muito bem disso e a elas recorrem, indicando sempre quais elementos devem ser colocados em suas oferendas rituais.

Oferendas

O que são as Oferendas?

As oferendas são atos magísticos-religiosos e são concentrações de elementos de magia e de forças e poderes magísticos dentro de um espaço limitado.

As oferendas podem ter várias finalidades, tais como:

1) Oferenda de agradecimento;
2) Oferenda de pedido de ajuda;
3) Oferenda de desmagiamento;
4) Oferenda de descarrego;
5) Oferenda propiciatória;
6) Oferenda purificadora;
7) Oferenda ritual de firmeza de forças na natureza;
8) Oferenda ritual de assentamento de forças e poderes espirituais.

Comentemos cada uma dessas formas de oferendas:

1) OFERENDA DE AGRADECIMENTO

Essa oferenda é feita em função do auxílio já recebido. Muitas vezes estamos envoltos em dificuldades de tal importância que nos ajoelhamos e ali, em nossa fé, invocamos Deus e algum dos seus mistérios ou divindades e lhes pedimos que nos ajudem, que depois lhes ofertaremos algo em agradecimento.

Uns fazem promessas; outros prometem uma oferenda na natureza; outros prometem dar algum auxílio aos necessitados, etc.

Quando são promessas, seu cumprimento é uma questão de foro íntimo e, após cumpri-las, as pessoas sentem-se melhor e em paz com Deus e com a divindade invocada.

Quando são oferendas, a pessoa que as prometeu deverá fazê-las, pois também se sentirá melhor, e com a grata sensação do dever cumprido.

Em ambos os casos, o não cumprimento do que foi prometido acarretará cobranças conscientes que acarretarão transtornos a quem prometeu e não cumpriu.

Saibam que Deus e suas divindades são onisicientes e, por saberem as causas dos nossos desequilíbrios e das nossas dificuldades, exigem de nós atitudes que nos reequilibrem e nos livrem das nossas dificuldades.

Portanto, cumprir o que foi prometido não é dar ou fazer algo por Ele e elas, mas é fazermos algo para e por nós mesmos.

Deus e as divindades não comem, mas ao lhes ofertarmos uma "ceia ritual" estamos compartilhando nosso sucesso e nossa vitória, atribuindo-lhes o apoio para que elas acontecessem.

Ali, no momento de "comemoração", estamos dizendo de forma simbólica que sem o Seu auxílio e o delas não teríamos tido sucesso; estamos agradecendo-lhes e estamos dando prova de nossa fé em seus poderes, reverenciando-os com o que lhes prometemos.

2) OFERENDA DE PEDIDO DE AJUDA

Essa oferenda vai desde uma vela acesa em um castiçal, pedestal ou altar até a ida a um ponto de forças da natureza, onde abrimos um espaço mágico e depositamos dentro dele os elementos mais afins com as forças e os poderes que serão invocados. Esse tipo de oferenda é muito comum entre os umbandistas que, por terem muitas forças e poderes à disposição, às vezes a fazem para mais de uma divindade, para obterem mais rápido a ajuda solicitada. Ela é em si um ato de fé no poder de realização das forças e dos poderes das entidades de Umbanda.

• Forças são espíritos hierarquizados.
• Poderes são as divindades de Deus.

As forças estão assentadas nos pontos de forças da natureza e estão à nossa direita e à nossa esquerda.

Os poderes estão assentados no Alto, e, nos pontos de forças da natureza, quando invocados, ficam de frente para nós ouvindo e anotando mentalmente os nossos pedidos que, se forem justos e do nosso merecimento, com certeza serão realizados a nosso favor e benefício.

Esse ato mágico encerra-se em si mesmo e a pessoa que o fez só precisa aguardar.

3) OFERENDA DE DESMAGIAMENTO

Essa oferenda deve ser feita sempre que estivermos magiados por trabalhos pesados, difíceis de serem desmanchados e anulados dentro do centro de Umbanda.

Há trabalhos de magia negativa que são fáceis de ser cortados, desmanchados e anulados. Mas há outros de tal monta que, se forem mexidos, desencadeiam reatividades incontroláveis.

Nesse caso, a ação recomendada é a pessoa magiada ir até a natureza e, dentro de um ponto de forças, invocar alguma(s) força espiritual ou algum(s) poder divino e confiar-lhe a neutralização e a anulação dessas magias complicadíssimas e muito perigosas.

Na natureza, a força ou o poder invocado cria um campo neutralizador ao redor da magia negativa, isolando-a e envolvendo-a de tal forma que, caso aconteçam reatividades, são contidas e neutralizadas dentro do próprio campo que as envolvem.

Não são poucos os médiuns ainda inexperientes ou os Guias espirituais iniciantes que, no afã de ajudarem as pessoas magiadas, acabam desencadeando essas reatividades e complicando-se de tal forma que são obrigados a ir até a natureza e fazer uma oferenda descarregadora para se livrar dos efeitos negativos acarretados.

Muitos Guias espirituais e médiuns já tarimbados recomendam à pessoa magiada que ela vá direto ao ponto de forças e poderes da natureza, e ali, dentro dele, faça a oferenda e invoque uma força espiritual ou um poder divino para que se tome conta da magia negativa, neutralizem-na e a desmanchem.

Isso é correto, pois a explosão de uma reatividade muito intensa dentro de um centro pode afetar seus campos protetores de dentro para fora, fato este que abre buracos nele, pelos quais começam a entrar hordas de espíritos perturbadores.

Há centros de Umbanda cujos campos protetores estão totalmente esburacados e seu interior é "pesadíssimo".

4) OFERENDA DE DESCARREGO

Essa oferenda deve ser feita nos pontos de forças e de poderes da natureza para que ali aconteçam os mais variados tipos de descarregos, que vão desde espíritos desequilibrados até quebrantos e mau-olhado.

O descarrego não se refere só aos que projetam contra nosso mental ou magisticamente, mas pode ser usado para nos livrar do que atraímos com pensamentos de baixa qualidade.

Quando estamos vibrando em nosso íntimo sentimentos negativos e nossos pensamentos tornam-se confusos, nosso magnetismo mental se negativa e baixamos nossas vibrações, imediatamente começamos a nos ligar por finíssimos cordões com espíritos desequilibrados, também vítimas dos seus sentimentos negativos.

Essas ligações acontecem por causa da lei das afinidades, que nos ensina que semelhantes se atraem.

Uma pessoa que estiver vibrando negativamente se ligará automaticamente a outras e a espíritos com o mesmo padrão vibratório. E isso só a enfraquece ainda mais porque passa a fazer parte de uma imensa rede de mentais interligados pela baixa qualidade dos seus sentimentos.

É impossível transportar para dentro de um centro de Umbanda milhares de espíritos desequilibrados. Então os Guias recomendam que as pessoas nessas condições negativas sejam levadas por um médium bem preparado e que, após fazer uma oferenda às forças e aos poderes do ponto de forças da natureza, faça ali, no campo de uma divindade, um descarrego completo, livrando-a de encostos e obsessores espirituais.

O que é possível ser feito dentro dos centros de Umbanda os Guias espirituais fazem, mas há situações tão complexas que somente descarregando tudo na natureza a pessoa ficará livre de todas as suas "ligações" com o baixo astral, e sem tumultuar o bom andamento dos trabalhos realizados dentro dos centros de Umbanda.

Oferendas Básicas Umbandistas

OFERENDA AO ORIXÁ OXALÁ

Toalha ou pano de cor branca; velas brancas; frutas brancas (melão, goiaba, etc.); vinho branco, doce ou suave; flores brancas (todas); fitas brancas; linhas brancas; comidas brancas (canjica, arroz-doce, coalhada adocicada, etc.); pães; mel; farinha de trigo (para circular e fechar por fora as oferendas); coco seco e sua água colocada em copos; coco verde com uma tampa cortada e um pouco de mel derramado dentro da sua água; água em cálices ou copos; pedras de cristais de quartzo branco (se for solicitado); pembas brancas (em pedra ou em pó); milho verde em espiga, cru e ainda leitoso.

OFERENDA AO ORIXÁ OXUMARÉ

Toalha ou pano de cor azul-celeste; velas brancas e azuis-celeste; fitas brancas e fitas azul-celeste (ou todas as cores); linhas brancas e linhas azul-celeste; frutas sementeiras (melão, maracujá, mamão, pinha, etc.); água em copos; vinho branco seco; água adocicada com açúcar ou mel; flores coloridas; coco verde; licor ou suco de maracujá; farinha de arroz (para circular e fechar a oferenda); sementes de feijão branco semicozidas e misturadas ao mel de abelhas; açúcar, colocado em um prato branco e regado com mel de abelhas; pembas coloridas.

OFERENDA AO ORIXÁ OXÓSSI

Toalha ou pano verde; velas branca e verde; fitas branca e verde; linhas branca e verde; frutas de qualquer espécie; comidas (moranga cozida, milho verde em espiga e cozido, maçã cozida e regada com mel ou açucarada, doces cristalizados); vinho tinto; cerveja branca; sucos de frutas; pembas brancas e verdes; fubá (para circular e fechar a oferenda).

OFERENDA PARA O ORIXÁ XANGÔ

Toalha ou pano marrom; velas branca e marrom; fitas branca e marrom; linhas branca e marrom; frutas (abacaxi, melão, manga, melancia, figo, caqui, laranja, goiaba vermelha); vinho tinto seco; cerveja preta; comidas (quiabos picados em rodelas e levemente cozidos, rabada cozida com cebolas cortadas em rodelas); pembas branca, marrom e vermelha; licor de chocolate.

OFERENDA AO ORIXÁ OGUM

Toalha ou pano vermelho; velas branca e vermelha; fitas branca e vermelha; linhas branca e vermelha; cordões branco e vermelho; flores (cravo e palmas vermelhas); frutas (melancia, laranja, pera, goiaba vermelha, ameixa preta, abacaxi, uvas); licor de gengibre; cerveja branca; pembas branca e vermelha; comida (feijoada).

OFERENDA PARA O ORIXÁ OBALUAIÊ

Toalha ou pano branco; velas brancas; fitas brancas; linhas brancas flores (crisântemos brancos, quaresmeira); frutas (pinha, caqui e coco seco); comidas (pipoca estalada, batata-doce roxa cozida e regada com mel de abelha, beterraba cozida e regada com mel; mandioca cortada em "toletes", cozida e açucarada; bebidas (vinho branco licoroso, água em copos, licor de ambrósia); pembas brancas.

OFERENDA PARA O ORIXÁ OMOLU

Toalhas ou panos branco e preto sobrepostos formando oito pontas ou bicos; velas branca, preta e vermelha; fitas branca, preta e vermelha; linhas branca, preta e vermelha; pembas branca, preta e vermelha flores (crisântemos, flores do campo, rosas brancas); frutas (maracujá, ameixa preta, ingá, figo); comidas (pipocas estaladas e regadas com mel, coco seco fatiado e regado com mel, batata-doce roxa cozida e regada com mel, bistecas ou fatias de carne de porco regadas com azeite de dendê); bebidas (água em copos, vinho branco licoroso, licor de hortelã).

OFERENDA PARA O ORIXÁ OIÁ-LOGUNAN (TEMPO)

Toalha ou pano branco; velas branca e azul-escuro; fitas branca e azul-escuro; linhas branca e azul-escuro; pembas branca e azul; copo ou quartinha com água; licor de anis; frutas (laranja, uva, caqui, amora, figo, romã, maracujá azedo); flores (do campo, palmas brancas, lírios brancos).

OFERENDA PARA O ORIXÁ OXUM

Toalha ou pano dourado, azul e rosa; velas rosa, amarela e azul; fitas rosa, amarela e azul; linhas rosa, amarela e azul; pembas rosa, amarela e azul; flores (rosas brancas, amarelas e vermelhas); frutas (cereja, maçã, pera, melancia, goiaba, framboesa, figo, pêssego, etc.); bebidas (champanhe de maçã, de uva e licor de cereja).

OFERENDA PARA O ORIXÁ OBÁ

Toalha ou pano vermelho ou magenta; velas vermelha ou magenta; fitas vermelha ou magenta; linhas vermelha ou magenta; pembas vermelhas; frutas (todas); bebidas (licor); flores (do campo, jasmim, rosas vermelhas).

OFERENDA PARA O ORIXÁ OROINÁ

Toalha ou pano laranja; velas laranja e vermelha; fitas laranjas; linhas laranjas; pembas laranjas; frutas (laranja, abacaxi, pitanga, caqui); bebidas (licor de menta, champanhe de sidra); flores (palmas vermelhas).

OFERENDA PARA O ORIXÁ IANSÃ

Toalha ou pano branco e amarelo; velas branca e amarela; fitas amarelas; linhas amarelas; pembas amarelas; frutas (laranja, abacaxi, pitanga, uva, morango, ambrósia, melancia, melão amarelo, pêssego e goiaba vermelha); bebidas (champanhe de uva ou de sidra); flores amarelas; comidas (acarajé; abacaxi em calda, arroz-doce com bastante canela em pó por cima).

OFERENDA PARA O ORIXÁ NANÃ BORUQUÊ

Toalha ou panos lilás ou florido; velas lilases; fitas lilases; linhas lilases; pembas lilases; flores (do campo, lírios e crisântemos); frutas (uva, melão, manga, mamão, maracujá doce, framboesa, amora, figo); bebidas (champanhe rose, vinho tinto suave, licor de amora, licor de framboesa, licor de morango).

OFERENDA PARA O ORIXÁ IEMANJÁ

Toalhas branca ou azul-claro; velas branca ou azul-claro; fitas branca ou azul-claro; linhas branca ou azul-claro; pembas branca ou azul-claro; flores (rosas brancas, palmas brancas, lírio branco); frutas (melão em fatias, cerejas, laranja lima, goiaba branca, framboesa); bebidas (champanhe de uva e licor de ambrósia); comidas (manjares; peixes assados; arroz-doce com bastante canela em pó).

OFERENDA PARA O ORIXÁ EXU

Toalhas ou panos preto e vermelho; velas preta e vermelha; fitas preta e vermelha; linhas preta e vermelha; pembas preta e vermelha; flores (cravo vermelho); frutas (manga, mamão, limão); bebidas (aguardente de cana de açúcar, whisky, conhaque); comidas (farofa com carne bovina ou com miúdos de frango, bifes de carne ou de fígado bovino fritos em azeite de dendê e com cebolas, bifes de carne ou de fígado bovino temperado com azeite de dendê e pimenta ardida).

OFERENDA AOS PRETOS-VELHOS

Toalha ou pano branco; velas brancas; fitas brancas; linhas brancas; pembas brancas; frutas de todas as espécies; bebidas (café, vinho doce, cerveja preta, água de coco, vinho branco licoroso); flores (crisântemos brancos, margaridas, lírios brancos); comidas (arroz-doce, canjica, bolo de fubá de milho, milho cozido, doce de coco, doce de abóbora, doce de cidra, coco fatiado, quindim).

OFERENDA AOS BAIANOS

Toalha ou pano branco (ou amarelo); velas branca e amarela; fitas branca e amarela; linhas branca e amarela; pembas branca e amarela; frutas (coco, caqui, abacaxi, uva, pera, laranja, manga, mamão); bebidas (batida de coco, de amendoim, pinga misturada com água de coco); flores (flor do campo, cravo, palmas); comidas (acarajé, bolo de milho, farofa, carne seca cozida e com cebola fatiada, quindim).

OFERENDA AOS BOIADEIROS

Toalha ou um pano (branco, vermelho, amarelo, azul-escuro, marrom); velas branca, vermelha, amarela, azul-escura, marrom; fitas branca, vermelha, amarela, azul-escura, marrom; linhas branca, vermelha, amarela, azul-escura, marrom; pembas branca, vermelha, amarela, azul-escura, marrom; frutas (todas); bebidas (vinho seco, aguardente, batidas, conhaque, licores); flores (do campo, palmas, cravos); comidas (feijoada, charque bem cozido, bolos).

OFERENDA AOS MARINHEIROS

Toalha ou pano branco; velas branca e azul-claro; fitas branca e azul-claro; linhas branca e azul-claro; pembas branca e azul-claro; flores (cravos brancos, palmas brancas); frutas (várias); comidas (peixes assados, peixes fritos, peixes cozidos, camarões, farofa com carne); bebidas (rum, aguardente).

OFERENDA PARA OS ERÊS

Velas branca, cor-de-rosa e azul-claro; toalha ou panos cor-de-rosa e azul-claro; fitas branca, cor-de-rosa e azul-claro; linhas branca, cor-de-rosa e azul-claro; flores (todas); frutas (uva, pêssego, pera, goiaba, maçã, morango, cerejas, ameixa); comidas (doces de frutas, arroz-doce, cocadas, balas, bolos açucarados, quindins); bebidas (refrigerantes, água de coco, suco de frutas).

OFERENDA PARA OS EXUS MIRINS

Toalhas ou panos preto e vermelho; velas bicolores preta e vermelha; fitas preta e vermelha; linhas preta e vermelha; pembas preta e vermelha; flores (cravos); frutas (manga, limão, laranja, pera, mamão); bebidas (licores, cinzano, pinga com mel); comidas (fígado bovino picado e frito em azeite de dendê, farofas apimentadas).

OFERENDA PARA POMBAGIRA

Toalha ou pano vermelho; velas vermelhas; fitas vermelhas; linhas vermelhas; pembas vermelhas; flores (rosas vermelhas); frutas (maçãs, morangos, uvas rosadas, caqui); bebidas (champanhe de maçã, de uva, de sidra, licores).

OFERENDAS PARA CABOCLOS (AS)

As oferendas para os Caboclos e as Caboclas são iguais às dos Orixás que os regem. No geral, são iguais às dos Orixás; no particular, são acrescentados elementos indicados por eles.

Oferendas aos Orixás e Guias Espirituais: por que Fazê-las?

É muito comum ouvirmos os Guias espirituais recomendando às pessoas que façam algum tipo de oferenda em algum campo vibratório da natureza para que elas possam ser ajudadas nas mais diversas necessidades, sendo que nem sempre eles dão qualquer explicação sobre elas.

Também é comum pessoas que não sabem nada sobre o assunto deixarem de fazê-las, seja porque não sabem, seja porque têm vergonha de serem vistas fazendo-as ou porque não acreditam no poder delas em auxiliá-los.

E a isso ainda devemos acrescentar que muitos, por nunca terem feito uma oferenda, acabam fazendo-as de forma errada e de pouca valia.

Antes de prosseguir, vamos retornar no tempo e ver como era o campo das oferendas há alguns milênios, pois sem isso não é possível fundamentar esse procedimento atualmente, quando já "evoluímos" tanto, certo?

Estudando as religiões antigas, muitas das quais já são desaparecidas, o hábito de se fazer oferendas a Deus, às Divindades, aos Poderes e Forças da Natureza era comum a todas e cada uma delas possuía seus ritos próprios para realizá-las, sendo que eram acompanhados de cantos sacros durante suas feituras, assim como, seus realizadores se submetiam a atos de purificação corpórea e espiritual antes de fazê-las.

Jejuns, banhos de purificação, rezas e defumações, abstinências e recolhimentos em algum local sagrado, tudo isso era feito, sendo que algumas religiões possuíam ritos elaboradíssimos que eram seguidos à risca por aqueles que iriam realizá-las e por todos que delas se beneficiariam.

Cada religião possuía seu "formulário de oferendas" e seus seguidores tinham à disposição muitos tipos de oferendas, cada uma para uma finalidade, mas com todas desenvolvidas pelos responsáveis por essas antigas religiões.

Estudando a história das religiões e dos povos antigos, vemos que certas práticas ou ritos ofertatórios eram datas nacionais respeitadíssimas e algumas duravam vários dias, durante os quais não se trabalhava e todos se resguardavam, corporal e espiritualmente, para o momento tão esperado, quando, finalmente, estariam diante de Deus ou de alguma de suas Divindades, muitas vezes representada por um sacerdote ou sacerdotisa, paramentado como ela havia sido idealizada ou descrita a partir da visão dela por algum clarividente, pois eles também existiram no passado, não sendo privilégio recente da humanidade.

Esses ritos ofertatórios elaboradíssimos perduraram por milênios e só foram deixados de lado parcialmente porque as religiões que substituíram as mais antigas os reaproveitaram e, depois de algumas alterações e substituições, continuaram a servir-se deles.

Isso já foi descrito por diversos estudiosos das antigas religiões, que encontraram similaridades em praticamente todos os ritos cristãos e judaicos, com estes tendo assimilado vários deles da antiga Religião Egípcia, praticada no tempo dos faraós.

É claro que ninguém cita de onde se inspiraram para elaborar seus próprios ritos e todos os atribuem a uma comunicação com os mensageiros divinos.

Mas, mesmo que isso seja verdade (e por que não?), o fato é que existe uma espinha dorsal, uma linha-mestra mesmo, para a formação das religiões, e o "roteiro" seguido por todas vem se repetindo sempre, com uma pessoa iluminada responsabilizando-se pela nova religião, confiada a ele por mensageiros divinos ou espirituais, e isso não é novidade para os estudiosos das religiões e de como cada uma começou aqui no plano material.

Reconhecemos que assim tem sido e que pessoas realmente iluminadas, incumbidas por mensageiros divinos ou espirituais de fundá-las, cumpriram seus compromissos renovadores da religiosidade dos seus seguidores.

Assim foi e sempre será, pois sem o amparo divino e espiritual nenhuma religião subsiste no tempo e no espaço.

Aqui, não queremos escrever um texto erudito nem dar uma aula de história das religiões para ninguém e, por isso mesmo, recomendamos aos interessados no assunto que estudem os livros específicos, muito importantes para nosso aprendizado e compreensão dessa espinha dorsal formadora de novas religiões, pois o nosso propósito inicial é comentarmos sobre as oferendas.

Pois bem! O fato é que cada religião possui seus ritos ofertatórios, e ponto final!

A Umbanda, criada a partir de outras religiões e recebendo a influência delas, até pela formação religiosa dos Guias espirituais, oriundos de quase todas as que já existiram ou ainda estão atuando na face da Terra, desenvolveu ou adaptou todo um formulário de oferendas aos Orixás e aos Guias espirituais da direita e da esquerda, cobrindo boa parte das necessidades dos seus seguidores nesse campo.

Vários autores já escreveram em seus livros vários tipos de oferendas para as mais diversas forças espirituais ou poderes divinos, e isso não é novidade, certo?

Se o ato de se fazer oferendas é um hábito ou procedimento religioso tão antigo quanto a humanidade, porque ainda hoje essa prática desperta polêmicas ou celeumas calorosas entre os prós e os contrários a tais hábitos, com algumas (ou muitas) pessoas fazendo esta pergunta:

Será que Deus, que uma Divindade, que um Espírito iluminado precisa comer?

Aí esta o xis da questão, pois, se precisam ser alimentados por nós, então são tão fracos ou frágeis quanto, certo?

Errado! Respondemos nós, que conhecemos o fundamento existente por trás de cada oferenda ou ato ofertatório, muitos dos quais são mentais ou comportamentais. Ou não é verdade que a recomendação de um Guia espiritual para que uma pessoa mude algum hábito para ser ajudada exige dessa pessoa uma oferenda, que é justamente a renúncia sem volta do hábito a ser mudado?

Renunciar a um hábito já arraigado no ser é uma oferenda caríssima e difícil de ser feita, sendo que muitos se recusam a fazê-la e preferem continuar sofrendo para não mudar seus hábitos.

É muito mais fácil ser ajudado por meio de uma oferenda constituída de elementos entregues em algum lugar do que por meio da renúncia de um hábito, não?

O fato é que determinados auxílios só são possíveis se houver mudança de hábitos. E outros auxílios só são possíveis com o fornecimento de alguns elementos, que serão manipulados energeticamente por quem o receber e que irá usar das energias elementares deles para realizar diversas coisas em benefício de quem faz a oferenda.

De fato, Deus, as Divindades e os Espíritos não precisam que lhes alimentemos, porque não vivem no plano da matéria, mas precisam que lhes forneçamos, por meio de um rito ofertatório, portanto mágico, os elementos específicos que manipularão energeticamente em nosso próprio benefício, suprindo-nos de um padrão energético etéreo com as mais variadas finalidades, a maioria delas desconhecidas por nós.

Comidas, bebidas, flores, frutas, sementes, doces, pós, etc., são manipulados por meio da alquimia espiritual, realizando a limpeza e purificação do nosso corpo energético ou espiritual, regenerando-o e devolvendo-lhe o equilíbrio e o bem-estar, a saúde e a vitalidade, removendo de dentro dele as sobrecargas energéticas negativas, os miasmas e as larvas astrais, a maioria delas atraídas e internalizadas por nós devido nossas quedas vibracionais ou pela baixa qualidade dos nossos pensamentos e sentimentos íntimos, a maioria prejudiciais ao nosso corpo e ao nosso espírito.

Só ser a favor ou ser contra as práticas ofertatórias sem conhecer os fundamentos energéticos existentes por trás delas não é recomendável.

Para ser a favor é preciso conhecer seus fundamentos porque, aí sim, quando for fazer alguma delas, o fará com respeito, zelo e concentração, obtendo um benefício ainda maior.

E ser contra, só porque Deus, Suas Divindades e os Espíritos iluminados não precisam comer, é abdicar de um poderosíssimo recurso magístico, que é o que toda ação ofertatória é!

Concordar porque acredita que só dando algumas flores, frutas, bebidas ou outros elementos "comprará" os favores de Deus, de uma Divindade ou de um Espírito Iluminado e que será ajudado por causa dessa troca, extremamente favorável aos necessitados de auxílio, é burrice, porque eles não são corruptos como muitos seres encarnados são, porque estes só fazem algo para alguém se receberem algo em troca.

Colocar um ato ofertatório dessa maneira para as pessoas é proceder como os "médiuns" que só ajudam seus semelhastes se forem bem remunerados. E como os há!

Mas, discordar desse recurso, inspirado por Deus e por todas as Suas Divindades e recomendados pelos Espíritos no decorrer dos tempos por meio das religiões é ignorar os fundamentos existentes por trás de cada ato ofertatório.

E, ser contra por não saber como as Forças da Natureza e os Poderes Divinos atuam em nosso benefício manipulando as energias elementares, tal como os médicos ou farmacêuticos manipulam os remédios que curam nossas doenças físicas, é privar-se de um recurso que às vezes é o único que resolverá uma dificuldade.

Para ser a favor ou contra algo ou alguma prática mágica, antes é preciso conhecer seus fundamentos, pois quem não os conhece não está apto a posicionar-se ou a emitir juízos, justamente porque os desconhece.

E, falar por falar é pura "achologia", que até pode servir para conversas fiadas, mas não serve para nada e ainda presta um desserviço, porque confunde quem não tem uma posição, mas acaba sendo influenciado por juízos sem fundamentações corretas.

Não saber que esse nosso corpo plasmático ou energético é todo constituído por energias elementares em diversos padrões vibracionais, que pode ser afetado de diversas formas, a mais comum é por nós mesmos, e que, por meio de uma oferenda elementar, ele pode ser regenerado pelas energias elementares manipuladas pelas forças da natureza ou espirituais em nosso benefício quando as oferendamos em seus campos vibratórios na natureza é aceitável, porque só uns poucos conhecem seus fundamentos.

Mas só porque desconhece isso é contra o trabalho realizado por meio delas por muitos milhares de Guias Espirituais que têm dedicado suas vidas a socorrer as pessoas, suprindo-lhes muitas vezes com curas que nem a medicina consegue explicar e muito menos aceitar, pois provém do trabalho desses abnegados trabalhadores astrais, é ignorância!

Até porque eles nada pedem em troca do auxílio que prestam, mas tão somente pedem que os necessitados lhes forneçam os recursos "magísticos" ou energéticos elementares que precisam para poder ajudá-los.

Que ninguém faça uma oferenda só por fazer, mas que também não fique contra elas se não conhecem seus fundamentos ou seus benefícios.

Firmeza de Forças da Natureza

O ato de firmar uma força na natureza serve ao propósito de fornecer ao médium umbandista um poderoso recurso, sustentador e amparador de suas ações e do seu trabalho mediúnico, desenvolvido com seus Guias espirituais e de suas ações caritativas aos seus semelhantes.

Sabemos que a maioria, se não todos os médiuns umbandistas, entra na Umbanda porque suas mediunidades os cobram e os obrigam a se desenvolverem, aprendendo a incorporar seus Guias espirituais e identificá-los muito bem para, daí em diante, não serem tomados por forças desconhecidas ou fora de controle, e para poderem auxiliar seus semelhantes nos centros onde estão filiados.

Com o tempo, os médiuns vão conhecendo seus Guias espirituais e, por recomendação deles ou dos Guias de outros médiuns mais velhos na casa, vão fazendo de vez em quando determinadas oferendas em pontos específicos da natureza fornecendo-lhes os recursos elementares mais necessários para que possam atuar em benefício dos seus médiuns e de quem eles vierem a ajudar posteriormente.

Também é indicado, além de oferendas de firmezas, aquelas para que os Guias cortem alguma demanda ou descarreguem seus médiuns à medida que vão amadurecendo e trabalhando problemas alheios. Isso é de conhecimento geral e não necessita ser destacado, porque tudo vai acontecendo naturalmente na vida dos médiuns umbandistas à medida que vão amadurecendo dentro da Umbanda.

O que queremos destacar é que o ato de se firmar a força de um Orixá na natureza é tão importante quanto o de assentá-lo, e que deve preceder ao seu assentamento no centro.

E, mesmo que o Orixá não vá ser assentado, ainda assim deve ser firmado na natureza, pois esse ato fornece ao médium, dali em diante, todo um amparo e um apoio que antes ele não tinha, mas que poderá recorrer a ele sempre que precisar, sem ter de ir o tempo todo à natureza, caso precise do auxílio do Orixá para si ou para alguém necessitado de um socorro urgente.

Com o Orixá firmado corretamente no seu ponto de Forças ou seu Santuário na natureza, fica tudo mais fácil para o médium. Observem que estamos nos referindo ao Orixá pessoal ou individual do médium, e não ao Orixá maior, que é universal e coletivo.

• Temos o Orixá Oxalá, universal, e temos o nosso Orixá Oxalá pessoal, que mantém uma correspondência direta com ele.

• Temos o Orixá Ogum, universal, e temos o nosso Orixá Ogum pessoal, que mantém uma correspondência direta com ele.

Como exemplo, citamos um médium que é filho de Ogum (Orixá universal) e que tem Ogum Megê como seu Ogum pessoal. O Ogum universal está para tudo e todos em todos os lugares ao mesmo tempo. Já o Ogum Megê, este tem um campo específico de atuação bem conhecido pelos umbandistas, que são os cemitérios, regidos por Omolu e Obaluaiê.

Logo, Ogum é Universal e Ogum Megê é o aplicador da Lei Maior no campo-santo (os cemitérios regidos por Omolu e Obaluaiê). Então, se o médium é filho de Ogum e seu Ogum pessoal é Ogum Megê, é este que deve ser firmado em seu Ponto de Forças, que é o cemitério.

Assim que o médium do exemplo firmar no cemitério seu Orixá Ogum pessoal, dali em diante passa a ter um amparo permanente dele, porque o ato de firmá-lo lhe dá "atividade", enquanto antes era passivo, estado esse que o impedia de deslocar-se livremente para auxiliar seu médium.

Isso precisa ser do conhecimento de todos os umbandistas para que, estando cientes de como são as coisas com os Orixás, comecem a buscar corretamente as forças que o assistem e comecem a servir-se delas da melhor forma possível, e sem terem de entregar seus Oris aos "fazedores de cabeças", ávidos por novos "clientes" que lhes paguem vultosas somas para fazer pelos médiuns umbandistas o que estes podem fazer por si mesmos, sem gastar nada mais além dos elementos que colocarão em suas firmezas.

Sim, o ato de firmar um Orixá pessoal no seu ponto de forças na natureza deve ser feito pelo próprio médium, porque isso evitará que outra pessoa adquira acesso ou ascendência sobre uma de suas forças. Simplificadamente, é isso que os Guias espirituais já vêm recomendando há muito tempo, quando ordenam aos seus médiuns que levem oferendas para seus Orixás na natureza.

Existe a Firmeza simples, feita apenas para o Orixá, e a Firmeza completa, que envolve outras forças desconhecidas do médium.

A firmeza simples é mais fácil de ser feita, mas também é menos abrangente, porque se limita apenas ao Orixá.

Já a firmeza completa consiste na oferenda ao Orixá, à esquerda e à direita dele, assim como ao Guia espiritual do médium regido por ele.

Exemplo de uma firmeza completa para o Orixá Ogum de um médium:

- Oferenda para o Ogum pessoal;
- Oferenda para a Esquerda do Ogum pessoal;
- Oferenda para a Direita do Ogum pessoal;
- Oferenda para o Caboclo do Ogum pessoal.

As distribuições corretas dessas quatro oferendas formam uma cruz, e o local escolhido deve ter as condições adequadas para que o médium possa fazê-las.

Exemplo:

O ponto central é onde o médium coloca todos os elementos a serem oferendados. Após colocar todos eles no local escolhido, dá sete passos alternados na direção onde firmará o seu Orixá pessoal, ajoelha-se, bate palmas 3 x 3 vezes, saúda o Orixá, cruza o solo à sua frente, bate a cabeça no solo e pede licença para entrar no campo vibratório dele.

A seguir, dá sete passos largos para a frente com o pé direito e, após o sétimo, mais uma vez se ajoelha, torna a cruzar o solo, a bater a cabeça e pede licença para se movimentar e fazer a firmeza.

Obs.: Até fazer toda a oferenda ritual de firmeza do Orixá, o médium pode se deslocar livremente dentro do campo dele. Mas, após concluí-la, deve ajoelhar-se diante dela, encostar a testa no solo (que pode ser coberto com uma toalhinha), ou pode deitar-se (sobre uma toalha ou esteira) e, com a testa encostada no solo, deve dizer estas palavras:

"Meu Orixá 'Ogum pessoal', peço-lhe que firme suas forças aqui no seu ponto de forças na natureza para que, de agora em diante, possa atuar em meu benefício, protegendo-me, amparando-me e me guiando nesta minha caminhada terrena e no meu trabalho espiritual; para que, daqui dessa sua firmeza de suas forças, possa me proteger de todos os ataques espirituais e magísticos que vierem a fazer ou projetar contra mim. Amém!".

A seguir, o médium deve permanecer aproximadamente cinco minutos ajoelhado, com a cabeça curvada para baixo ou deitado, e com a testa encostada no solo, para que o Orixá pessoal proceda a uma limpeza energética e espiritual e crie um campo protetor e uma ligação permanente entre o campo vibratório do médium e o dele, ali firmado, que é para onde as sobrecargas negativas que lhe forem projetadas serão descarregadas.

Depois de cinco minutos, o médium saúda o Orixá; pede licença para se retirar; levanta-se e dá sete passos para trás com o pé direito e, após o último, vira-se de costas para a firmeza e dá outros sete passos alternados até chegar onde estão os elementos das outras forças a serem firmadas.

Pega os elementos da firmeza da Esquerda do Orixá, dá sete passos alternados para o lado esquerdo da firmeza do Orixá; coloca os elementos no solo; ajoelha e cruza o solo; bate palmas (3x3), curva a cabeça para baixo e diz estas palavras:

"Forças da esquerda do meu Orixá, eu as saúdo e peço licença para entrar em vosso campo vibratório na natureza e firmá-las, para que, de agora em diante, passem a me proteger e dar vosso apoio e amparo nos meus trabalhos mediúnicos!".

Após isso ser dito, o médium se levanta, dá sete passos longos com o pé esquerdo e, no sétimo, ajoelha-se; cruza o solo; encosta a testa no solo e diz estas palavras:

"Peço a vossa licença para firmar aqui a oferenda da firmeza de vossas forças, e peço licença para me movimentar livremente dentro do vosso campo até fazê-la".

A seguir, torna a cruzar o solo, levanta-se e vai pegar os elementos para fazer a firmeza. Quando ela estiver pronta, torna a ajoelhar-se, a cruzar o solo, a bater palmas (3 x 3), a saudar e diz estas palavras:

"Forças da esquerda do meu Orixá, peço que firmem aqui vossas forças para que possam me dar o amparo e o auxílio necessários nos meus trabalhos mediúnicos e no meu dia a dia. Amém!".

Depois de dizer essas palavras, o médium permanece de cinco a dez minutos ajoelhado e com a cabeça curvada para baixo. Após esse tempo, cruza o solo, bate palmas (3 x 3) e pede licença para se retirar do campo vibratório; levanta-se e dá sete passos longos para trás com o pé esquerdo.

Após o sétimo passo, ajoelha, cruza o solo, agradece e vira de costas para a oferenda das forças da esquerda do Orixá e dá sete passos alternados até chegar ao local onde estão os elementos das forças da direita dele.

A seguir, pega os elementos das forças da direita do Orixá e dá sete passos alternados na direção do lado direito do Orixá. No sétimo passo, coloca os elementos no solo, ajoelha-se, cruza o solo com a mão direita, bate palmas (3 x3), saúda as forças da direita do Orixá, encosta a testa no solo e lhes pede licença para entrar no campo vibratório delas na natureza.

Em seguida, torna a cruzar o solo, levanta-se e dá sete passos para a frente com o pé direito e, no sétimo, ajoelha-se, cruza o solo, bate palmas (3x3), encosta a testa no solo e diz estas palavras:

"Forças da direita do meu Orixá, eu vos peço licença para firmá-las aqui, para que, de agora em diante, comecem a me amparar e me auxiliar em meus trabalhos mediúnicos".

A seguir, pede licença para se movimentar dentro do campo para firmar a oferenda; cruza o solo, levanta-se e vai pegar os elementos da firmeza. Após fazer a firmeza, o médium torna a ajoelhar-se diante dela, cruza o solo e diz:

"Forças da direita do meu Orixá, eu peço que firmem vossas forças por meio desta minha oferenda de firmeza para que, a partir de agora, comecem a me proteger e me amparar nos meus trabalhos mediúnicos, amém!".

Após isso, o médium deve permanecer de cinco a dez minutos ajoelhado e com a cabeça curvada diante da oferenda. Passado esse tempo, cruza o solo, bate palmas (3 x 3), pede licença para se retirar do campo vibratório das forças da direita do Orixá, levanta-se e dá sete passos longos para trás com o pé direito, voltando ao ponto inicial, onde deixou os elementos das oferendas.

Ajoelha-se na direção da oferenda do seu Orixá, saúda-o, agradece-o e pede licença para se retirar. A seguir, ainda de joelhos, vira-se na direção da oferenda das forças da esquerda do Orixá, saúda-as, agradece e pede licença para se retirar.

Depois, ainda de joelhos, se vira na direção da oferenda das forças da direita do Orixá, saúda-as e agradece e pede licença para se retirar. A seguir, pega os elementos restantes e, de frente para a firmeza do Orixá, dá sete passos contínuos para trás, começando com o pé direito, e, no sétimo, ajoelha-se, saúda o Guia espiritual que é regido pelo Orixá e que o incorpora durante os trabalhos espirituais.

Depois de saudá-lo, faz no local uma oferenda para ele e pede-lhe a bênção, o amparo e a proteção. A seguir, torna a saudá-lo e pede-lhe licença para se retirar.

A seguir, levanta-se, recolhe os restos que sobraram das oferendas (lixo) e dá sete passos para trás com o pé direito, vira-se e vai embora para casa, que está com o seu Orixá e as Forças dele firmadas na natureza, amparando-o no seu dia a dia e em seus trabalhos espirituais.

OBSERVAÇÕES:

1) A firmeza de um Orixá e de suas forças é muito positiva para quem a fizer, porque depois de feita corretamente ela tanto traz **força e firmeza de cabeça para o médium** quanto facilita seus trabalhos na força do Orixá firmado.

2) Durante a firmeza de um Orixá, o médium pode (e deve) consagrar seu Otá (pedra de força ou de axé), assim como pode consagrar a ferramenta dele, o seu minério, o seu colar, a sua imagem simbólica, etc., que devem ser colocados dentro do círculo de velas e permanecer 30 minutos recebendo a imantação do Orixá.

3) O médium também pode consagrar algum elemento na firmeza da esquerda e/ou na da direita do Orixá e guardá-los para quando for fazer seus assentamentos ou firmezas dentro do seu centro.

4) Também pode, quando firmar o Guia espiritual regido pelo Orixá, consagrar elementos indicados por ele, que os usará posteriormente em seus trabalhos de atendimento às pessoas, tais como: colar, fitas, cordões, pembas, toalha, ferramenta mágica, etc.

5) O médium precisa se preparar antes de ir à natureza firmar seu Orixá no seu ponto de força e deve firmar uma vela branca de sete dias ao seu Anjo da Guarda e outra para o Orixá a ser firmado.

6) **Essa firmeza pode ser feita apenas para os Orixás de frente e adjunto (ou juntó) do médium (se conhecê-los), ou pode ser feita para todos os 14 Orixás que pontificam as Sete Linhas de Umbanda.**

7) Se optar por firmar os 14 Orixás, o médium deve começar por Oxalá, pelo seu Orixá de frente e o adjunto. Depois, de tempo em tempo, vai firmando todos os outros.

Se firmar os 14 Orixás, o médium poderá trabalhar com todos eles sem que precise ir até seus pontos de forças na natureza, facilitando o auxílio aos necessitados.

O Mistério das Fitas

1. Existem, na criação, irradiações Divinas que se assemelham às fitas à venda no comércio devido a similaridade de largura, e que são usadas em trabalhos de magia.

Ao se falar em Mistério das Sete Fitas Sagradas, referimo-nos a esse tipo de irradiação divina cujas faixas estreitas têm as mais variadas cores, e por trazerem dentro de si vibrações das mais diversas possíveis e por transportarem muitos fatores, quando são direcionadas magisticamente, realizam trabalhos importantíssimos tanto positivos quanto negativos. Essas "Fitas Divinas" são, na verdade, a fusão ou o entrelaçamento de ondas vibratórias que criam aos olhos dos seus observadores a impressão de que estão vendo fitas coloridas.

2. Essas irradiações divinas semelhantes a fitas, por transportarem vibrações desde o plano Divino da Criação até o plano espiritual e por imantação condensarem seus mistérios em fitas feitas de tecido, dão a esses materiais todo um poder magístico. Fitas vêm sendo usadas, na Umbanda, pelos guias espirituais que as cruzam e as amarram nos pulsos das pessoas como proteção ou repelidoras de vibrações negativas, assim como determinam aos seus médiuns que as usem ao redor da cintura ou transversalmente à direita ou à esquerda, sempre como protetores. Mas também as usam para "amarrar" forças negativas fora de controle ou rebeladas visando a contê-las e esgotar seus negativismos. Também costumam pedir que fitas de determinada cor e quantidade (1, 3, 5, 7) sejam colocadas dentro das oferendas, ainda que seus médiuns ou quem for fazer a oferenda, nada saiba ou conheça sobre esse poderosíssimo mistério simbólico da Umbanda.

3. As irradiações Divinas, na forma de fitas, partem de mentais divinos identificados por nós e dentro da Umbanda como Orixás. Portanto, basta fazer uma associação entre as cores dos Orixás e as fitas, que tanto temos o conhecimento de a quem pertencem quanto o que realizam.

4. A posição das fitas colocadas ou amarradas no corpo do médium ou do consulente indicam o tipo de trabalho e qual linha está atuando.

• Fitas colocadas ao redor da cabeça indicam trabalho envolvendo o mental.

• Fitas amarradas a tira-colo ou transversalmente à esquerda indicam trabalhos realizados por forças espirituais da esquerda.

• Fitas amarradas transversalmente e à direita indicam trabalhos realizados pelas forças da direita.

• Fitas penduradas ao redor do pescoço e caídas sobre o peito indicam campos protetores.

• Fitas amarradas na linha da cintura indicam campos de trabalho protetor permanentes.

Portanto, quando os guias espirituais recomendam aos médiuns que usem ou despachem (as fitas), estes devem entender que, por trás de cada cor e cada fita, está um poder divino que é atuante e cujas irradiações, na forma de "fitas", partem desde o plano mais elevado da criação e chegam até o lado espiritual, podendo ser condensado ou irradiado por meio de fitas materiais cruzadas e imantadas pelos Guias espirituais, uma vez que ao falarmos em um mistério das Sete Fitas Sagradas, estamos nos referindo a essas irradiações que são vivas, divinas e capazes de realizar poderosíssimos trabalhos de magia.

5. Continuando com o que existe por trás de alguns elementos usados pelos Guias espirituais da Umbanda, podemos fundamentá-los nos poderes desta forma:

• Existem irradiações divinas finíssimas e análogas a linhas. Essas irradiações penetram o mental das pessoas e alimentam suas faculdades e/ou dons mediúnicos, portanto, ao falarmos em Sete Linhas de Umbanda, estamos nos referindo a essas irradiações divinas provenientes diretamente dos mentais dos Orixás para os dos médiuns. Assim como fazer trabalho com o uso de linhas coloridas é trabalhar com esse mistério divino.

6. Os cordões usados pelos guias, sejam eles feitos de fios enrolados ou trançados ou enfeixados com uma linha, também são reproduções de irradiações divinas provenientes dos mentais divinos que, por serem feixes de ondas vibratórias transportadoras e irradiadoras de fatores, e por serem vivas e realizadoras, então esses cordões usados pelos Guias, e que são simbolizados por laços, chicotes, cipós e por cordões propriamente ditos, assim que são cruzados e imantados por eles, adquirem poderes magísticos.

Portanto, todos esses elementos adquiridos e outros aqui não citados não são adereços folclóricos e muito menos enfeites, porque são reproduções simbólicas de irradiações divinas provenientes dos mentais divinos que fundamentam seus usos pelos Guias espirituais da Umbanda.

Vamos citar alguns mistérios manipulados pelos Guias, cujos fundamentos encontram-se nas irradiações divinas:

1. Mistério das Sete Fitas Sagradas
2. Mistério das Sete Faixas Sagradas
3. Mistério das Sete Estolas Sagradas
4. Mistério das Sete Toalhas Sagradas
5. Mistério dos Sete Cordões Sagrados
6. Mistério dos Sete Laços Sagrados
7. Mistério das Sete Linhas Sagradas
8. Mistério dos Sete Cipós Sagrados
9. Mistério das Sete Correntes Sagradas
10. Mistério dos Sete Nós Sagrados

NOTA EXPLICATIVA:

Os Sete Nós Sagrados referem-se aos polos magnéticos onde as ondas vibratórias se entrelaçam amarrando-se nos mais diversos tipos de nós, criando polos eletromagnéticos recebedores de irradiações e redirecionadores delas.

Ação Divina e Ação Espiritual

Devido às nossas limitações físicas, impostas pela nossa condição de espíritos encarnados e porque fomos condicionados desde o nosso nascimento a só agirmos e reagirmos de forma limitada, não exploramos corretamente os poderes divinos dos Orixás, limitando-os também em suas ações em nosso benefício ou no dos nossos semelhantes.

Um Orixá é um mistério divino em si mesmo, ilimitado e capaz de atuar tanto em nível microcósmico quanto macrocósmico, ou desde o micro até o macrocosmos, porque cada um deles é um Poder Divino exteriorizado pelo Criador Olorum na forma de uma "divindade".

E, porque fomos condicionados a somente agirmos a partir do nosso limitado poder espiritual ou pessoal, temos dificuldade para compreender a ilimitação do Poder Divino e acabamos condicionando-o a atuar dentro dos nossos limites, perdendo a oportunidade de realizarmos ações magníficas a cada vez que invocamos um Orixá e solicitamos o seu auxílio Divino.

O Poder Divino de um Orixá, desde que seja colocado em ação, é capaz de, a partir de uma pessoa, expandir-se ao infinito alcançando tudo e todos ligados a ela, e é capaz de neutralizar o negativismo desde "tudo e todos", transmutando-os a partir do íntimo deles, ou "de dentro para fora", pois é dessa forma que os Poderes Divinos denominados Orixás atuam: sempre de dentro para fora, seja dos seres ou da Criação!

O conhecimento geral sobre os Orixás está limitado ao nível terra das coisas, e isso limita nosso trabalho religioso ou mágico com seus poderes, já que não temos, ainda, grandes "pensadores" que os interpretem e os ensinem a partir de uma visão e um nível de entendimento Divinos.

O que vemos nos livros que abordam os Orixás é uma visão e uma interpretação humanas e terrenas deles, com muitos lhes atribuindo hábitos e posturas comuns aos espíritos, tirando deles as suas "divindades" e rebaixando-os à condição de seres humanos dotados de poderes excepcionais, mas não divinos. São descritos como "heróis místicos", capazes de realizar ações sobrenaturais.

A dificuldade de pensar o poder de um Orixá de forma divina reside no fato de confundirmos duas coisas distintas, mas que, aos desavisados, parecem ser a mesma: poder e força!

• O poder é algo inerente a Deus e às suas divindades que, sem dispenderem força alguma, realizam suas ações a partir de si mesmas.

• A força é algo inerente aos espíritos que, para realizarem uma ação, dispendem tempo e energia de si mesmos, podendo se exaurir se a ação for prolongada ou intensa, exigindo-lhes que, após concluí-las, descansem para se energizarem.

• O poder é algo permanente e ilimitado.
• A força é algo transitório e limitado.
• Um Orixá é um poder, um espírito é uma força.
• Os Orixás cultuados na Umbanda são "poderes divinos ilimitados" e os Guias espirituais cultuados nela são "forças espirituais" limitadas ao "poder mental" já desenvolvido por cada um deles, mas sujeitos ao esgotamento se forem solicitados além de seus limites ou forças individuais.

Devido à falta de uma compreensão correta à diferença entre "poder e força", muitos umbandistas se apegam aos seus Guias espirituais como se eles fossem divindades e deixam de se dirigir aos Orixás, porque acreditam que ocupam o mesmo nível na Criação e têm os mesmos poderes.

Aqui, não estamos negando aos Guias espirituais altamente evoluídos o grande poder mental e a grande força já desenvolvida por eles, e sim estamos estabelecendo uma diferenciação entre o poder e a força, entre as divindades e os espíritos.

Estamos estabelecendo a diferença que existe entre o poder e a força, entre um Orixá, que é um poder, e um espírito, que é uma força.

• Ogum, na Umbanda, é um poder divino.
• Um Caboclo de Ogum é uma força da Umbanda.

Com isso compreendido, então podemos alcançar um entendimento elevado sobre os Orixás, que são limitados a um pequeno número, e os espíritos, que são em grande número.

• Ogum, o poder ordenador da criação é um só.
• Os Caboclos de Ogum espalhados pela Criação contam-se aos milhões.

- Ogum é a Lei Divina em ação.
- Os Caboclos de Ogum são espíritos aplicadores da Lei.
- Ogum é poder, os seus Caboclos são suas forças espirituais.
- Ogum é a Lei Divina, os seus Caboclos são agentes dela.
- Ogum é o poder ilimitado, os seus Caboclos são aplicadores do seu poder sobre os espíritos desequilibrados.
- Ogum atua sobre toda a Criação ao mesmo tempo, enquanto um Caboclo de Ogum somente atua sobre alguns espíritos.
- Ogum não sofre limitações porque é em si mesmo a Lei Divina.
- Um Caboclo de Ogum é limitado em suas ações pelos limites impostos a todos pela Lei, que impõe limites a todos os espíritos, inclusive aos que a aplicam na vida dos outros.
- Ogum determina o que se pode e o que não se pode fazer.
- Um Caboclo de Ogum só faz o que a Lei lhe faculta, porque também é limitado por ela.
- O poder é ilimitado, inesgotável, permanente e atemporal.
- A força é limitada, esgotável, transitória e temporal.
- O poder foi, é e sempre será algo em si mesmo.
- A força antes não existia, desenvolveu-se e poderá esgotar-se mais adiante ou sofrer alterações.
- Os Orixás são, em si, poderes divinos eternos, imutáveis e atemporais.

Os espíritos são, em si, forças mentais em constante evolução, ora evoluindo sob a irradiação de um, ora sob a de outro Orixá.

Olorum, os Orixás e Nós, os Espíritos

Muitas pessoas têm dificuldade em estabelecer uma linha direta entre o Divino Criador Olorum e os Sagrados Orixás e entre estes e nós, os espíritos humanos, criados por Ele e amparados pelas suas divindades-mistérios aos quais denominamos por nossos pais e mães Orixás.

É aceito por todas as religiões que somente há um Deus, conceito esse também presente na Umbanda como um dogma, uma vez que os Orixás são interpretados, corretamente, como divindades governadoras da Criação de Olorum, Ele sim o Divino Criador de tudo e de todos, inclusive dos Orixás.

Devemos entender Olorum como o Todo, e cada um dos Orixás como uma parte desse Todo, que é divino e imensurável e é inapreensível na sua totalidade pela nossa ilimitada mente humana.

Mas, se limitarmos o estudo dos Orixás aos que regem os polos das sete irradiações divinas, as Sete linhas de Umbanda, e a três outros Orixás, Exu, Exu Mirim e Pombagira, tão importantes para a Criação quanto os outros, então tudo assume sentido e, ordenadamente, estabelecemos uma linha direta desde Olorum até nós, tornando o Todo Olorum e suas partes, os Orixás, partes indissociadas de nós, seus filhos humanos.

O fato é que Olorum está por inteiro em cada um de nós e podemos identificá-Lo por meio dos nossos sete sentidos, encontrando-O em nossa fé e religiosidade; em nosso amor e na renovação contínua de nossas vidas; no nosso aprendizado contínuo e na capacidade de raciocinarmos a partir da sapiência que se estabelece em nosso íntimo quando evoluímos a partir de nós mesmos; no nosso equilíbrio e na nossa disposição; no nosso caráter e senso de direção; na nossa maturidade e aperfeiçoamento consciencial; de nossa criatividade e estabilidade íntimas.

Todos esses atributos ou faculdades do espírito humano, nós os herdamos daquele que nos gerou e nos exteriorizou para que os desenvolvêssemos em nós e que, após estarem plenamente desenvolvidos, nos tornam manifestadores humanos do nosso Criador.

Quanto aos Orixás, a importância deles em nossa vida está no fato de que são os amparadores divinos do desenvolvimento em nós desses caracteres divinos, herdados Dele, mas em estado potencial e que precisam ser desenvolvidos por nós a partir de nós mesmos.

Os sagrados Orixás também estão em nós por meio desses caracteres divinos herdados do nosso Divino Criador Olorum, porque cada um deles rege um dos sentidos da vida e vem nos amparando desde nossa exteriorização por Ele.

À medida que temos evoluído e tomado consciência do todo imensurável à nossa volta, temos sido amparados pelos Orixás, sempre nos auxiliando na retificação de rumos que tomamos, mas que se mostram difíceis de serem trilhados apenas por nós mesmos, uma vez que ainda nos falta a capacidade mental de apreendermos o Todo a partir de suas partes, que somos nós mesmos.

Os Orixás e as Formas de Cultuá-los

Os Orixás são poderes divinos que já vêm sendo cultuados na face da Terra há vários milênios, sem que se saiba com exatidão quando o culto a eles começou. O que sabemos é que eles estão espalhados pelo mundo todo e a cada dia o número de novos adoradores cresce sem parar, ainda que, na Nigéria, onde começaram os seus cultos, o colonialismo e posteriormente outras religiões avançaram muito e enfraqueceram o antigo culto a eles.

Mas, se lá houve uma diminuição de adoradores, aqui no Brasil as religiões que têm neles as divindades cultuadas crescem continuamente, e por isso mesmo temos o dever de esclarecer para esse imenso número de adoradores as várias formas de cultuá-los e de se beneficiarem dos seus poderes divinos, porque muitos acreditam ou foram levados a crer que só por meio de um agente intermediário encarnado serão amparados e auxiliados por seus poderes divinos.

Sim, muitas pessoas, por interesses os mais diversos, vêm se colocando como intermediárias entre eles e seus adoradores, fazendo dessa pregação uma forma de dominarem seus semelhantes necessitados de auxílio.

O fato é que, devido ao crescimento contínuo do número de seguidores, muitos precisam ser orientados sobre as várias formas de serem cultuados para que possam escolher aquela que melhor lhe agradar, livrando-se da dependência dos intermediários, muitos dos quais cobrando caríssimo por suas assistências religiosas aos necessitados.

Bem, vamos às formas de cultuá-los, pois isso é o que nos interessa, e não a discussão sobre o preço a ser pago pelos seus seguidores.

Formas de cultuá-los:
1 – **Culto divino;**
2 – **Culto natural;**
3 – **Culto espiritual;**
4 – **Culto mágico;**
5 – **Culto pessoal.**

O culto divino:

O culto divino consiste no ato de o adorador dos Orixás se dirigir diretamente a todos ou a um deles de sua preferência e, por meio de orações e clamores pessoais de auxílio, entrar em sintonia mental com ele e começar a ser ajudado na solução de alguma dificuldade.

O culto natural:

O culto natural consiste na adoração e louvor aos Orixás na Natureza, em seus pontos de forças ou santuários naturais, onde respondem aos que ali se dirigem e a eles confiam a solução de suas dificuldades.

O culto espiritual:

O culto espiritual consiste na ida de uma pessoa a um centro de Umbanda, onde baixam espíritos Guias ou Guias espirituais agregados às hierarquias ou correntes de espíritos socorristas regidos por eles.

O culto mágico:

O culto mágico consiste no ato de se realizar um ato mágico na força de um ou de vários Orixás, ato esse que pode ser feito em locais específicos ou determinado por quem recomendou que fosse feito.

O culto pessoal:

O culto pessoal consiste no ato de uma pessoa adotar um Orixá como divindade de sua fé e, daí em diante, passar a cultuá-lo diariamente e a ele recorrer sempre que se sentir necessitado do auxílio divino dele, o Orixá da sua fé!

Orixá Ancestral, de Frente e Adjunto

Uma dúvida dos umbandistas é sobre seu Orixá. Nós sabemos que Orixá ancestral não é o mesmo que Orixá de frente ou adjunto. O Orixá ancestral está ligado à nossa ancestralidade e é aquele que nos recepcionou assim que, gerados por Deus, fomos atraídos pelo seu magnetismo divino.

Todos somos gerados por Deus e somos fatorados por uma de suas divindades, que nos magnetiza em sua onda fatoradora e nos distingue com sua qualidade divina.

Uns são distinguidos com a qualidade congregadora e são fatorados pelo Trono da Fé. E, se forem machos, é o Orixá Oxalá que assume a condição de seu Orixá ancestral. Mas, se for fêmea, aí é a Orixá Logunan que assume suas ancestralidades.

Uns são distinguidos com a qualidade agregadora e são fatorados pelo Trono do Amor. E, se forem machos, é o Orixá Oxumaré que assume a condição de seu Orixá ancestral. Mas, se forem fêmeas, aí é a Orixá Oxum que assume suas ancestralidades.

Uns são distinguidos com a qualidade expansora e são fatorados pelo Trono do Conhecimento. E, se forem machos, é o Orixá Oxóssi que assume a condição de seu Orixá ancestral. Mas, se forem fêmeas, aí é a Orixá Obá que assume suas ancestralidades.

Uns são distinguidos com a qualidade equilibradora e são fatorados pelo Trono da Razão. E, se forem machos, é o Orixá Xangô que assume suas ancestralidades. Mas, se forem fêmeas, aí é a Orixá Oroiná que assume suas ancestralidades.

Uns são distinguidos com a qualidade ordenadora e são fatorados pelo Trono da Lei. E, se forem machos, é o Orixá Ogum que assume suas ancestralidades. Mas, se forem fêmeas, aí é a Orixá Iansã que assume suas ancestralidades.

Uns são distinguidos com a qualidade evolutiva (transmutadora) e são fatorados pelo Trono da Evolução. E, se forem machos, é o Orixá Obaluaiê que assume suas ancestralidades. Mas, se forem fêmeas, aí é a Orixá Nanã que assume suas ancestralidades.

Uns são distinguidos com a qualidade geradora e são fatorados pelo Trono da Geração. E, se forem machos, é o Orixá Omolu que assume suas ancestralidades. Mas, se forem fêmeas, aí é a Orixá Iemanjá que assume suas ancestralidades.

Observem que não estamos nos referindo ao espírito que "encarnou" no plano material, e sim ao ser que acabou de ser gerado por Deus e foi atraído pelo magnetismo de uma de suas divindades, que, por serem unigênitas (únicas geradas), transmitem naturalmente a qualidade que são em si mesma aos seus "herdeiros", aos quais imantam com seus magnetismos divinos e dão aos seres uma ancestralidade, imutável, pois é divina, e jamais ela deixará de guiá-los, porque a natureza íntima de cada um será formada na qualidade que o distinguiu, fatorando-o.

Alguém pode reencarnar mil vezes, e sob as mais diversas irradiações, que nunca mudará sua natureza íntima. Agora, a cada encarnação, ele será regido por um Orixá de frente (o que o guiará enquanto viver na carne) e será equilibrado por outro Orixá que será o auxiliar (o adjunto) desse Orixá de frente ou da "cabeça". Usamos o termo "Orixá da cabeça" porque ele regerá a encarnação do ser e o influenciará o tempo todo, pois está de "frente" para ele. Sim, o Orixá da cabeça está à nossa frente, atraindo-nos mentalmente para seu campo de ação e para o seu mistério, ao qual absorveremos e desenvolveremos algumas faculdades regidas por ele. Já o Orixá adjunto, este é um equilibrador do ser e atuará por meio do seu emocional, ora estimulando-o, ora apassivando-o, pois só assim o ser não se descaracterizará e se tornará irreconhecível dentro do seu grupo familiar ou tronco hereditário, regido pelo seu Orixá ancestral.

Nós dizemos isto: na ancestralidade, todo ser macho é filho de um Orixá masculino e todo ser fêmea é filha de um Orixá feminino. Na ancestralidade, o Orixá masculino apenas fatora seres machos e os magnetiza com sua qualidade, fatorando-os de forma tão marcante que o Orixá feminino que o secunda na fatoração apenas participa como apassivadora de sua natureza masculina. E o inverso acontece com os seres fêmeas, em que o Orixá masculino apenas participa como apassivador dessa sua natureza feminina.

Portanto, no universo da ancestralidade dos seres machos, têm sete Orixás masculinos, e na dos seres fêmeas, têm sete Orixás femininos. Têm sete naturezas masculinas e sete naturezas femininas, tão marcantes que é impossível ao bom observador não vê-las nas pessoas.

Saibam que, mesmo que o Orixá da cabeça ou de frente seja, digamos, a Orixá Iansã, ainda assim, por trás dessa regência, poderemos identificar a ancestralidade se observarem bem o olhar, as feições, os traços, os gestos a postura, etc., pois esses sinais são oriundos da natureza íntima do ser, apassivada pela regência da encarnação, mas não anulada por ela. E o mesmo se aplica ao Orixá adjunto, pois podemos identificá-lo nos gestos e nas iniciativas das pessoas, já que é por meio do emocional que ele atua.

Outra forma de identificação é por meio do Guia de frente e do Exu Guardião dos médiuns. Mas essa identificação exige um profundo conhecimento do simbolismo dos nomes usados por eles para se identificarem. E também nem sempre o Guia de frente ou o Exu Guardião se mostram, pois preferem deixar isso para o Guia e o Exu de trabalho.

Saber interpretar corretamente o simbolismo é fundamental, certo? Então, que todos entendam isto:

• Orixá ancestral é aquele que magnetizou o ser assim que ele foi gerado por Deus, e o distinguiu com sua qualidade original e natureza íntima, imutáveis e eternas.

• Orixá de frente é aquele que rege a atual encarnação do ser e o conduz em uma direção na qual o ser absorverá sua qualidade e a incorporará às suas faculdades, abrindo-lhes novos campos de atuação e crescimento interno.

• Orixá ajunto é aquele que forma par com o Orixá de frente, apassivando ou estimulando o ser, sempre visando ao seu equilíbrio íntimo e crescimento interno permanente.

Por isso, também, é que muitos encontram em si qualidades de vários Orixás. A cada encarnação há a troca de regência da encarnação. E, nessa troca, os seres vão evoluindo e desenvolvendo faculdades relativas a todos os Orixás.

Afinal, se somos "humanos", absorvemos energias e irradiações, magnetismo e vibrações de todos eles, certo?

Os Triângulos de Forças dos Orixás

Muito se fala sobre os triângulos de forças dos sagrados Orixás, mas poucos sabem explicá-los corretamente, sendo que muitas vezes as explicações confundem ainda mais esse fundamento deles. O fato é que cada um deles possui seu triângulo de forças, cujas aberturas dos vértices indicam suas regências, assim como cada vértice possui sua polaridade.

O triângulo padrão ou geral é o de 60 graus em cada ângulo, denominado triângulo equilátero, cuja regência pertence ao Orixá Oxalá. Esse triângulo é o mais usado pelos umbandistas ou pelos Guias espirituais em seus pontos riscados, devido à facilidade em fazê-lo, sendo que o diferenciador para indicar sua regência é a vela ou algum outro elemento que indica o Orixá que o rege.

Outra forma de se indicar a regência de um triângulo é inserir dentro dele ou em seu vértice superior algum signo indicador de quem é seu regente.

Outra forma é riscá-lo com uma pemba ou giz com a cor que indica quem é o Orixá que o rege.

Outra forma é fazê-lo com um elemento que mais caracteriza o seu Orixá regente.

Outra forma de se indicar a regência de um triângulo é colocar em seu centro um elemento caracterizador do Orixá que a está regendo.

Existem outras formas de diferenciar suas regências, mas são mais difíceis de ser identificadas ou feitas. Por isso, aqui não as descreveremos.

Para fundamentar muito bem esse mistério simbólico da Umbanda temos de colocar abaixo uma série de informações sobre abertura de ângulos, cores e elementos dos Orixás, para só então prosseguirmos com sua fundamentação.

ABERTURAS DE VÉRTICES, CORES E ELEMENTOS DOS ORIXÁS:

Oxalá: 60°	Cor: Branca.	Elemento: Quartzo branco.
Logunan: 180°	Cor: Azul-escuro e fumê.	Elemento: Quartzo fumê, Olho de Tigre.
Oxum: 10,9°	Cor: Rosa	Elemento: Ametista, Cobre.
Oxumaré: 5°	Cor: Azul-celeste.	Elemento: Opala.
Oxóssi: 40°	Cor: Verde.	Elemento: Vegetais.
Obá: 36°	Cor: Magenta.	Elemento: Vermelha.
Xangô: 90°	Cor Vermelha.	Elemento: Fogo, Pirita, Jaspe.
Oroiná: 15°	Cor: Laranja.	Elemento Fogo, Ágata de Fogo.
Ogum: 45°	Cor: Azul-marinho.	Elemento: Vermelha, Ferro, Granada.
Iansã: 17.14°	Cor: Amarela.	Elemento: Metal, Citrino.
Obaluaiê: 30°	Cor: Violeta, branca.	Elemento: Turmalina melancia.
Nanã: 120°	Cor: Lilás, branca.	Elemento: Água, Prata.
Iemanjá: 57.42°	Cor: Azul-claro.	Elemento: Água salgada.
Omolu: 27.69°	Cor: Roxa.	Elemento: Terra, Turmalina preta.
Exu: Todos.	Cor: Preta, preta e vermelha.	Elemento: Chumbo, Obsidiana.
Pombagira: Todos.	Cor: Vermelha.	Elemento: Rosas vermelhas.
Exu Mirim: Todos.	Cor: Preta e vermelha.	Elemento: ————

Com essas informações já é possível continuar com os comentários sobre os triângulos dos Orixás, ainda que suas cores não sejam só essas e seus elementos sejam tantos que é melhor nos limitarmos só a um ou dois, senão nos estenderemos demais e esse não é o nosso propósito.

Como os diferenciadores servem para identificação dos triângulos, pois é impossível riscar à mão livre o de um Orixá com sua exata abertura de vértice, então podemos riscá-los livremente que os outros diferenciadores identificarão suas regências.

Também é preciso saber que todo Orixá é um poder tripolarizado, ou seja: Neutro, Positivo e Negativo, magneticamente falando, certo?

Não vamos dar a esses termos outros significados senão criaremos mais uma confusão desnecessária para o entendimento deles.

Magneticamente, o neutro significa que cada Orixá ocupa um ponto ou posição só dele, não ocupado por mais nenhum outro; o positivo significa que ele irradia-se de si mesmo; o negativo significa que ele atrai por si só.

Outras interpretações são possíveis, certo?

Então, com isso entendido, para não criarmos confusão na mente de ninguém, temos de identificar e estabelecer os polos magnéticos dos triângulos dos Orixás, para podermos nos servir dos seus poderes corretamente e sermos mais beneficiados quando firmarmos um deles.

Então podemos, usando como identificador dos Orixás as suas cores, riscar com pembas coloridas os seus triângulos sem nos preocuparmos com os graus de abertura deles.

Isso tem facilitado o trabalho com o Mistério dos Triângulos e esse recurso é usado pelos Guias espirituais, que, além desses identificadores aqui descritos, recorrem a outros que nos são desconhecidos.

Também podemos riscar os triângulos com pemba branca e firmar em seus vértices velas com a cor dos Orixás, recurso esse que dispensa o uso de pembas coloridas, mas obriga o uso de velas coloridas.

Temos também à nossa disposição o recurso de se riscar o triângulo de um Orixá com a pemba na sua cor e colocar em seus vértices só velas brancas, isso para os Orixás da direita, certo?

Também podemos riscar o triângulo de um Orixá com a pemba na sua cor e firmar em seus vértices velas com sua cor.

Essas formas acima descritas são facilitadoras do uso mágico dos poderes dos Orixás por meio dos seus triângulos, sem que nos preocupemos com os graus de abertura deles.

Finalmente, temos uma forma mais elaborada de firmar o triângulo de um Orixá, e que é esta: riscamos um triângulo com a pemba branca e colocamos em seus vértices velas com as cores do Orixá.

Trabalho com as Irradiações Divinas dos Orixás e com as Correntes Espirituais Regidas por Eles

Nós sabemos algumas coisas sobre o poder dos Orixás, mas ainda é pouco perto do que eles, enquanto Mistérios Divinos, são capazes de fazer por quem clama por seus auxílios divinos.

O nosso entendimento sobre os Orixás vem sendo passado de geração em geração e sempre alguma coisa é acrescentada e outras subtraídas, fato esse que tem limitado o conhecimento mais profundo sobre eles.

O que tem circulado em nosso meio são qualidades e poderes muito marcantes e fáceis de serem memorizados, sendo que os poderes mais ocultos não têm sido preservados, transmitidos e expandidos, dificultando a criação de um formulário amplo sobre cada um dos Orixás já adaptados à Umbanda, porque, dentro do Candomblé, assim como na Nigéria, esses formulários já existem e são mantidos secretos não extravasando para fora da religião.

Um Orixá, por ser uma Divindade Mistério em si mesmo, traz todas as qualidades e poderes existentes na Criação, mas que fluem para tudo e todos por meio de uma frequência vibratória mental específica e só deles.

Exemplo: Oxum. Esse Orixá feminino identificado pelo seu poder agregador, ligador e unidor vem sendo solicitado para atuar em benefício da união e da harmonização entre as pessoas e com o tempo adquiriu uma identidade amparadora dos enlaces matrimoniais, assim como, devido ao seu grande poder amparador da gestação da Vida, assumiu a função de auxiliadora na concepção da gestação e natividade de novos seres.

Mas limitar esse poder denominado Oxum a essas funções, ainda que importantíssimas, é deixar de se servir do seu poder divino que atua em todos os aspectos da Criação e da Vida dos seres.

Nas outras religiões, as divindades cultuadas pelos seus seguidores são envoltas numa aura de respeito, reverência e adoração que as remetem para junto de Deus e as tornam intercessoras dos seus adoradores junto Dele.

Isso é muito positivo, e nós, os umbandistas, temos de proceder dessa forma com os nossos Orixás porque é isto que eles são: poderes indissociáveis do Divino Criador Olorum.

Se nós, os umbandistas, mantivermos o entendimento de que os Orixás são indissociados do Divino Criador Olorum e soubermos nos posicionar de forma correta diante deles ao clamar por seus auxílios divinos, com certeza seremos atendidos e perceberemos suas ações em nossa vida ou na vida de quem vier até nós, sacerdotes dos Orixás, em busca de socorro.

Isto, este entendimento mais amplo e elevadíssimo sobre os Orixás, nos abre um campo imensurável de trabalhos a serem realizados sob seus amparos divinos, permitindo-nos desencadear ações coletivas que podem alcançar milhares de pessoas ao mesmo tempo e atuar especificamente em cada uma delas segundo suas necessidades, pois é isso que fazem as divindades análogas cultuadas em outras religiões ou tal como fazem nossos irmãos cristãos que dirigem seus pensamentos ao mestre Jesus, porque têm nele o filho ungido por Deus para redimir os pecados e conceder o perdão e a salvação àqueles que se sentem desorientados, perdidos e sem um rumo luminoso em suas vidas.

Nós temos em nosso Pai Oxalá uma divindade análoga ao mestre Jesus, mas que já é cultuado muito antes da vinda de Jesus à carne.

Agora, nós nos servimos de todo esse poder redentor de nosso Pai Oxalá?

Não! Não! Não! Nós só temos sido ensinados no decorrer dos tempos que o Orixá Oxalá é maravilhoso, que pode nos ajudar em muitas situações, mas que precisa receber em sua oferenda alguns elementos e comidas para poder nos ajudar, fato esse que tem restringido esse Orixá a uns poucos campos de atuação, fechando para nós, os umbandistas, o seu imensurável poder de realização que vai desde a cura de uma doença até a concessão do perdão a um pecador arrependido, tal como dentro do Cristianismo o mestre Jesus concede a quem se arrepende.

O exercício do sacerdócio umbandista tem de abranger todos os aspectos da vida de um ser e que vai desde sua gestação até seu posterior desencarne e retorno ao plano dos espíritos, sendo que temos de ter à disposição dos arrependidos o perdão de Oxalá para que ele possa ter um desencarne tranquilo e um despertar pacífico no plano espiritual, onde, amparado pelos poderes divinos, mais facilmente reparará seus erros, suas falhas e pecados cometidos durante sua passagem terrena.

Portanto, é dever do sacerdote umbandista desenvolver todo um rito de concessão, de alívio àquele que sofre por causa dos seus pecados, uma vez que tanto o Divino Criador Olorum quanto o Sagrado Orixá Oxalá concedem o perdão a todo aquele verdadeiramente arrependido e abre-lhe uma senda luminosa para que, já conscientizado, não só não repita os mesmos erros como comece a reparar aquele que cometeu.

Essa é uma verdade que vem sendo usada por muitas religiões para ajudarem os seus seguidores a superarem o sofrimento da alma, despertado quando descobrem que os pecados cometidos os atormentam o tempo todo e, desesperados, buscam o perdão, só conseguindo-o realmente quando um sacerdote ungido como tal lhe concede em nome do Criador, o perdão.

Isso é uma verdade e o sacerdote verdadeiramente ungido como tal pode clamar ao Divino Criador Olorum e ao Sagrado Orixá Oxalá que concedam o perdão e o amparo àquele que falhou, pecou ou errou em seus relacionamentos com Deus e com seus semelhantes e, por ser uma verdade, esse ato de remissão dos pecados deve ser exercitado com convicção, pois o alívio àquele que sofre é imediato, uma vez que está verdadeiramente arrependido e disposto a retificar dali em diante sua conduta.

Isso tem sido ensinado e praticado nas religiões mais organizadas e voltadas para o amparo coletivo de muitas pessoas e deve ser adotado pela Umbanda pelos seus sacerdotes, porque é uma verdade incontestável.

Ou alguém duvida que Deus concede o perdão ao que está verdadeiramente arrependido?

É claro que Ele concede e assim tem sido tanto aqui no plano material quanto em todos os outros planos da Vida, e isso é atestado e confirmado até pelos Guias espirituais que, incorporados em seus médiuns, dão seus depoimentos dizendo que estão ali para praticar a caridade, reparar seus erros e conquistar novos graus evolutivos porque Deus lhes concedeu essa oportunidade.

Se até a espiritualidade que trabalha por meio dos seus médiuns na Umbanda reconhece de público que Deus lhes concedeu uma nova oportunidade para reparar seus erros passados e construírem no presente um futuro luminoso, por que nós, sacerdotes umbandistas, duvidaremos da bondade e da misericórdia de nosso Divino Criador?

Isso tem de ser ensinado e disseminado dentro da Umbanda para que essa Verdade seja assumida, incorporada e exercitada pelos sacerdotes umbandistas, dotando a religião de um recurso divino capaz de mudar a vida daquele que recebe o perdão divino, propiciando-lhe, daí em diante, a paz e o alívio necessários para que, redimido, retorne ao convívio luminoso e harmônico com Olorum, com os Orixás e com os seus semelhantes.

Hierarquias Divinas dos Orixás

Em todas as dimensões da vida existentes em nosso planeta, desde as sete dimensões elementares básicas até 77 dimensões naturais, entre estas a dimensão humana é só mais uma, em cada uma existem Orixás regendo-as e regulando a evolução dos seres sob seus amparos.

Dentro desse nosso planeta existem sete dimensões elementares básicas, que são estas: Cristalina, Mineral, Vegetal, Ígnea, Eólica, Telúrica e Aquática.

Nessas sete dimensões básicas já surgem 14 hierarquias de Orixás Elementares, sendo que em cada uma existe um Orixá Elementar masculino e um feminino regendo uma delas e sendo identificados pelo nome do seu elemento formador.

Temos um Orixá elementar masculino e um Orixá feminino do Fogo. Temos um Orixá elementar masculino e um Orixá feminino do Ar, e assim sucessivamente, em todas as outras dimensões elementares básicas e com todos os outros Elementos.

Cada uma delas tem um par de Orixás Elementares regendo-as, e ambos são geradores e irradiadores de magnetismo mental, de energias elementares e de sentimentos relacionados ao elemento que os distingue.

Temos sete pares de Orixás Elementares puros: Orixás Cristalinos, Vegetais, Minerais, Ígneos, Eólicos, Telúricos e Aquáticos.

Esses 14 Orixás masculinos e femininos são associados aos elementos que geram e irradiam o tempo todo e possuem dentro de suas dimensões suas hierarquias, formadas por seres de natureza divina.

Elas são muito grandes, porque essas dimensões elementares são infinitas em si mesmo e não se sabe onde é o início e o fim de cada uma delas. A criação divina é tão colossal porque essas dimensões elementares são de uma grandeza que não podemos imaginar.

A Criação Divina é tão magnífica que cada uma dessas dimensões se assemelha a um plano infinito.

Dentro de uma mesma dimensão existem as faixas vibratórias com suas hierarquias, que são gigantescas e, se é uma Dimensão do Amor, todos os seres que vivem dentro dela vibram e geram sentimentos de amor.

Os Seres de natureza divina que formam essas hierarquias também são identificados como Orixás Elementares e eles estão presentes em todos os lugares, dentro de Reinos e Domínios Elementares.

Muitos dos Guias de Lei da Umbanda são ligados a esses Orixás Regentes ou Guardiões de Reinos e Domínios Elementares puros.

Muitos dos Guias de Lei da Umbanda não são espíritos comuns, e sim são espíritos de alto grau evolutivo, que tanto pode se apresentar como Caboclo, como Preto-Velho, etc.

Eles são reequilibradores do Lado Espiritual e são dotados de grande poder e andam armados com armas que dão origem a alguns nomes simbólicos dos seus Regentes Divinos, como por exemplo Ogum Sete Espadas.

São Guias que não falam muito durante as consultas feitas com eles e que logo mandam a pessoa que está se consultando embora, porque já tiraram tudo de ruim que estava com ela, e isso sem que ela percebesse.

Quando os Orixás Elementares são ativados para nos favorecer, eles nos inundam de uma energia muito realizadora e poderosa, porque alcança o nosso primeiro corpo, que é o corpo elementar básico.

Essas sete hierarquias de Orixás Elementares são associadas aos elementos formadores da Natureza terrestre e estão na base planetária das Sete Linhas de Umbanda Sagrada.

Devemos oferendar os Orixás Elementares da água na beira do mar, do rio, dos lagos, das cachoeiras, etc.

Nós podemos e devemos evocar esses Orixás Elementares puros em seus próprios elementos, porque eles são altamente curadores, eles são energia pura.

Para evocar o Orixá Elementar do Fogo, deve-se acender uma fogueira, porque é a partir das suas chamas que ele cria um portal para ajudar quem precisou invocá-lo.

Por meio do portal aberto nas chamas da fogueira, ficamos de frente para o Orixá e ele nos ajuda se formos merecedores de sua ajuda. Mas, se não formos, aí o portal poderá se fechar, porque eles só atendem a causas justas.

Magia Elementar é diferente de simpatia. Na magia você invoca os Orixás em seus próprios elementos!

Na água se invoca os Orixás da Água (se dentro da água, muito melhor!). Na terra se invoca os Orixás da Terra. E assim com todos os outros Orixás.

Quando alguém tiver assentado Orixás Elementares em seu Templo, torna-o impenetrável às investidas dos Senhores da Sombra.

De todas as classes de Orixás, os Elementares são os mais generosos e os mais temidos, pois tanto energizam os espíritos bons como desenergizam de forma fulminante os ruins e os maldosos.

Caboclos e Caboclas assentados junto desses Orixás elementares costumam ser "demandadores ou curadores" ou ambos ao mesmo tempo. E são muito bons nisso!

Existem, dentro do ritual de Umbanda Sagrada, linhas de Caboclos (as) Cristalinos, Caboclos (as) Minerais, Caboclos (as) Vegetais, Caboclos (as) do Fogo, Caboclos (as) do Ar, Caboclos (as) da Terra, Caboclos (as) da Água.

Entre essas últimas, encontra-se uma classe de Caboclas elementares conhecidas como as Sereias. Elas têm poderes para higienizar um ambiente. É muito forte a capacidade de limpeza fluídica delas. Elas atuam nesse elemento com muita facilidade, irradiando diretamente para nosso corpo elementar básico suas energias fluídicas, limpando-nos e energizando-nos.

Orixás Regentes

➢ Unidimensionais: São regentes de apenas uma dimensão.
➢ Multidimensionais: São os regentes planetários; eles atuam em todas as dimensões existentes neste nosso planeta.
➢ Poucas religiões falam em seres que incorporam, em seres dotados de luz, que atuam com o poder divino entre nós. Eles se limitam ao universo espiritual como se não existisse nada; além disso, de onde vem essas divindades, esses nossos Orixás que incorporam em nós que se manifestam, se a literatura espírita nega a existência dele, ou sequer aborda algo sobre Eles? Nós sabemos que cada religião possui sua faixa vibratória por onde flui tudo de que ela precisa, não querendo dizer que o Espiritismo é incompleto, mas não se fala de seres além de espíritos, ou seja, eles sabem da existência desses seres, assim como sabem da existência dos Caboclos, Pretos-Velhos, Exus, etc. Mas nada é permitido falar a respeito da existência dessas linhas de trabalho que atuam sobre a gente, então é um universo como se não existisse, como se fosse invenção nossa (Umbanda e Candomblé), o universo de Deus é muito maior do que possamos imaginar. Nós temos definidos os nossos Orixás, temos conhecimentos, ciência e prova da existência deles, e fazem parte da nossa evolução e estão presentes em nossas vidas.

A incorporação de espíritos dentro da Umbanda vem por meio de linhas de trabalho, como por exemplo Caboclos, Pretos-Velhos, Crianças, enfim, várias correntes, elas estão atuando dentro da nossa religião.

Dentro dos trabalhos existem seres que não são os Orixás planetários, são Orixás regentes das faixas intermediárias, são as divindades voltadas para a dimensão humana, que são chamados de intermediadores. São mistérios de Deus que têm por missão atrair e acelerar nossa evolução. Nós temos na Umbanda os Orixás intermediadores que regem essas hierarquias espirituais, não existe uma incorporação de Orixá intermediário, pois sua irradiação é tão grande que não suportaríamos, incorporamos sim nossos Guias e Orixás individuais.

De onde vêm esses Orixás que não passaram pela carne? Não são espíritos que transitam de um plano para outro, eles vêm de outra dimensão de vida, onde ali eles recebem uma irradiação direta, o tempo todo, das divindades daquela dimensão, em que esses seres muito especiais têm uma ciência muito grande das coisas, têm consciência de tudo que tem de ser realizado. Eles vêm muito bem direcionados para junto dos médiuns que têm de proteger, enquanto esse médium estiver se conduzindo por linha reta, pois quando o médium tem um desvio de conduta eles são os primeiros a se afastarem, e quando o Guia da direita se afasta, o próprio Guardião se afasta, então começam a subir os que irão cuidar daquele médium, permanecendo ali até ser colocado em linha reta novamente; após todos reassumem seus lugares. À medida que a divindade sobrepõe o mental sobre o ser, por um processo de transição magnética, o ser vai desenvolvendo o seu campo mental, vão se abrindo faculdades que absorverão o conhecimento da própria divindade que o rege, só com magnetismo, aumentando seu poder mental, chegando a ficar tão grande que vai construindo domínios espirituais.

Quando nosso Guia incorpora em nós e o mental dele é muito mais poderoso, sobrepõe-se ao nosso e aos poucos nosso mental se expande, é a melhor forma de aprendizado para o médium. Todo médium tem essa expansão mental em função da própria abertura da faculdade que a incorporação do Guia proporciona a ele, e muitas vezes a gente se depara com alguma coisa e tem a impressão de que aquilo não é estranho. Isso acontece com o médium que trabalha muito com um determinado Guia, e seu código magnético passa de magnetismo para magnetismo, como de uma fita para outra.

O nosso mental é uma combinação de ligações que cria para cada ser um magnetismo mental só dele, não existem dois exatamente iguais, cada um se irradia em um comprimento de onda, e para entender melhor, é só entrar naquele comprimento de onda para saber como o outro pensa, sente, etc., tudo está dentro do nosso mental.

As sete dimensões básicas são descritas como:

- Cristalina
- Vegetal
- Mineral
- Ígnea
- Aérea
- Telúrica
- Aquática

Existem quatro elementos básicos: terra, água, fogo e ar. E desses quatro elementos surgiram os outros três: cristal, mineral e vegetal.

O magma existente no centro da Terra gera muitos elementos quando é expelido e se resfria, dando origem às rochas e aos minérios, a gases e outras substâncias, criando todo um campo de estudos, porque cada coisa gerada está associada a um Orixá.

Então, para entendermos o simbolismo de Umbanda e identificarmos os Orixás regentes das dimensões elementares da vida, temos de ter uma base para começar a interpretá-los.

Essência	Orixá	Função
Cristalina	Oxalá	Estruturar os magnetismos sustentados pela fé.
Mineral	Oxum	Energizar as faculdades conceptivas dos seres.
Vegetal	Oxóssi	Estimular o aprendizado dos seres.
Ígnea	Xangô	Equilibrar os seres, colocar cada um no seu devido lugar.
Aérea	Ogum	Estimular a mobilidade dos seres
Terrena	Obaluaiê	Dar amparo à evolução de um estágio para outro.
Aquática	Iemanjá	Estimular a geração de vidas, atua na criatividade.

Assentamento dos Orixás

É muito complexo o estudo dos Orixás dentro da Linha de Umbanda, porque ainda existem muitos deles não revelados.

Depois que publiquei o livro *Código de Umbanda* ouvi uma voz, num momento em que estava sossegado no quintal, perguntando-me se eu estava preocupado com o que falavam de mim. Esse Poder, com uma vibração maravilhosa, me disse então: "Sou EWÁ, e se você quiser, posso passar tudo sobre mim a você, mas será um pouco diferente do que você sabe atualmente".

Eu não quis porque já estava tendo problemas colocando Obá na Umbanda. Estou comentando isso com vocês para que saibam que existem inúmeros Orixás cujos nomes não foram revelados, mas que atuam sobre nós da mesma forma.

Os Orixás têm poderes equivalentes, cada um no seu campo de ação. Portanto, não se elege um Orixá mais forte do que outros. Não existe mais forte ou mais fraco. Não tem Preto-Velho mais forte do que o Caboclo. Não tem Exu mais forte ou mais fraco.

O que sabemos é que as Sete Irradiações Divinas sustentam tudo aquilo que existe. Levei cinco anos para concluir *O Código de Umbanda*. Para que os desenhos, feitos no computador, pudessem ser incluídos foram necessários quatro anos.

Assentamento:

Procedimentos para o assentamento das forças do dirigente de um centro

Procedimentos:

1º – Afirmação dos 14 Orixás na natureza juntamente com a esquerda e a direita dele.

2º – Em cada oferenda de afirmação de um Orixá no seu ponto de forças o médium deve consagrar um Otá e mais algum outro elemento que for intuído para consagrá-lo junto com o Otá (ferramenta do Orixá, que pode ser corrente, colar, pemba, fita, cordão, sementes, etc.).

3º – O Otá do Orixá (pedra) pode ser recolhido na natureza ou pode ser adquirido no comércio de pedras ornamentais, assim como outros elementos pré-fabricados (correntes, fitas).

4º – Todos os elementos consagrados para o Orixá devem ser retirados do círculo consagratório e embrulhados com um tecido na cor do Orixá e guardado até o momento do assentamento.

5º – O médium deve deixar dentro do círculo consagratório por meia hora os elementos de força dos Orixás.

6º – Todo círculo consagratório deve ser feito com sete velas na cor do Orixá, porque cada uma representa uma das Irradiações Divinas, e o solo dentro do círculo deve estar coberto com um pedaço de tecido na cor do Orixá.

7º – O médium deve firmar em primeiro lugar o Orixá; a seguir, deve firmar próximo à esquerda do Orixá, deslocando-se do lugar onde está firmado o Orixá para a esquerda dele.

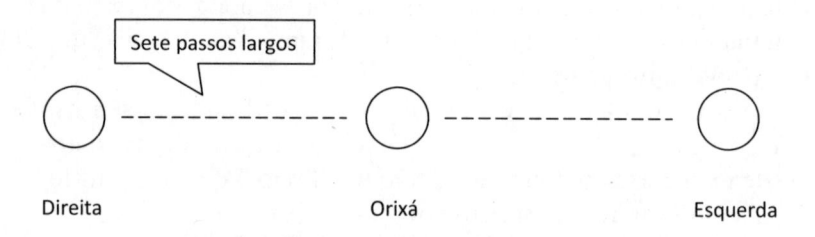

```
          Sete passos largos
    ○ -------------- ○ -------------- ○
  Direita          Orixá           Esquerda
```

8º – Distribuição das firmezas no ponto de forças dos Orixás.

9º – A oferenda de afirmação da esquerda do Orixá deve conter elementos comuns à esquerda já conhecidos pelos médiuns, e a oferenda para a direita do Orixá corresponde à dele havendo mudança em alguns elementos que serão intuídos ao médium pelo seu Guia responsável.

10º – Para aprender a entrar na natureza, recomenda-se a leitura do livro *Formulário de Consagrações Umbandistas*.

Explicações:
Após as Iniciações, é hora de começar a afirmar nossas forças na natureza. Cada firmeza deve ser feita com muito amor, sem pressa, na natureza. Não devemos fazer todas juntas, mas sim reservar um dia para cada Orixá.

Em primeiro lugar, devemos firmar a força do Orixá e depois o da esquerda e da direita (tanto faz a ordem, pode ser primeiro o da esquerda ou primeiro o da direita).

Podemos tomar como exemplo uma firmeza ao Pai Oxalá. O médium faz um círculo de velas brancas, arroz-doce, toalha branca, cristal de quartzo branco. Deve levar a pedra para consagrar o Otá na força do Pai Oxalá (quartzo cristalino) e a mesma, se for adquirida no comércio, deve ser purificada, já que ela passou por muitas mãos, colocando-a por 24 horas em água e sal, iluminando-a com uma vela branca. Se quiser, pode deixá-la no tempo, pegando nas mãos e pedindo ao Pai Oxalá que irradie esse cristal para que possa consagrá-lo nas Suas forças. Faça isso antes do dia da oferenda. No dia, faça tudo com muita calma, coloque a toalha branca e os elementos de Oxalá nela. Coloque a pedra no pano. Peça e, após meia hora, pode retirar o Otá e embrulhá-lo num pano branco e guardá-lo para que não seja tocado por mais ninguém.

Essas "Pedras de Força" serão utilizadas no assentamento ou fundamento do terreiro de quem já tem planos de abrir o seu, porém, para quem não vai abrir centro, o Otá serve para emergências bravas, quando já se tentou de tudo e nada conseguiu, quando o médium sentir que está dentro de um grande problema espiritual. O Otá não deve ser utilizado sempre, mas em emergências bravas. As explicações para se fazer o assentamento do terreiro serão estudadas em outra oportunidade.

Comentários a respeito dos itens de procedimentos 1º e 2º:
Às vezes você pode consagrar sementes que devem ir dentro do assentamento do centro, sempre em obediência ao seu Guia/chefe, porém o médium deve ser cauteloso com "Guias" que pedem elementos estranhos àquele Orixá; desconfie, use sempre a sua consciência para não se tornar dependente total dessa "elementarização".

Muitas pessoas vão querer que você acredite que o que é bom para elas é bom para você. Faça sempre uma filtragem antes.

A melhor maneira de prevenir-se é estudar e usar bom senso em tudo. Não caia em conversas de espíritos mentirosos ou alheios à firmeza e assentamento de um terreiro, muito menos de encarnados que querem lhe passar a "sua verdade", na maioria das vezes sem fundamento algum.

Tenha muito discernimento, porque seus Guias lhe passarão instruções exatas. Por exemplo, podem pedir-lhe uma ferradura para ser colocada num assentamento. Então você deve analisar: ferradura tem o elemento ferro (metal) e, se você conhece o Orixá Ogum, deve saber que ele tem uma onda vibratória que tem este formato:

Essa onda se parece com uma fileira de ferraduras. Com esses símbolos podemos fazer uma poderosa mandala, um símbolo poderoso de Ogum para cortar demandas, mais ou menos como este aqui embaixo:

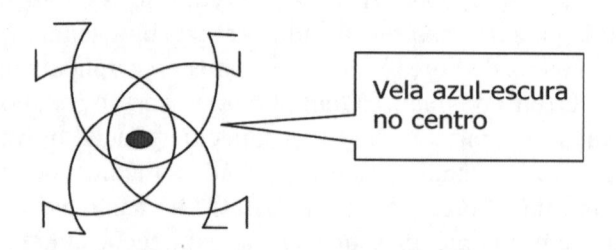

Vela azul-escura no centro

Na página 117 do livro *O Código da Escrita Mágica Simbólica*, encontrarão outros símbolos e mandalas de Ogum.

Vários são os símbolos que podemos intuir por exemplo, uma espada pequena também tem a ver com Ogum, uma pequena corrente, um pedaço de fio de aço, etc.

O fundamento de sustentação do terreiro, da casa, tem que ser "peso pesado" para aguentar toda sorte de demandas e trabalhos pesados.

Para Oxóssi podemos, se intuídos, comprar dentes simbolizando alguns dos animais regidos por Ele.

Para Xangô podemos providenciar uma machadinha, uma estrela de seis pontas, etc. Enfim, para cada Orixá existem muitos e muitos elementos diferenciados e outros comuns a todos Eles.

Considerações finais:
O importante na oferenda é o instante mágico. Quando muda o ciclo, permanece o espiritual, mesmo que você já tenha levantado o trabalho.

Sempre acenda velas em círculos para os Orixás.

O número de velas é sempre sete.

No caso da esquerda temos 14 velas, sendo sete pretas e sete vermelhas intercaladas.

Vela de Ogum deve ser azul-escuro para firmeza de forças na natureza; para trabalho pode-se usar a vermelha.

As pedras para os Otás devem ser mais ou menos do mesmo tamanhos, não muito grandes, para que tenha harmonia no conjunto. Cada um receberá sua intuição na escolha delas.

Informações Básicas sobre o Orixá Exu

1 – Exu é um Orixá fundamental para a Criação, pois sem a existência do mistério regido por ele nada poderia ter sido exteriorizado por Olorum.

O mistério Exu, quando estudamos os Orixás a partir da gênese, fornece a base inicial da criação, que é o vazio absoluto, ou o primeiro estado da criação divina.

2 – Todas as gêneses de todas as religiões ensinam que, no início, só existia Deus e nada mais, sendo que fora Dele só existia o vazio absoluto e Nele tudo estava contido.

Essa forma de se descrever o início é geral e surgiu na face da Terra há milhares de anos, transmitida para povos diferentes, que não tinham contato entre si, fato esse que nos indica que mensageiros das Divindades semearam entre os povos essa forma de se descrever o início da Criação Divina.

E o tempo se encarregou de criar descrições melhores elaboradas para o início dela.

3 – Exu enquanto mistério Divino é uma Divindade tão importante quanto os outros Orixás, e que, se interpretado como um dos estados da Criação, ele é o primeiro deles, que é o vazio absoluto que existia "do lado de fora" de Deus, porque no "lado de dentro" estava o Divino Criador Olorum e tudo mais que Nele preexistia, como os seus mistérios.

4 – Segundo alguns autores e estudiosos da língua yorubá, a palavra Exu significa esfera e entendemos isso como correto, pois, se no centro estava Olorum, no lado de fora e ao seu redor está o vazio

formando em volta desse ponto inicial uma esfera escura, porque nem a luz ainda havia sido exteriorizada e materializada como energia luminosa pelo Divino Criador.

5 – Algo similar a isso, às vezes mais ou menos elaborado, é o que lemos quando estudamos as descrições do início da Criação nas muitas religiões, algumas já desaparecidas da face da Terra.

Ou não é isso que entendemos quando estudamos a gênese no Velho Testamento?

6 – Esse vazio original ao redor de Olorum, que é o primeiro estado exterior da Criação, permitiu que tudo que foi exteriorizado posteriormente se consolidasse dentro desse vazio, que também se formou ao redor de cada coisa criada, dotando-as de um vazio à volta delas que as individualizou e as isolou das demais criações.

E, se antes o vazio existia ao redor do Criador, ele passou a existir dali em diante ao redor de cada coisa criada, desde a menor partícula até o maior corpo celeste, desde o menor micro-organismo até o maior ser criado, separando e individualizando tudo e todos na Criação.

7 – A importância do vazio é indiscutível, pois sem a existência dele ao redor de cada coisa criada elas se fundiriam, descaracterizando-as e desfigurando-as, tornando-as irreconhecíveis e amorfas.

Neste ponto o estudo do mistério Exu já o torna fascinante e fundamental para a Criação Divina, pois é o "individualizador" das coisas criadas, uma vez que está ao redor delas contendo-as dentro de um campo invisível, que nada contém dentro de si e cuja função é mantê-las intactas e individualizadas.

8 – A ciência nos ensina que duas porções de uma mesma substância, se forem juntadas, formam uma única porção, maior, de uma mesma substância.

Os átomos de um mesmo elemento químico, quando ligados entre si, formam uma substância pura, identificada pelo nome do elemento químico que a formou, tais como: o ferro, o ouro, a prata, etc.

9 – Mas as partículas de cada átomo estão isoladas umas das outras, e mesmo com elas sendo da mesma natureza e tendo as mesmas propriedades, não se fundem porque, no nível de partículas atômicas, cada uma está isolada de todas as outras, individualizadas pelo vazio que existe ao redor de cada uma delas.

10 – Se não existisse este vazio ao redor de cada uma delas, por serem da mesma natureza e terem as mesmas propriedades, tal como no exemplo das duas porções de uma mesma substância, elas se fundiriam e formariam uma partícula maior, e assim, fundindo-se todas as partículas iguais em tudo, surgiria uma substância única e indivisível, porque

seria tão compacta que não haveria como tornar a separar as partículas que a formaram.

11 – Tendo esses exemplos "químicos" como ponto de partida para a compreensão real do mistério Orixá Exu, temos em sua qualidade individualizadora seu primeiro Fator Divino: o fator individualizador, como indispensável para dar identidade ou individualidade a cada coisa criada por Olorum.

12 – Nós, os seres humanos, somos possuidores de um espírito que anima esse nosso corpo biológico, e nisso todas as religiões estão em acordo, certo?

Pois bem, como todos os espíritos são constituídos de uma mesma substância plasmática, se ao redor de cada espírito humano não existisse um vazio a isolá-los e individualizá-los, por serem constituídos da mesma substância plasmática etérea, eles se fundiriam e formariam um só corpo plasmático, certo?

13 – Isso é certo e, graças ao vazio individualizador do mistério Orixá Exu, que individualiza tudo e todos, desde a menor partícula até o maior corpo existente, e não perdemos nossa individualidade como espíritos humanos ou como pessoas cujos corpos biológicos são animados por seus espíritos.

14 – Mas a importância do mistério Orixá Exu não para por aí, pois, por sermos cercados, tanto em nível espiritual quanto material por um campo vazio, recebemos continuamente a imantação desse fator individualizador, fato esse que nos torna capazes de identificar o que nos é agradável do que nos é desagradável, tornando-nos seletivos e capazes de diferenciar o que é bom do que é ruim.

15 – Essa nossa seletividade ou capacidade de diferenciarmos o que é agradável do que nos é desagradável; o que é bom do que é ruim; o que é valioso do que é sem valor, o que é bonito do que é feio; o que é gostoso do que é desgostoso; o que é desejável do que é indesejável, etc., provém de outro Fator Divino do mistério Orixá Exu: o Fator Selecionador, fator esse cuja imantação contínua, tanto a nível espiritual quanto material, nos torna seletivos e capazes de escolhermos entre duas ou mais opções, a que melhor nos satisfaça.

16 – Muitos são os Fatores do Mistério Orixá Exu e aqui só comentamos sobre dois deles: o Fator Individualizador e o Fator Selecionador, imprescindíveis para nossa existência, nossa individualidade e nosso bem-estar, tanto material quanto espiritual.

Assentamento do Exu Guardião

Elementos utilizados:
Estas instruções são apenas para quem tem ou quem vai abrir um centro umbandista.
Observações:
O que foi dado aqui é coletivo de todos os Exus, é universal e isso nos foi transmitido por um Exu Maioral.

A terra de cemitério deve ser colhida em sete covas diferentes, e, após colhê-las, devem ser purificadas (com água e cloro) e colocadas cada uma em um pequeno saco plástico diferente e lacrá-los.

É imprescindível que o próprio dirigente **assente** (plante) suas forças e só ele, o chefe do terreiro, deve fazer tudo, assim como, só ele deve cuidar delas dali em diante.

No caso de morte do dirigente, ele deve deixar alguém de confiança preparado para levantar seus assentamentos e firmezas e despachá-las nos pontos de forças da natureza.

O dirigente umbandista tem de aprender a se defender porque fazem muitos trabalhos de magias negativas contra ele e seu centro. Quem pretende abrir um centro de Umbanda deve ter em mente que tudo deve ser muito, mas muito bem feito (ou então é preferível não fazer).

Aos médiuns da casa é recomendado que façam o seu triângulo de forças da esquerda em suas casas. Também recomenda-se que cada um tenha uma tronqueira na sua casa e isso é pessoal. Ela é a proteção dele e nela não se coloca o nome de ninguém! Nem para ajudar ou afastar de sua vida.

A tronqueira é uma proteção e lugar de defesa. É uma GUARITA que deve ser inviolável. Não leve o nome de ninguém para lá porque abre nela uma passagem, vulnerabilizando-a. Ela é a guarda da casa e só o seu dono deve firmá-la e ativá-la antes dos trabalhos. Não se pode mandar ninguém, nem um pai pequeno da casa, firmar a tronqueira de proteção dela.

"O triângulo de forças se risca com pemba preta ou vermelha ou carvão vegetal."

Seja cauteloso, seja cuidadoso com as suas forças. A estrutura etérea tem de estar montada. Todos os assentamentos, firmezas e proteções da esquerda devem ser feitos em lugares isolados dentro do terreiro ou do lado de fora dele, no quintal.

Já as firmezas de proteção de um médium devem ser feitas no quintal de sua casa. E para os que moram em apartamentos, devem fazê-la na sacada dele, mas, se não for possível, faça-a na natureza.

Pode-se também colocar uma pedra de axé do Exu na Firmeza. O Exu de Trabalho deve pedir os elementos que ele necessita. Tudo deve ser passado pelo crivo do bom senso, e o seu Exu de trabalho deve falar para o seu cambone o que ele quer que coloque em sua firmeza.

Livro a ser consultado: *Manual Doutrinário e Ritualístico Umbandista.*

Recado para aqueles que não são médiuns: ir à natureza firmar o seu Exu Guardião. Depois, com ele já firmado nela, deve pedir licença para colocar dentro dela os elementos para imantá-los e depois levá-los para casa e colocá-los na sua firmeza de proteção.

Brajá: é um colar de defesa, proteção e trabalho que atua como um círculo mágico, um portal maleável que recolhe e corta os negativismos de onde ou em quem é colocado. É para descarrego pesado. Os médiuns também podem ter um cordão preto e vermelho com pingente e usá-lo em conjunto com o brajá durante os trabalhos. Os médiuns devem usar a guia ou colar de esquerda no dia da incorporação.

Recomendações

1) O Colar ou guia de Exu deve ter 1,60 metros de circunferência e as firmas podem ser só vermelhas, só pretas ou pretas e vermelhas intercaladas, porque não há uma regra ou obrigatoriedade de serem só desta ou daquela cor.

2) Os elementos de Exu dados em aula são só uma recomendação para que o médium tenha à sua disposição vários elementos aos quais poderá usar na totalidade ou só parcialmente, sendo que deve estar atento às instruções da sua própria esquerda quanto aos que deve levar quando for consagrá-los para o seu assentamento.

3) O sacrifício de um galo no assentamento do Exu é só uma recomendação. Faça-o quem quiser.

Para quem tem centro:
O recipiente onde os elementos consagrados serão colocados deve ser uma panela de barro cozido, envernizada (coloque dentro dela as terras em sacos plásticos lacrados). Coloque os outros elementos de axé do Exu e cubra todos eles, selando a panela com uma camada de argila (faça uma bolacha do tamanho da boca dela) e pressione-a na altura do seu bocal, para que, depois, ela seja colocada em um buraco feito na terra, forrado com areia de construção embaixo e dos lados. A boca da panela (ou de um caldeirão) deve ficar na altura do chão. Estando rente ao piso, está tudo bem!

Recomendo que o recipiente seja envernizado para protegê-lo da umidade. O assentamento deve ser renovado apenas se alguma coisa estragou por problemas de umidade ou, caso o centro se mude, o dirigente deve levar tudo para o novo endereço. O assentamento pode ser feito na entrada ou no fundo do centro e é para o Exu Guardião, que está em outra dimensão e não se expõe, não dá atendimento. Quem atende as pessoas é o Exu de Trabalho, nunca o Guardião. O Guardião está na dimensão de Exu, que fica por detrás do Exu de Trabalho, que deverá ter liberdade de movimento. Depois de assentadas, as forças de esquerda devem ser firmadas com suas velas uma vez por semana.

Quando não puder ser enterrado, risque uma mandala e coloque o alguidar no seu centro. As ferramentas fincadas na argila têm de ficar para fora porque funcionam como para-raios.

Uma Nova Consciência sobre o Orixá Exu

Ao estudarmos o Orixá Exu na Umbanda, temos de ser cuidadosos para não confundirmos com o seu estudo já realizado na África pelos antigos sábios e sacerdotes que abriram para a humanidade tanto o culto a ele quanto a todos os outros Orixás.

A forma de abordar o mistério Exu é outra e atendeu ao entendimento existente naquela época e às necessidades religiosas dos povos que primeiro foram beneficiados com o amparo e o axé dele.

A Umbanda, nascida no Brasil com o advento do senhor Caboclo das Sete Encruzilhadas, serviu-se de outro meio ou recurso para estudar os Orixás e não ficou limitada unicamente ao que por aqui já se sabia sobre eles. Sendo que o sincretismo foi nos primeiros anos da Umbanda a forma de ensinar aos médiuns umbandistas que nada sabiam sobre os Orixás, mas conheciam muito bem os santos cristãos, cultuados por todos os seguidores da Igreja Romana.

O Orixá Exu em si mesmo recebeu pouca atenção dos umbandistas de então, que centraram seus estudos nos muitos Exus que baixavam em suas sessões ou engiras públicas.

Relendo antigos livros de Umbanda editados a partir de 1940, vemos a descrição de muitos Exus que baixavam em seus médiuns e que recebiam uma atenção acentuada dos seus autores, que escreviam pouco sobre o Orixá Exu.

Inclusive, muitos não o tinham na conta de um Orixá, e sim o descreviam com "serventia" dos (estes sim) Orixás da Umbanda.

Textos sobre os Exus da Umbanda foram publicados, sincretizando-os com deidades desconhecidas ou tidas como negativas ou do mal, tais como: Lúcifer, Bel Zebu, etc. E isso facilitou o trabalho para os que combatiam (e ainda combatem) a Umbanda, associando-a ao culto do Mal, do Satanismo, do baixo Espiritismo, da magia negra, do paganismo, etc.

E os adversários e os inimigos da Umbanda foram implacáveis e oportunistas, justamente pela falta de um conhecimento superior e fundamentado sobre os Orixás, mais especificamente sobre o Orixá Exu, o "espantalho", usado por eles para assustar seus seguidores, apavorando-os com os "demônios" que baixavam na nossa religião.

Alguns autores associaram os Exus da Umbanda com bandidos, assassinos, ladrões, etc., e as Pombagiras com ladras, assassinas, prostitutas, feiticeiras e bruxas do mal, etc., levando muitos a crerem que na Umbanda se trabalha com a escória do baixo astral. Fato esse que serviu como uma luva para os inimigos da Umbanda denegri-la como religião e classificar como adorador do diabo quem se apresentava como umbandista.

Alguns autores, no afã de se mostrarem conhecedores dos Orixás e de Exu em especial, não perceberam o dano que causaram para a religião que queriam divulgar, tendo inclusive alguns autores umbandistas que chegaram ao cúmulo de recomendar aos pais que tomassem cuidado com suas filhas que incorporassem Pombagiras com determinados nomes, autores esses que preferimos omitir seus nomes para não macularmos ainda mais a nossa religião, ainda tão incompreendida pelos seguidores das outras, justamente por causa desses mesmos autores de livros sobre a Umbanda.

Ego e afoiteza ou oportunismo são os principais adversários da Umbanda e os perpetradores desses textos mal ou erroneamente fundamentados sobre o Orixá Exu e associando os Exus que nela baixam com deidades infernais de outras religiões só atrasaram em muito o reconhecimento dela com uma religião do bem e aberta para todos.

A fundamentação correta do Orixá Exu e de todos os outros Orixás dentro da Umbanda, iniciada com a publicação do *Livro de Exu* e posteriormente dos livros *Orixá Exu*, *Orixá Pombagira* e *Orixá Exu Mirim*, todos pela Madras Editora, começaram a desmistificar, a desdemoniar, descapetar e dessatinizar esses Orixás e seus manifestadores dentro da Umbanda.

Sabemos que muito ainda precisa ser feito nesse sentido para devolvermos a esquerda da Umbanda ao seu devido lugar, mas a transformação dos conceitos sobre os espíritos que se manifestam com nomes simbólicos e como de esquerda já começou, e os autores que não se adaptarem aos novos e fundamentadores conceitos, com certeza serão refutados e olvidados pelos umbandistas, já mais esclarecidos nesse segundo século de existência da religião Umbanda.

O despertar dessa nova consciência e entendimento sobre o Orixá Exu e seus manifestadores já começou!

Nomes Simbólicos dos Exus na Umbanda:

O Mistério Exu desdobra-se em Seres Divinos Exus, que são Guardiões de Mistérios.

Esses Exus Guardiões de Mistérios são identificados por nós de várias formas e entre elas temos estas:

Exu de Oxalá
Exu de Oxumarê
Exu de Oxóssi
Exu de Xangô
Exu de Ogum
Exu de Obaluaiê
Exu de Omolu
Exu de Logunan (Tempo)
Exu de Oxum
Exu de Obá
Exu de Oroiná
Exu de Iansã
Exu de Nanã
Exu de Iemanjá

Observação: A forma correta de nomearmos esses Exus é esta: **"Exu Guardião Divino dos Mistérios do Orixá** (tal)..."

Hierarquia de Exu
1º Nível – é o próprio Orixá.
2º Nível – Exus Guardiões Divinos de Mistérios.
3º Nível – Exus Guardiões de Mistérios que são identificados por suas funções na Criação, tais como:

Exu Curador – função curadora.
Exu Cortador – função cortadora.
Exu Quebrador – função quebradora.
Exu Trincador – função trincadora.
Exu Amarrador – função amarradora.
Exu Encapador – função encapadora.

4º Nível – É ocupado por Exus Guardiões dos Mistérios abertos para nós dentro da Umbanda, tais como:

Mistério das Sete Encruzilhadas, dos Sete Caminhos, das Sete Porteiras, das Sete Pedreiras, das Sete Montanhas, das Sete Lanças, das Sete Covas, das Sete Coroas, das Sete Espadas, Sete Ondas, Sete Facas, Sete Punhais, Sete Catacumbas, Sete Cruzes, Sete Caveiras, Sete Garras, Sete Foices, Sete Laços, Sete Portas, Sete Garfos, Sete Folhas Secas, Sete Chaves, Sete Coroas, Sete Galhos, etc.

5º Nível – Nesse nível os Exus são identificados pelo nome dos elementos formadores da matéria:

Exu do Fogo
Exu da Terra
Exu do Mar
Exu dos Ventos
Exu dos Vegetais
Exu dos Minerais
Exu dos Cristais

6º Nível – Os Exus de 6º nível são associados às criaturas instintivas ou bichos:

Exu Lobo (ou lobisomem)
Exu Morcego
Exu Cobra
Exu Sapo
Exu Gato
Exu Pantera
Exu Aranha, e muitos outros cujos nomes ainda não foram abertos para nós.

7º Nível – O 7º nível é ocupado por espíritos regidos pelos outros Orixás Masculinos, mas que se desviaram das suas Irradiações Divinas e foram agregados pelo Mistério Exu a algumas de suas hierarquias.

Esses Exus Humanos estão distribuídos por todas as linhagens de Exus Naturais, que são os manifestadores diretos de Mistérios exclusivos da Divindade Mistério Exu.

Assentamento de Exu Guardião

Assentamento de Exu Guardião só se você for abrir um terreiro. Não assente se não tem centro, porém guarde a lista dos elementos utilizados para o caso de abrir no futuro.

Exu de Trabalho: é corriqueiro, faça o que lhe pedem e correndo, pois ele tem necessidades elementais permanentes para segurar suas "buchas".

É de suma importância que vocês compreendam muito bem a diferença entre assentamento e firmeza. Assentar significa plantar no lugar uma força que tem que estar ali, portanto você não vai assentar o seu Exu de trabalho, porque ele tem de ter liberdade de ação. O Exu Guardião não anda com você, ele fica no Assentamento; já o seu Exu de Trabalho, sim, acompanha.

O brajá simboliza toda a esquerda e não é o colar só do Exu de trabalho.

O cruzamento de esquerda é feito com a mão esquerda.

> Você é o que você faz! Independente de ter ou não terreiro, devem fazer as firmezas dos Orixás e providenciar o Otá de cada um deles.

Isolamento do Terreiro

O terreiro é o lugar que recebe cargas tenebrosas e que ficam ali. Terminado o trabalho, normalmente se faz uma limpeza (a linha que faz a descarga), mas ainda assim ficam cargas que devem ser drenadas e esse isolamento é muito importante.

Isolar todo perímetro do terreno quer dizer que se devem isolar inclusive outras construções dentro do mesmo terreno, pois normalmente os terreiros de Umbanda estão localizados em anexos das casas dos seus dirigentes, tal como podemos ver no desenho abaixo:

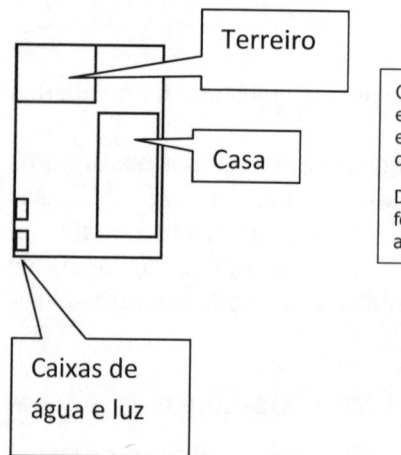

> Quem entra para dirigir-se ao terreiro passa pela casa e ela e seus moradores ficam muito vulneráveis à ação de espíritos desequilibrados que acompanham as pessoas que ali vão buscar a ajuda.
>
> Daí a necessidade de existir um isolamento muito bem feito para que você nunca corra o risco de as cargas alheias entrarem na sua casa e perturbarem seu trabalho.

(Terreiro / Casa / Caixas de água e luz)

O isolamento é feito por meio de um conduíte no qual passam os fios de cobre e de aço por dentro. O conduíte protege o aço; o cobre é mais resistente. Os fios podem correr paralelamente dentro do mesmo conduíte, porém os aterros devem estar em lugares diferentes. A barra de aterro compra-se em ferro velho e deve ter mais ou menos 70 centímetros de altura. O pó de serra compra-se em serralheria.

Os conduítes devem, de preferência, ter uma dimensão que não permita a entrada de insetos, ratos, etc.

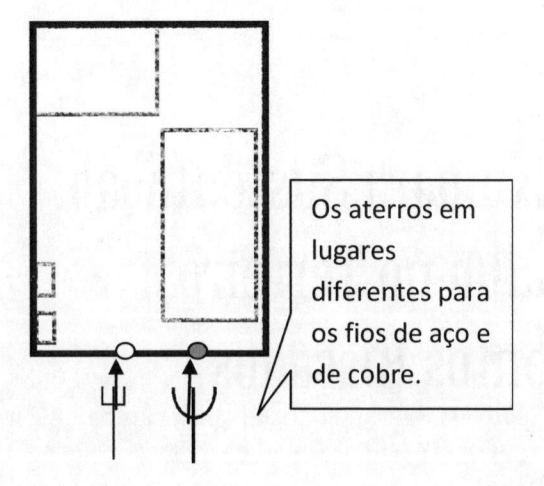

Os aterros em lugares diferentes para os fios de aço e de cobre.

Firmeza de Exu para Sustentação de Trabalho no Terreiro com Pontos Riscados

Normalmente, o Guia chefe do trabalho risca seu ponto de firmeza diante do altar e outro da esquerda na passagem da assistência para o congá. Esses pontos riscados pelo Guia chefe são chamados de ponto de segurança, pois a função deles é de reter e absorver cargas que vêm com os consulentes.

Mas também é possível fazer uma firmeza forte na força do Orixá Exu e do Exu Guardião da casa, riscando-o em uma mandala octagonal tripolarizada.

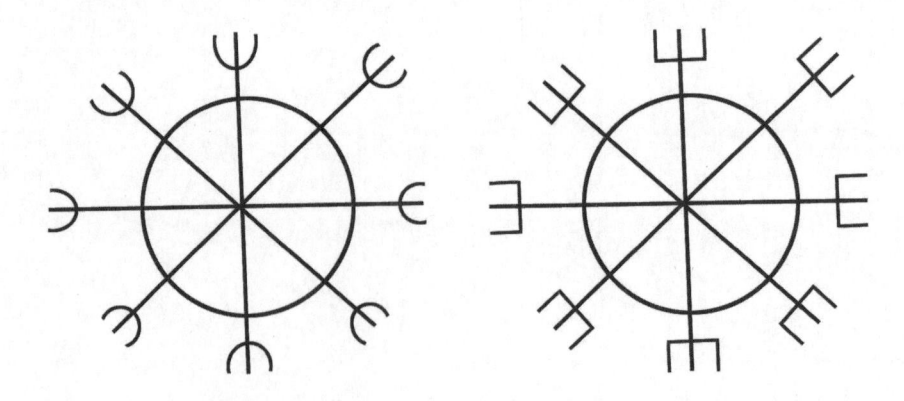

Mandala –
Onda vibratória atemporal

Mandala – Onda vibratória temporal

Mandala mista – Temporal e atemporal 1

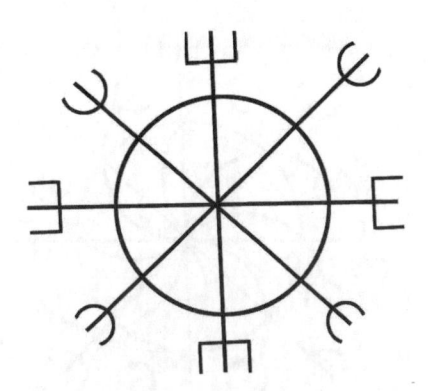

Mandala mista – Temporal e atemporal 2

Mandala onda vibratória atemporal: atuam no tempo presente, no passado e futuro ao mesmo tempo.

Mandala onda vibratória temporal: atuam no presente e no futuro.

Mandala mista temporal e atemporal: essas mandalas podem receber enxertos de signos, símbolos ou ondas vibratórias de outros Orixás, mas com elas tripolarizadas.

Mandala mista – Temporal e atemporal 3

Mandala mista – Temporal e atemporal 4

Mandala mista – Temporal e atemporal 5

Mandala mista – Temporal e atemporal 6

Nas mandalas com ondas vibratórias em linhas curvas, sempre na ponta devem-se fazer signos curvos; já nas mandalas com ondas vibratórias com linhas retas, sempre na ponta devem-se fazer signos retos.

A manda mista temporal e atemporal de número 6, além da função de recolher possui a de devolver algumas coisas que foram tiradas em magias negativas.

Essas mandalas são denominadas complexas porque firmam em um mesmo espaço mágico diversas forças, inclusive podem ser acrescentados signos e símbolos mágicos. Elas podem ser ativadas com uma única vela de cor preta, ou vermelha ou bicolor preta e vermelha. Mas também podem ser ativadas com um triângulo de velas, sendo uma preta, uma vermelha e outra bicolor (seguindo a intuição, porque as nossas forças têm a sua "distribuição").

No centro, o dirigente do terreiro pode colocar um copo com pinga e no espaço entre as velas do triângulo devem-se colocar três cigarros acesos. Além do copo com pinga, também pode ser colocado uma folha de mamona ou comigo-ninguém-pode, ou algum outro elemento relacionado às forças da esquerda.

A forma de ativação dessa segurança é esta:

Eu invoco o Divino Criador Olorum, o sagrado Orixá Exu, o meu Exu Guardião, e peço-lhes que ativem esta mandala divina (ou este ponto de segurança dos trabalhos), para que nela sejam recolhidas todas as cargas que entrarem com a assistência e com os médiuns, e que ela fique ativa mesmo após o término do trabalho espiritual, e continue descarregando o terreiro para que dentro dele não reste nenhum negativismo proveniente dos trabalhos realizados aqui dentro. Amém.

A seguir, o médium deve irradiar com as duas mãos na direção do centro da mandala.

As Linhagens de Exu

É importante sabermos que Exu gera o fator vitalizador. Quando falarmos de Exu Guardião dos Cristais, estamos falando de um dos sete Exus planetários elementais que estão no topo das hierarquias de Exus que se manifestam dentro da Umbanda.

Esses sete Exus são planetários, cada um com uma faixa vibratória específica de atuação, e eles atuam por meio dos elementos que os identificam e que estão associados aos nossos chacras.

Todos os sete Exus Guardiões planetários interferem em nossa vida quando estamos errando em um determinado sentido, porque, automaticamente, o Orixá correspondente ativa o Exu daquele sentido, que atua nas nossas faculdades mentais por meio do chacra correspondente.

Ele vitalizará o sentido correspondente de quem está no caminho correto e desvitalizará o de quem estiver no caminho errado.

Dentro do caminho evolutivo, reservado para nós pelas divindades, transitamos tranquilamente e sempre que necessário o Exu responsável pela vitalidade das nossas faculdades mentais nos envia mais energia vitalizadora que está sendo necessária para realizarmos um bom trabalho.

Mas, se o trabalho que estamos realizando está sendo contrário às determinações das divindades, o Exu Guardião correspondente começará a nos desvitalizar, a tirar a nossa energia vital. E, com o passar do tempo, a pessoa não tem mais ânimo ou vontade de fazer nada no campo onde estava errando.

Ela não tem mais vontade de ir ao centro, de trabalhar religiosamente, nem consegue ir para outra religião, porque o Exu Planetário ativado pela divindade tanto vitaliza nossas faculdades religiosas para o bom trabalho quanto as desvitaliza quando damos mau uso para elas por meio da nossa mediunidade.

O Exu Guardião dos Minerais é associado ao Amor e à Concepção da Vida. E, quando está atuando em nosso benefício, fortalece e vitaliza as nossas faculdades associadas à concepção de ideias, de iniciativas, etc. Quando a sua atuação é negativa ele as desvitaliza, ocorrendo uma reação contrária, não havendo mais nenhuma concepção, em todos os sentidos possíveis, paralisando nossa vida.

O Exu Guardião dos Vegetais atua diretamente nas faculdades associadas ao raciocínio e, se ele está nos vitalizando, o nosso raciocínio fica muito mais ágil, mais aguçado, tudo fica mais rápido e fácil. Mas, se ele estiver atuando em sentido contrário, ele desvitaliza nosso raciocínio, e vamos perdendo toda a capacidade, rapidez, agilidade e força no raciocínio.

O Exu Guardião do Fogo está diretamente associado à Razão e ao Equilíbrio. Esse Exu, quando está atuando em nosso benefício, fortalece o nosso equilíbrio mental, racional e emocional, dando-nos meios de sustentar muitas atividades sem nos desequilibrarmos ou nos esgotarmos. Mas, se ele está atuando em sentido contrário, tira nosso equilíbrio e nossa razão, desequilibrando-nos emocionalmente.

O Exu Guardião do Ar atua sobre o caráter. E, se estamos no caminho certo, ele nos irradia e nos fortalece, vitalizando nosso senso de moralidade. Mas, caso sua atuação ocorra em sentido contrário, desvitalizando-nos, nos tornamos maleáveis e sem moral íntima.

O Exu Guardião da Terra está associado à evolução e ao saber. E, se está atuando no benefício de uma pessoa, aguça nela a percepção das coisas à sua volta e aperfeiçoa a consciência sobre o que é certo e errado na vida. Mas, se ele estiver atuando em sentido contrário, a pessoa perde toda sua consciência e, assim, acaba perdendo a percepção do que é correto e passa a agir erroneamente, sempre contra si mesmo.

O Exu Guardião da Água é associado ao criacionismo e à geração. Se ele está atuando em nosso benefício, somos criativos (artística, profissional e religiosamente falando), vitalizando a nossa capacidade de criar coisas novas em campos específicos, somos capazes de elaborar novas ideias. A criatividade, quando a ação é vitalizadora, aumenta. Mas, se a atuação dele for desvitalizadora, tudo se acaba e ficamos sem nenhuma criatividade, para nada!

Exu é vitalizador da Fé, do Amor, do Conhecimento, da Justiça, da Lei, da Evolução e da Geração.

O que dá qualificação a um Exu é o campo do Orixá, sob a irradiação a qual ele atua, fazendo surgir várias linhas de Exus.

Exemplo: Linhas de Exus de Oxalá, Linhas de Exus de Ogum, etc.

Então surgem Exus dos Cristais, Exus dos Minerais, Exu de Geração, etc.

Assim como existem Exus nas sete irradiações, também existem Pombagiras, sendo que elas são "estimuladoras" da Fé, do Amor, etc.

Tudo se repete com elas, mas várias ocultam seus nomes simbólicos para que não saibamos seus campos de atuação ou sob qual irradiação atuam.

Quando uma pessoa precisa de ajuda de um Exu, este vitaliza o seu mental, positivando-o, e assim as coisas passam a melhorar. E quando uma pessoa precisa do auxílio de uma Pombagira, esta passa a atuar estimulando-a na direção certa para superar suas dificuldades.

O lugar mais adequado de se incorporar Exu é no terreiro e dentro do trabalho espiritual.

Temos também de tomar cuidado com os Kiumbas, pois eles não são dos médiuns, eles apenas encostam ou incorporam nos médiuns para a realização de trabalhos de descarregos nas pessoas que estão sendo atendidas pelos Guias espirituais.

Mas eles não têm compromisso com ninguém. Podem até incorporar, beber, fumar, ocupando um lugar que não é deles. Mas na hora que aparece alguma coisa para fazer se esquivam e mistificam para não assumirem compromissos.

Por isso, devemos firmar no seu ponto de força o nosso "Exu de Trabalho" o mais rápido possível, antes de começarmos a trabalhar com ele incorporado em nós e dando consultas.

Não podemos permitir o desequilíbrio, então devemos firmar também a nossa direta, porque o nosso Exu tem de estar ligado à entidade correspondente na nossa direta.

O Baiano tem seu Exu correspondente; o Preto-Velho tem seu Exu correspondente, e assim por diante.

Saibam que todos os Guias da direita têm correspondências diretas com Exus assentados na esquerda dos médiuns, ainda que eles não incorporem, pois só um deles assume a frente de toda a esquerda.

Nós temos um Exu Natural que estabelece correspondência vibratória conosco a partir do momento que nascemos. E temos um Orixá natural que também estabeleceu correspondência vibratória conosco ao nascermos.

Isso acontece com todo mundo, independentemente da religião que sigam.

Existem três graus de Exus:

➢ Exu Natural – Individual;
➢ Exu de Trabalho ou Exu de Lei;
➢ Exu Guardião ou do Orixá ancestral.

Exu Natural correlaciona-se com o Orixá de frente.
Exu de Trabalho ou de Lei é o que nós incorporamos nos trabalhos.
Exu Guardião é o mesmo em todas as encarnações. Ele não muda nunca, como não muda o Orixá Ancestral.
Enquanto o Exu Guardião e o Orixá Ancestral são os mesmos em todas as encarnações. O Exu Natural e o Orixá de Frente vêm com a encarnação, recolhendo-se no final dela, com outro tomando a frente em outra vida ou encarnação do ser.
Exu de trabalho está relacionado com o Orixá adjunto, e se o Orixá adjunto for masculino, o de frente é feminino, e vice-versa, criando uma bipolarização magnética, vibratória, energética e de natureza masculina feminina.

Exus de Trabalhos Espirituais

Nós temos o Mistério Exu, gerador e irradiador do Fator Vitalizador, entre muitos outros. Ele vitaliza e desvitaliza, ele atua como vitalizador da fé, do amor, etc., mas, por ser um mistério de Deus, dentro da Umbanda o Orixá Exu é o doador e o sustentador de Linhas de Exus de Trabalhos, que atuam à esquerda dos médiuns e sob a irradiação dos Orixás.
Então, temos os Exus de Ogum, de Oxóssi, de Xangô, etc. Esses Exus de Trabalhos são espíritos agregados aos Orixás.
As Linhas de Trabalhos são formadas por espíritos que passaram por um processo de "Exunização", ou seja, desenvolveram em si faculdades mentais e espirituais associadas ou pertencentes ao Mistério Exu. Esses espíritos vão formando linhas e falanges de trabalho, formando as hierarquias espirituais dos sete Exus planetários.
Esses espíritos que passaram por esse processo desenvolvem um trabalho muito importante na religião, porque eles dominam a magia, têm conhecimentos profundos e atuam como sustentadores dos nossos trabalhos espirituais, e tomam conta não somente da "porteira", como também do trabalho, seja qual for a linha que está trabalhando.
Dentro dessas "Linhas de Exus", temos muitos nomes e é bom lembrar que Exu não é demônio. Na Umbanda, ele não é um ser das

trevas, Exu é espírito que por uma razão ou outra desceu para níveis vibratórios inferiores.

Existem vários líderes religiosos, políticos e militares e pessoas importantes, que quando passaram pelo plano da matéria acabaram por se excederem, e hoje se encontram atuando como Exus para reparar seus erros, porque a forma mais simples de resgatar os erros ou carma é atuando positivamente em favor de alguém que se prejudicou. Só assim se credita perante Deus e os débitos vão sendo amortecidos.

Não podemos dizer que existe um Exu mais forte ou mais fraco que os outros, porque isso não é verdade. Cada Exu é manifestador de um dos muitos mistérios do Orixá Exu e atua em um campo específico por onde o mistério flui.

Devemos saber que os Exus naturais não gostam de incorporar e preferem atuar por trás de espíritos Exunizados. Assim, não desenvolvem, no contato direto com os médiuns, alguns dos seus vícios e sentimentos negativos.

Glossário

Definições, segundo o *Minidicionário da Língua Portuguesa*, de Soares Amora, 19ª edição.
Doutrina: conjunto de princípios que servem de base a um sistema religioso, político ou filosófico; catequese cristã; opinião de autores.
Doutrinação: instrução em qualquer doutrina.
Doutrinado: instruído, ensinado.
Doutrinador: aquele que doutrina.
Doutrinal: relativo à doutrina; que encerra instrução.
Doutrinamento: doutrinação.
Doutrinante: que doutrina.
Doutrinar: instruir em uma doutrina; ensinar.
Doutrinário: que encerra doutrina; doutrinal.
Doutrinável: que se pode doutrinar.
Fundação: 1. ação ou efeito de fundar; 2. alicerce.
Fundado: 1. que tem fundamento; 2. que se apoia em boas razões ou na razão.
Fundador: 1. que, ou aquele que funda; 2. iniciador; criador.
Fundamentar: 1. dar fundamento a; 2. justificar; 3. documentar; 4. basear, firmar.
Fundamento: 1. base, alicerce; 2. sustentáculo; 3. motivo; razão.
Fundar: 1. assentar os alicerces de; 2. apoiar; 3. criar, intuir; 4. consolidar.
Mistério: 1. culto secreto no politeísmo; 2. tudo o que é impenetrável à razão humana; 3. aquilo que é incompreensível; 4. segredo.
Misticismo: 1. contemplação espiritual; 2. devoção religiosa; 3. tendência para acreditar no sobrenatural.
Místico: 1. relativo à vida espiritual; 2. misterioso; de sentido oculto; esotérico.

Origem: 1. princípio; 2. primeira causa determinante; 3. procedência, causa.

Originar: 1. dar origem ou princípio a; 2. causar, determinar, motivar; 3. ter origem; nascer; ser proveniente; derivar-se.

Originário: 1. que tira a sua origem de alguém ou de alguma coisa; 2. proveniente, descendente, oriundo, primitivo.

Orixá: nome comum às divindades das religiões afro-brasileiras; guia.

Razão: 1. faculdade espiritual própria do homem, por meio da qual ele pode conhecer, julgar, estabelecer, discorrer, etc.; 2. bom senso; 3. justiça; 4. causa, motivo.

Ritmo: 1. disposição simétrica de sons combinados por meio de acentos; sucessão regular de sílabas acentuadas, de que resulta impressão agradável ao ouvido; 3. cadência; movimento regular e medido; 4. correlação harmoniosa entre as partes de uma composição literária ou artística.

Rito: 1. conjunto de cerimônias que se praticam numa religião; culto.

Ritual: 1. concernente a ritos; 2. livro que indica os ritos ou consigna as formas que se devem observar na prática das cerimônias de uma religião; 3. cerimonial, praxe; etiqueta.

Ritualismo: conjunto de ritos; apego a cerimônias ou formalidades.

Ritualística: 1. pessoa que trata ou escreve acerca de ritos; 2. que, ou pessoa que tem grande apego a cerimônias ou fórmulas.

Sobrenatural: 1. superior ao que é natural; sobre-humano; 2. excessivo; 3. aquilo que é superior à natureza ou muito extraordinário.

Leitura Recomendada

A Iniciação a Umbanda
Ronaldo Antonio Linares / Diamantino Fernandes Trindade / Wagner Veneziani Costa

A Umbanda é uma religião brasileira centenária que cultua os Orixás (divindades), os quais influem diretamente nos mensageiros espirituais, que são as entidades incorporadas pelos médiuns para que os trabalhos sejam realizados.

Livro das Energias e da Criação
Rubens Saraceni

Este livro trata de um dos maiores mistérios divinos: a vida em si mesma e as múltiplas formas em que ela se mostra. O Mestre Mago Rubens Saraceni mostra que o mistério criador de Deus transcende tudo o que imaginamos, porque o Criador é inesgotável na sua criatividade e é capaz de pensar formas que fogem à imaginação humana, por mais criativos que sejam os seres humanos.

Jogo de Búzios
Ronaldo Antonio Linares

Jogo de Búzios foi idealizado por Ronaldo Antonio Linares, com o intuito de apresentar as especificidades desse conhecido oráculo sob a ótica umbandista, bem como desmistificar as comparações entre as religiões afro-brasileiras, Candomblé e Umbanda, que, em virtude do sincretismo sofrido no decorrer do tempo, foram consideradas como sendo a mesma.

O Cavaleiro do Arco-Íris
Rubens Saraceni

Este é mais um trabalho literário do Mestre Mago Rubens Saraceni que certamente cairá no gosto do leitor, tendo em vista que se trata de um livro iniciático, que apresenta a saga espiritual do Cavaleiro do Arco-Íris, o qual é um mistério em si mesmo e um espírito humanizado a serviço do Criador nas diversas dimensões cósmicas do Universo Divino.

www.madras.com.br

Leitura Recomendada

A Princesa dos Encantos
Sob o domínio da paixão

Rubens Saraceni

A Princesa dos Encantos é um romance que se passa há muito tempo e nos remete a uma época mítica, impossível de ser detectada nos livros de História. Rubens Saraceni, inspirado por Pai Benedito de Aruanda, mostra a lapidação de uma alma, tal qual um diamante bruto, e a sua trajetória rumo à Luz!

A Evolução dos Espíritos
Rubens Saraceni

Nessa obra mediúnica psicografada pelo Mestre Mago Rubens Saraceni, os Mestres da Luz da Tradição Natural dão abertura a um novo e magnífico campo para o entendimento da presença divina no cotidiano das pessoas. Para isso, tecem breves comentários a respeito da diversidade da criação e da natureza e sobre a evolução dos homens.

As Sete Linhas de Evolução e Ascensão do Espírito Humano
Rubens Saraceni

Na senda evolutiva do espírito são vários os caminhos que podem ser percorridos para a conquista do objetivo maior, que é o de sermos espíritos humanos divinizados. Mas que caminhos são esses que favorecem um "atalho" para se chegar mais rápido ao pódio?

Orixá Pombagira
Fundamentação do Mistério na Umbanda

Rubens Saraceni

Mais um mistério é desvendado: o da Pombagira, Orixá feminino cultuado na Umbanda. Por muitos anos, ela foi estigmatizada sob o arquétipo da "moça da rua", o que gerou vários equívocos e, por que não dizer, muita confusão, pois diversas pessoas já recorreram a ela para resolver questões do amor, ou melhor, para fazer "amarrações amorosas" à custa de qualquer sacrifício.

www.madras.com.br

MADRAS® Editora — CADASTRO/MALA DIRETA

Envie este cadastro preenchido e passará a receber informações dos nossos lançamentos, nas áreas que determinar.

Nome _____
RG _____ CPF _____
Endereço Residencial _____
Bairro _____ Cidade _____ Estado ____
CEP _____ Fone _____
E-mail _____
Sexo ❑ Fem. ❑ Masc.   Nascimento _____
Profissão _____ Escolaridade (Nível/Curso) _____

Você compra livros:
❑ livrarias   ❑ feiras   ❑ telefone   ❑ Sedex livro (reembolso postal mais rápido)
❑ outros: _____

Quais os tipos de literatura que você lê:
❑ Jurídicos   ❑ Pedagogia   ❑ Business   ❑ Romances/espíritas
❑ Esoterismo ❑ Psicologia ❑ Saúde   ❑ Espíritas/doutrinas
❑ Bruxaria   ❑ Autoajuda   ❑ Maçonaria   ❑ Outros:

Qual a sua opinião a respeito desta obra? _____
_____

Indique amigos que gostariam de receber MALA DIRETA:
Nome _____
Endereço Residencial _____
Bairro _____ Cidade _____ CEP _____

Nome do livro adquirido: **Fundamentos Doutrinários de Umbanda**

Para receber catálogos, lista de preços e outras informações, escreva para:

MADRAS EDITORA LTDA.
Rua Paulo Gonçalves, 88 – Santana – 02403-020 – São Paulo/SP
Tel.: (11) 2281-5555 – (11) 98128-7754
www.madras.com.br

MADRAS® Editora

Para mais informações sobre a Madras Editora,
sua história no mercado editorial
e seu catálogo de títulos publicados:

Entre e cadastre-se no site:

www.madras.com.br

Para mensagens, parcerias, sugestões e dúvidas, mande-nos um e-mail:

marketing@madras.com.br

SAIBA MAIS

Saiba mais sobre nossos lançamentos,
autores e eventos seguindo-nos no facebook e twitter:

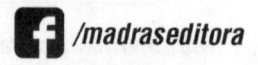

@madrased

/madraseditora